HEYNE BÜCHER
SACHBUCH

John und Caitlín Matthews

Lexikon der keltischen Mythologie

Herausgegeben, übersetzt und bearbeitet
von Michael Görden und Hans Christian Meiser
unter Mitarbeit von Chris Burton

Illustrationen von
Chesca Potter und Johann Peterka

WILHELM HEYNE VERLAG
MÜNCHEN

HEYNE SACHBUCH
Nr. 19/280

Titel der Originalausgabe:
BRITISH & IRISH MYTHOLOGY
Die Originalausgabe erschien 1988
beim Verlag The Aquarian Press, London

2. Auflage

Printed in Germany 1995
Umschlagillustration: Archiv für Kunst und Geschichte/Erich Lessing, Berlin
Umschlaggestaltung: Atelier Adolf Bachmann, Reischach
Herstellung: H + G Lidl, München
Satz: Satz & Repro Grieb, München
Druck und Verarbeitung: Presse-Druck Augsburg

ISBN 3-453-07040-2

Inhalt

Vorbemerkung zur deutschen Ausgabe

Auf Spuren der Kelten stoßen wir immer wieder. Ihre Kultur begegnet uns in der Folklore Irlands, Schottlands, Wales oder der Bretagne. Ihre Sagen, wie das walisische Mabinogion oder die Geschichten um König Arthus und seine Tafelrunde, sind in Literatur, Film und Fernsehen gegenwärtig.
Man denke nur an den Bestseller-Erfolg von Marion Zimmer Bradleys Roman »Die Nebel von Avalon« oder an das Leinwand-Epos »Excalibur«.
Das vorliegende Lexikon möchte helfen, die vielen Namen und Begriffe keltischer Mythologie, auf die man in der Literatur und auf Reisen durch den keltischen Westen Europas trifft, verständlich zu machen und ihren Zusammenhang zu erkennen. Es ist kein Werk mit dem akademischen Anspruch einer für jeden Eintrag letztgültigen Interpretation auf dem Stand kulturgeschichtlicher Forschung, sondern wendet sich an den interessierten Laien, der sich aus populärem Interesse mythologisch informieren will.

Wer waren die Kelten?

Die archäologische Forschung und die historisch überlieferten Zeugnisse der Kelten deuten darauf hin, daß man sich unter dem Begriff Kelten kein bestimmtes Volk, sondern die Angehörigen einer bestimmten Kultur vorzustellen hat. Wahrscheinlich entwickelte sich diese Kultur gegen Ende des 2. vorchristlichen Jahrtausends zunächst unter indogermanischen Stämmen des südeuropäischen Raumes und breitete sich in mehreren Völkerwanderungen über Mitteleuropa bis zu den britischen Inseln aus. Seinen ersten künstlerischen und sozialen Höhepunkt erreichte das Keltentum 500 vor Christi in der sogenannten Latène-Kultur, die nach einer Ausgrabungsstätte am Genfer See in der Schweiz benannt wurde. Etwa um diese Zeit erscheint auch zum ersten Mal der Begriff »Kelten« und zwar in den Schriften des Historikers Hecateus. In der Forschung zeichnet sich ab, daß es unter den keltischen Völkern zwei Hauptgruppen gegeben hat, von denen nicht klar ist, ob sie tatsächlich unterschiedliche Völker darstellten oder einfach aus einer unterschiedlichen Lebensweise entstanden.

Eine bäuerliche, in der Metallbearbeitung sehr bewanderte keltische Kultur breitete sich seit 1200 v. Christi durch ganz Europa aus und vereinigte sich friedlich mit den existierenden lokalen Megalith-Kulturen. Diese keltische »Welle« erreichte bereits früh auch die westlichen Inseln Europas. Ihnen folgten ab dem 6. Jahr v. Christi Kelten aus dem Balkan und den Karpaten, die von einer kriegerischen Militäraristokratie beherrscht wurden und regelrechte Raub- und Eroberungszüge veranstalteten. Historisch überliefert ist ihr Überfall auf Rom im 4. Jahrhundert vor Christi.
Im Westen Europas bestand bereits lange eine fortschrittliche keltische Kultur, die von den kriegerischen »Festlandskelten« der zweiten Wanderungswelle überrannt und erobert wurde. Viele keltische Sagen spiegeln diese verschiedenen Einwanderungs- und Eroberungswellen wider, die besonders deutlich in den Mythen des Inselreiches Irland zu erkennen sind. Das Keltentum des Westens entwickelte sich in seiner Randlage zu besonderer Eigenständigkeit und blieb am längsten als eigenständige Kultur erhalten, nachdem die kontinentalen Kelten von der Militärmaschine des römischen Imperiums besiegt worden waren und ihre Kultur ab dem 1. vorchristlichen Jahrhundert von der griechisch-römischen Zivilisation des Mittelmeerraumes verdrängt, überlagert und aufgesaugt wurde.

Druiden und Mönche

Im Mittelpunkt des keltischen Geisteslebens stand die Priesterschaft der Druiden, die ihr Wissen und ihre Überlieferungen nur mündlich weitergegeben zu haben scheint. Schon zur Zeit Cäsars war Britannien das Zentrum der von den Druiden gelehrten und praktizierten Religion der Kelten, und die römische Verfolgung der Druiden scheint eine der Hauptursachen für den Niedergang der keltischen Kulturen nach Christi Geburt gewesen zu sein. Auf den schwer zugänglichen Inseln des Westens gelang es aber trotzdem, viele der druidischen Überlieferungen zu bewahren und aufzuzeichnen. Denn hier gingen Barden und Druiden eine einmaligen Symbiose mit den ab dem 2. Jahr nach Christi auftauchenden christlichen Missionaren ein. Es entstand eine keltische Kirche mit einer von Rom völlig unabhängigen christlichen Tradition, die erst im 8. Jahrhundert endgültig durch das Papsttum vernichtet wurde. Zu diesem Zeitpunkt hatten die Mönche vieler christlicher Klöster

bereits begonnen, die keltischen Überlieferungen ihrer Väter aufzuzeichnen und konnten sie auch über die folgenden Jahrhunderte retten.
Die schriftlichen Zeugnisse keltischer Kultur, die uns bis heute erhalten sind, gehen weitgehend auf diese Aufzeichnungen in den Klöstern von Irland und Wales zurück. Als die Mönche das keltische Kulturerbe aufzuzeichnen begannen, waren auch die Inselkelten lange vielfältigen Einflüssen anderer Kulturen ausgesetzt gewesen, so daß sich in der Mythologie urkeltische, nordische, christliche und auch griechisch-römische Einflüsse finden lassen.
So umfaßt die keltische Mythologie, wie sie von diesem Lexikon präsentiert wird, Sagenfiguren und Überlieferungen keltischen Ursprungs aus der Inselwelt Britanniens, in denen sich auch solche nicht-keltischen Einflüsse spiegeln. Eine »reine« keltische Mythologie ist nirgendwo aufgezeichnet worden. Aber die Sagenwelt der westlichen Inseln Europas ist keltischen Ursprungs, und wenn man überhaupt von einer erhaltenen keltischen Mythologie sprechen kann, so findet sie sich in den diesem Buch zugrunde liegenden Sagen und Legenden Irlands und Großbritanniens.

Die Sage vom König Arthus

Keine Sagengestalt, deren Ursprung in den Überlieferungen der keltischen Mythologie zu finden ist, besitzt auch außerhalb der ehemaligen keltischen Siedlungsräume bis auf den heutigen Tag solche Popularität wie der legendäre König Britanniens mit seinem Schwert Excalibur, seinem Hofzauberer Merlin und den Rittern seiner Tafelrunde. An der Arthus-Sage zeigt sich besonders, wie ursprünglich keltische Elemente eines Sagenkreises über die Jahrhunderte hinweg durch andere Kultureinflüsse verfärbt und weiterentwickelt wurden.
Ob Arthus tatsächlich ein historischer Herrscher Britanniens aus dem 6. oder 7. Jahrhundert nach Christi war, wird sich wohl niemals mit Sicherheit sagen lassen. Erste Erwähnung findet er bei englischen Chronisten des 10. Jahrhunderts, die sich bereits auf ältere Aufzeichnungen berufen. Von da an wird seine Figur immer populärer und findet zwei Jahrhunderte später in der Dichtung höfischer Minnesänger Verbreitung in ganz Europa. Die keltischen Elemente der Sage sind es, die ihr bis heute ihre Eigenart geben: der Druide

Merlin, der Feen und Zauberinnen der keltischen Anderswelt, die magischen Zaubermittel Schwert und Kelch – all das sind Bilder aus der keltischen Geisteswelt. Über die Geschichten von Arthus sind sie uns bis heute erhalten geblieben. Und oft begegnet uns in literarischen oder unterhaltenden Nacherzählungen der Arthus-Sagen das Keltentum zum ersten Mal.

Merlins Zauberei, Arthus Ritterlichkeit und Königtum und die Taten seiner Ritter spiegeln das letzte Aufleuchten der untergehenden keltischen Kultur wider, die langsam, aber unaufhaltsam von christlichen und nordischen Einflüssen verdrängt und überlagert wird. Nicht zufällig besiegt Arthus zum letzten Mal die angelsächsischen Eroberer, die bald nach seinem Tod zu den Herren Britanniens werden, nur um dann Jahrhunderte später selbst den normannischen Invasoren zu erliegen. Aber wenn auch von der materiellen und sozialen Kultur der Kelten nichts geblieben ist, zeigen sich ihre Mythen in der Gestalt des Arthus äußerst lebendig. Sie gehören zum kulturellen Erbe Europas, und sie nicht zu kennen bedeutet, einen bestimmten geistigen Bereich unserer Welt noch nicht entdeckt zu haben.

Die Herausgeber
November 1993

Einleitung

Als der Mönch Nennius im neunten Jahrhundert aus diversen literarischen und mündlichen Quellen seine Geschichte Britanniens zusammenstellte, behauptete er, daß er darin alles, was er hatte finden können, angehäuft habe. Aus einem solchen Komposthaufen, der aus Schichten verschiedenen Materials in unterschiedlichen Stadien der Auflösung und der erneuten Zusammensetzung besteht, ist auch dieser Führer durch die keltische Mythologie der britischen Inseln zusammengestellt. Wie jeder Gärtner weiß, ist ein guter Komposthaufen die absolute Voraussetzung eines gesunden Gartens. Für Mythographen sind gute Mythen absolute Voraussetzungen dafür, daß unser Bewußtsein durch die Phantasie fortwährend angeregt wird.

Die Menschen, Götter und Helden dieses Buches haben allesamt ihren eigenständigen Beitrag zum mythischen Bewußtsein der britannischen Inseln geleistet. Heute fabrizieren wir unsere eigenen Mythen (und Mythologien), doch wird es unseren Nachkommen überlassen bleiben, zu entscheiden, ob auch diese im Bewußtsein der Allgemeinheit ihren Platz finden. Im Zeitalter des erschwinglichen Taschenbuches und der elektronischen Kulturverbreitung ist es schwer, sich Zeiten zu vergegenwärtigen, in denen das Gedächtnis und die mündliche Tradition die einzigen Methoden der Überlieferung darstellten. Sollte jedoch eine Zeit kommen, in der Computerdateien uns versperrt blieben oder verlorengingen, oder in der es keine abholzbaren Wälder zur Herstellung von Büchern mehr gäbe, würden wir uns erneut in einer solchen Situation befinden. Würden unser Gedächtnis oder das Bewußtsein der Allgemeinheit ausreichen?

Nennius behauptete in der Tat, daß er seine Chronik der Geschichte und der verborgenen Folklore Britanniens deshalb zusammenstellte, weil er die mündliche Tradition für unausreichend hielt, um das mannigfaltige Material künftig an spätere Generationen weiterzuleiten. Wir geben unumwunden zu, daß viele Einträge in unserem Lexikon der Mythen nur dadurch erhalten geblieben sind, daß eifrige Chronisten und Geschichtenerzähler sie bereits niederschrieben. Etliche dieser Niederschriften waren mit reichlichen Ausschmückungen versehen oder kolportierten diverse Geschichten in

einer Erzählung; so verhält es sich nun einmal mit dem Lauf der Mythenüberlieferung.
Natürlich kann kein Lexikon der Mythen seinen Stoff erschöpfend behandeln. Über den Umfang und die Auswahlkriterien entscheiden zwangsläufig eklektisch die Herausgeber. Damit diese Ausgabe eine gewisse Handlichkeit beibehält, haben wir uns auf die Mythen konzentriert, die wir für die wesentlichsten halten; mit wenigen Ausnahmen sind diese zugleich die ältesten.
In jedem Falle fragten wir uns: »Sollen diese Knochen leben?« Einige Mythen sind nur noch fragmentarisch vorhanden oder bis auf die Namen der Protagonisten verschüttet, so daß man gelegentlich fragen mag: »Wozu?« Oft jedoch stellen diese armseligen Fetzen das »fehlende Glied« dar, welches die Kontinuität einer Tradition aufzeigt; wo solche Figuren wichtig erscheinen, haben wir sie berücksichtigt.
Der Mythos ist mehr als eine Zweigstelle der Folklore. Er ist der Kern des lebendigen Organismus, in dem das Herz eines Volkes am stärksten schlägt; er verleiht Identität und fördert den Willen, Leistungen zu vollbringen oder Hindernisse zu beseitigen. Dies mag uns heute nur schwer einleuchten, was daher rührt, daß wir uns mit anderen, schwächeren Mythen aus der flüchtigen Medienkultur vollgestopft haben. Mythen sind jedoch als Nahrung für die Psyche unerläßlich. In den letzten Jahren neigten wir dazu, uns mit Fertigprodukten zufriedenzugeben und ließen uns von der gewachsenen Kultur der Heimat ablenken. Damit wollen wir keinen Rassismus predigen: Die Bevölkerung und die Kultur der britannischen Inseln entstammen wiederholten Besucherwellen, die das Land nacheinander besiedelt und dem Gesamtgewebe ihren jeweils ureigenen Faden beigesteuert haben. Ohne frische Weltanschauungen hätten die britischen Inseln als kulturelle Einheit nicht überlebt. Auch eine mythische Tradition muß sich ständig neu bereichern, sonst verkümmert sie.

Es muß immer Sänger und Geschichtenerzähler geben, aber ebenso nötig sind eifrige Zuhörer und Leser. Wir hoffen, daß dieses Buch den Leser anregt, die großen mythischen Geschichten zu lesen, um sich diese in seiner Phantasie zu eigen zu machen und endlos neu nachzuvollziehen. Ein Ministerium des Mythischen Bewußtseins, dessen Aufgabe es wäre, unsere Mythologie am Leben zu erhalten, besteht nicht. Diese Aufgabe obliegt nun dem Leser; nur er kann diese Geschichten seinen Kindern erzählen – in der Hoffnung, daß sie sie den ihren weiterreichen.

Hoffentlich wird der Leser die Figuren, die ihn interessieren, in diesem Buch ausfindig machen. Wie bei allen Nachschlagewerken sind Lücken unvermeidlich; es ist uns nur zu bewußt, daß in einem Band nur eine Übersicht des weiten Themenspektrums untergebracht werden kann. Vor allem hoffen die Herausgeber, daß der Leser diese Mythen nicht als totes Material begreift, sondern daß er Gelegenheit findet, sie aktiv zu verwenden. Also: Lesen Sie, erzählen Sie, singen Sie diese Geschichten – denn nur Sie sind ihre Überlebenschance.

Caitlín und John Matthews

Kategorien der Namen und der Angaben

Aus mythischer Sicht stammten die Briten von Brutus ab, der von Troja aus segelte, um in Britannien sein Troia Nova zu gründen. Die Iren kommen mythologisch von Noah und den Königen Spaniens, Griechenlands und Ägyptens. Die Überlebenden von Atlantis sollen an die Strände des heutigen Britanniens gespült worden sein. Es folgten historisch belegte Eroberungshorden aus Europa und Asien, die sich allesamt durch ein eigenständiges Metall-, Ton- oder Kunsthandwerk auszeichneten. Die Besiedler des Westens von Schottland waren in Wiklichkeit irische Gälen, die Waliser dagegen Briten; sie wurden erst von den neu angekommenen Sachsen »wealas« bzw. »Ausländer« genannt. Um sich selbst von den anderen zu unterscheiden, nannten sich die Waliser Cymru. Die Bretonen waren Briten. Und wer sollen dann die Engländer gewesen sein? Wenn man eine Schicht nach der anderen herunterreißt, kommt immer wieder die mythische Tapete eines früheren Volkes zum Vorschein. Wie bei jeder Behausung, veränderten die Bewohner das, was ihnen nicht paßte und behielten diejenigen Merkmale bei, an denen sie Gefallen fanden. Die Götter des einen Volkes wurden die Dämonen oder Feen des darauffolgenden. Ein ehemals Ehrfurcht und Schrecken einflößender Name wurde zum Gegenstand der Lächerlichkeit und des Spottes.
Wie der ewige Wellengang der Einflüsse gegen die Strände brandete, so wurde die bestehende Küste der mythischen Dimension verwandelt und neu geformt. Dennoch muß das hartnäckige Überleben bestimmter Figuren, Archetypen und Themen als bemerkenswert angesehen werden; diese stellen den Urkern der keltischen Mythologie dar. Die beständigen Eigenschaften dieser Heimat, wie das Wetter (welches die Iren als »sanft« bezeichnen, Touristen aber schlicht als verregnet empfinden), bilden das grundsätzliche Klima der Glaubensbekenntnisse. Schlafende Könige, die ihrer Wiederkehr harren, Hexen, die sich in wunderschöne, Geschenke bringende Mädchen verwandeln, keulenschwingende Riesen und Frauen aus dem Jenseits mit Zaubertränken gehören allesamt dieser zusammengewürfelten Tradition an. Was den Siedlern selbst widerfuhr, geschah auch den Göttern und Glaubensrichtungen, die nach Britannien importiert wurden: die scharfe Definition ihres Ursprungs

weichte sich allmählich auf, und sie paßten sich dem Ambiente der neuen Heimat immer mehr an.
Innerhalb dieses Rahmens steht fest, daß die Verwender eines solchen Lexikons konkreter Anhaltspunkte und Definitionen bedürfen. Die Menschen, Götter, Helden und Traditionen, die dieses Buch ausmachen, werden alphabetisch angeführt, mit einer zusätzlichen, auf die jeweilige Herkunft ausgerichtete Kategorisierung. Auf weitere inhaltliche Sub-Kategorien ist bewußt verzichtet worden, um die Benutzung dieses Werkes nicht unnötig zu komplizieren.
Jeder Eintrag erscheint in der gebräuchlichsten Orthographie und mit diesbezüglichen Varianten; angefügt ist ein Schlüssel-Buchstabe, der die Kategorie kennzeichnet.
Zum Beispiel:

Kay/Cai/Cei/Keu (A)

In diesem Fall handelt es sich um eine Figur aus den Arthuslegenden. Der Schlüssel zu diesem Modus der Kategorisierung findet sich vor dem Beginn des eigentlichen Lexikons. Die folgenden Rubriken erläutern die Mythen oder Geschichten, die mit dem jeweiligen Eintrag verbunden sind, sowie relevante Geschichten, die sich damit überschneiden. Figuren und Begriffe, die hier angeführt sind und die mit einem eigenen Eintrag erscheinen, sind kursiv gedruckt.

Die Kategorien und ihre Definitionsweise sind wie folgt:

Arthuslegende Nicht von ungefähr werden die Geschichten um König Arthus als »die Sache Britanniens« bezeichnet und sind der populärste Stoff der keltischen Sagenkreise, auch wenn der keltische Kern der Sage von vielfältigen christlichen und höfisch mittelalterlichen Elementen überlagert wird. Innerhalb dieser riesigen Ansammlung an Material treffen und vermischen sich mündliche und literarische Überlieferungen in einem solchen Maße, daß unsere Kriterien flexibel bleiben mußten. Wir haben die frühesten walisischen Textbelege, sowie Malorys späteren Roman »Le Morte d'Arthur« und das sogenannte »Vulgate Cycle« der Arthusmythen berücksichtigt, zumal letztere Quellen sich auf eine ältere mündliche Tradition berufen. In der Regel haben wir die europäischen Ergänzungen »der Sache Britanniens« außer acht gelassen – bis auf einige Figuren im »Parzival« des Wolfram von Eschenbach, in denen wichtige Figuren wie Kundry und Anfortas auftreten. Mehrere Orte, wie Camelot und Sarras, werden hier erläutert, da sie die mythische Landschaft von Britannien zu Zeiten des Arthus typisieren. Berühmte Gegenstände, wie der Gral und Waffen wie Exkalibur, wurden ebenfalls berücksichtigt; nebensächliche Gegenstände ohne »Schlüsselcharakter«, die lediglich in den literarischen Fiktionen zum Vorschein kommen, hingegen nicht. Kurz, unser Bemühen ist es gewesen, zwischen der Tradition und der daraus entstandenen Literatur ein Gleichgewicht zu finden und vor allem jene Informationen zu bieten, die der nachfragende Leser am wahrscheinlichsten suchen könnte.

Griechisch Wenige griechische Figuren haben aufgrund ihrer Verbindungen mit Britannien in die keltische Sagenwelt Eingang gefunden. Dazu gehören Kronos und Apoll: nach griechischer Ansicht hatten beide mit den Inseln jenseits des »Nordwinds« zu tun, bzw. mit Hyperborea, zu der Britannien gehört haben soll.

Irisch Da die mythischen Traditionen Irlands relativ autark blieben, erübrigen sich fast Erläuterungen dieser Kategorie. Dennoch sollte hier angemerkt werden, daß auch für den Leser, der des Irischen nicht mächtig ist, eine große Menge Materials vorliegt – ein noch größerer Reichtum an bislang Unübersetztem, welcher der Aufmerksamkeit von Philologen, die sich mit früh- und mittelirischer Sprache beschäftigen, harrt; darüber hinaus lebt in Irland eine unvergleichliche mündliche Tradition fort – unter immer erschwerteren Bedingungen. Hoffentlich wird es den Ethnologen und Keltenforschern möglich sein, dieses Material nach und nach einer breiteren Leserschaft zugänglich zu machen. Wir haben uns hauptsächlich auf die großen Mythenzyklen der »Books of Invasions« (»Chroniken der Eroberungen«), der Geschichten des Fionn mac Cumhail und des CuChulainn, sowie (am Rande) der »Cycles of the Kings« (»Zyklen der Könige«) konzentriert.

Keltisch Einige Einträge lassen sich weder als walisisch, noch als irisch oder als schottisch bezeichnen, da sie zu allen drei Kategorien zugleich gehören. In solchen Fällen haben wir uns für den Dachbegriff »keltisch« entschieden. Dabei sollte angemerkt werden, daß unter dieser Bezeichnung auch frühere, unkategorisierbare Eigenschaften eingeschlossen sein können sowie Mythen aus anderen keltischen Siedlungsgebieten außerhalb der britannischen Inseln.

Nordisch In der mythischen Geschichte Britanniens spielten die Götter der skandinavischen Besucher und Eroberer eine nicht unwesentliche Rolle. Wie die christliche Tradition hat auch die nordisch-germanische Kultur sich mit dem britannischen Keltentum verbunden und aus der Begegnung dieser beiden Kulturen entstanden eigene Mythen. Hier haben wir die vorrangigen Götter des nordischen Pantheons, sowie die Helden, welche Teil ihrer Tradition waren, berücksichtigt, soweit sie in die keltische Überlieferung Eingang fanden.

Römisch und Romano-britisch Die Römer blieben nur wenige Jahrhunderte in Britannien, doch war ihr Einfluß auf die Landschaft und das Bewußtsein der »britischen« Kelten ein dauerhafter. Hier sind römische Gottheiten aufgeführt, die eine eigenständige, neue Funktion annahmen – wie Mars, dem mehrere »örtliche« Gottheiten einverleibt sind. Die Römer machten es sich (wohlweislich) zur Gewohnheit, die vor Ort bestehenden Gottheiten zu beschwichtigen, indem sie den genius loci höflich unter dem Namen der am ehesten verwandten römischen Entsprechung huldigten. Einige Götter widersetzten sich jedoch dieser Praxis, entweder weil die Bevölkerung sich auflehnte, oder weil die Römer selbst von den Eigenschaften und Funktionen des Gottes so überwältigt waren, daß sie bei mit dem bestehenden Namen beließen. Mehrere Mischformen entstanden; so ist es nicht ungewöhnlich, auf einen römischen Gott mit einer keltischen Gefährtin zu treffen, wie z. B. Merkur und Rosmerta. Hier wurden die wesentlichen romano-britischen Götter berücksichtigt, wobei der eine oder andere aus Gallien oder aus sonstigen Regionen Europas importiert worden sein mag – für eine so weitläufige Besatzungsmacht an sich eine Selbstverständlichkeit.

Schottisch Wie Wales verfügte Schottland nie über eindeutige Grenzen. Außer im Hochgebirge und auf den Inseln des Westens – Regionen, die eine starke Identität aufwiesen – lassen sich Einflüsse aus Skandinavien, Cumbrien und Northumbrien erkennen, welche Reste der verlorenen piktischen Mythen in sich bergen. Wie in Irland hat eine stark ausgeprägte mündliche Tradition viele Geschichtsfäden der Vergangenheit am Leben erhalten.

Walisisch Wie oben erwähnt, nennen sich die Waliser Cymru. Nur andere Völker nennen sie Waliser, doch hat sich diese Bezeichnung fest etabliert und daher hoffen wir, daß sie, wohl wissend, daß sie »die wirklichen Briten« sind, nichts dagegen einzuwenden haben werden. Hier haben wir uns wieder einmal auf die Hauptquellen wie das »Mabinogion« und die Triaden für unsere Sammlung konzentriert. Wie schon beim irischen Material mangelt es auch hier an Übersetzungen der traditionellen Geschichten, die auch dem Leser zugänglich gemacht werden könnten, der des Walisischen nicht mächtig ist. Da für Sprecher des Walisischen und des Irischen die jeweilige Sprache das Vehikel des mythischen Bewußtseins darstellt, sollte man sich vergegenwärtigen, daß es im Falle des (zu befürchtenden, aber nie gutzuheißenden) Aussterbens des Walisischen und Gälischen die Übersetzungen sein werden, welche die Gewähr für das (zu erhoffende) Überleben der Mythen darstellen.

Sonstige Einige Einträge erscheinen ohne Kategorienbezeichnung, da die Kategorie entweder von vornherein selbstverständlich ist (z. B. bei Tieren), oder aber es sich dabei um Figuren handelt, die zwischen historischer Belegbarkeit, Folklore und mythischem Archetypus angesiedelt sind. Dazu gehören eine Reihe von Heiligen – z. T. nationale Schutzheilige wie Patrick und Georg, aber auch einige, deren Mythos bereits aus heidnischer Tradition entstand – deren Legenden meist die Funktionen der ehemaligen Götter ersetzten. Hier finden sich auch Figuren, die sich jeder regionalen Eingrenzung widersetzen, wie die Schwarze Annis, sowie Helden – wie Hereward der Wache und William Wallace – deren Missionen ihnen legendären Charakter verliehen.

In einem Lexikon wie diesem bleiben Tiere meist unberücksichtigt. Da sie aber in mannigfaltigen Mythen eine so wesentliche Rolle spielen – sei es als helfende Geister, als Symbole oder Embleme der Protagonisten, als verzauberte Gestalt oder als Tarnung – haben wir uns entschlossen, der Tierwelt, die in der Tiefenpsychologie und der Mythologie dieser Inseln oft nicht nur Motive, sondern geradezu Handlungsträger darstellen, den ihr gebührenden Platz einzuräumen.

Schlüssel

(A) Arthuslegende
(G) Griechisch
(I) Irisch
(K) Keltisch
(N) Nordisch
(R) Römisch
(RB) Romano-britisch
(S) Schottisch
(W) Walisisch

Kursiv gedruckte Namen weisen auf einen eigenen Eintrag hin.

A

Abaris (G) Nach der griechischen Tradition ist Abaris Priester und Diener des *Hyperboräischen Apollon.* Als Bote dieses Gottes ritt er auf einem goldenen Pfeil und besuchte Pythagoras, der ihn aufnahm und einweihte. Möglicherweise verkörpert er einen Heiligen oder Druiden aus Britannien.

Accalon von Gaul (A) Krieger und Liebhaber von *Morgan le Fay*, mit welcher er sich verschwor, um durch den Diebstahl des Schwertes Exkalibur, das seinen Besitzer gegen Verwundungen feilte, *Arthus* aus dem Weg zu räumen. Nicht zuletzt durch die Unterstützung *Merlins* wurde Accalon jedoch besiegt.

Adam Bell Einer von drei englischen Vogelfreien, die ob ihrer Bogenschieß-Künste berühmt waren. Als einer von ihnen, *William of Cloudesley*, gehenkt werden sollte, retteten ihn Adam und *Clim von Clough* und gingen nach London, wo sie durch das Gewinnen eines Wettbewerbs im Bogenschießen die königliche Vergebung erlangten. Alle drei wurden freie Männer.

Adler Der Adler wurde traditionell als eines der ältesten Tiere angesehen; in der Suche nach *Mabon* wird dies ausdrücklich. *Maelduine* und seine Begleiter beobachten einen Adler bei der Selbsterneuerung in einem geheimen See. Viele altertümliche Geschichten behandeln den Wettbewerb, welcher unter den Vögeln sich an die kälteste Winternacht erinnern kann. Der Wettstreit wird zwischen dem *Falken* Achills und dem Adler ausgetragen. Der weibliche Adler wird auf eine nutzlose Erkundungsreise geschickt und befragt alle Tiere. Bei der Rückkehr stellt er fest, daß seine Kinder vom Falken aufgefressen worden sind.

Eine keltische Tradition hält fest, daß Adam und Eva in Gestalt von Adlern weiterleben. *Fintan* und *Tuan MacCarill* verbringen beide ein Leben in Adlergestalt, bis sie schließlich in *Lachse* – das langlebigste und weiseste aller Tiere – verwandelt werden.

Aed mac Lir (I) Sohn *Aobh*s. Er wurde von seiner Stiefmutter, *Aiofe*, in einen *Schwan* verwandelt.

Aegir Hler (N) Gott des Meeres in seiner ruhigen Form, im Gegensatz zu seiner Frau *Ran.* Sie bewohnten zusammen einen Saal unter den Wogen in der Nähe der Insel Hlesay.

Aes Sidhe (I) Die Heerscharen von *Sidhe* oder Hohlen Hügel. Die Bewohner des Jenseitslandes. In der Überlieferung ritten sie am Vorabend der vier großen Feuerfeste – *Samhain* (31. Oktober), *Oimelc* (31. Januar), *Beltaine* (30. April), und *Lughnasadh* (31. Juli) – aus, um sich mit den Erdenmenschen zu vereinen. Yeats beschrieb sie als »Heerscharen der Lüfte«. (Siehe *Daoine Sidhe*.)

Aesir (N) Die Götter von *Asgard*, angeführt von *Odin* und seinen Söhnen *Thor, Balder, Tyr, Vali, Hoder, Bregi, Hermod, Vili* und *Ve*, zusammen mit ihren Frauen *Frigga, Sif, Nanna, Iduna.* Zu ihnen zählte auch *Loki*, der Unruhestifter. Seit der Urzeit bis hin zu *Ragnarok*, dem Ende aller Dinge, herrschten sie über dem Himmel und befanden sich im ständigen Kriege mit den *Eisriesen.* Täglich trafen sie sich unter dem großen Weltbaum *Yggdrasil*, um ihre und der Menschen Angelegenheiten zu beraten. Ursprünglich können sie eine Gemeinschaft von Kriegergöttern gewesen sein, die allmählich größere Bedeutung erlangte und schließlich im Himmel die Macht übernahm.

Afagddu (W) Siehe *Morfran.*

Afanc (W) Ein aus Urzeiten stammendes Ungeheuer, welches im See Llyn yr Afanc am Conwy-Fluß in Nordwales lebte. Meistens hatte es die Gestalt eines Bibers und konnte Menschen in die Tiefen des Sees hinabzerren. Schließlich wurde es durch Ochsen aus dem See gezogen, nachdem es am Busen einer Jungfrau in den Schlaf gelullt worden war.

Aglovale (A) Sohn des Königs *Pellinore.* Er wurde von *Lanzelot* versehentlich getötet, als er *Guinevere* vom Marterpfahl befreien wollte.

Agravaine (A) Ritter der Tafelrunde *(Round Table)*, Bruder von *Gawain, Gaheris* und *Gareth.* Sohn von *Lot*, König von Orkney, und *Morgause.*

Zu Ruhm kam er nur dadurch, daß er sich mit *Mordred* verschwor, um den Ehebruch *Guineveres* mit *Lanzelot* zu entlarven. Als er die Königin in ihrem Schlafgemach zur Rede zu stellen versuchte, wurde er von Lanzelot getötet.

Agretes (A) In »Grand Saint Greal«, einem Arthusroman des dreizehnten Jahrhunderts, wird Agretes als König von *Camelot* zu einer Zeit lange vor *Arthus* geschildert. Als Heide verfolgte er Josephus, Sohn des *Josef aus Arimathäa* und Hüter des *Grals* und wurde mit todesbringendem Wahnsinn bestraft.

Aguigrenons (A) Etlichen Gralsromanen zufolge war Aguigrenons Feldherr des Königs Clamadex, eines bösen Monarchen, der viele *Gralsritter* überfallen und einkerkern ließ.

Schließlich konnte *Parzival* bei der Verteidigung der Jungfrau *Blanchfleur* Aquigrenons überwältigen; er ließ sowohl diesen als auch dessen Herrn zum Hof des *Arthus* bringen.

Aidan, der Heilige (gest. 651) Mönch von Iona und Bischof von Lindisfarne. Er war Ire, der nach England kam, um *Oswald* bei der Bekehrung Northumbriens zu helfen.

Er weilte auf Inner Farne, als er die vom heidnischen König Penda in Brand gesteckte königliche Burg Bamburgh erspähte. Aidan betete, daß sich die Windrichtung ändere – mit Erfolg. Sein geistlicher Nachfolger war *Cuthbert*, der von Aidans ruhmreicher Himmelfahrt Zeuge wurde. Aidans Symbol ist die Fackel und sein Festtag der 31. August.

Aideen (I) Frau von *Oscar*, dem Enkel des *Fionn mac Cumhail*. Als Oscar bei der Schlacht von Gabhra fiel, starb sie vor Trauer und wurde in Howth auf dem Berg von Ben Edar beerdigt.

Ailill mac Matach (I) König von Connacht, Ehemann der Medb (siehe *Maeve*). Er besaß einen riesigen Stier, Finnbennach (Weißhorn), der seine Frau eifersüchtig werden und nach dem Donn Cualiluge (Braunrind) eines Mannes aus Ulster trachten ließ.

Die Folge war der große Vieh-Streit, in dem sich Ulster und Connacht bekriegten. Ailill konnte es mit seiner Frau, der ihre Liebhaber freizügig auswählte, nicht aufnehmen; einen von ihnen jedoch – *Fergus mac Roigh* – brachte er um. Ailill selbst wurde, nachdem ihn Medb am Maifeiertag mit einer Jungfrau zusammen liegen sah, im Auftrag der eifersüchtig rasenden Medb von *Conall Cernach* ermordet.

Aine (I) Eine Göttin, die eine Art Souverenität in Südwestirland ausgeübt zu haben schien. Einer *sidhe*-Siedlung in Munster, Cnoc Aine, gab sie den Namen. Sie wird einmal als Frau, ein anderes mal als Tochter des *Manannan mac Lir* geschildert.

Die spätere Volkstradition erzählt von Gearold Iarla (dem Grafen Gerald von Desmond, 1338–98), der Aine beim Baden in einem Fluß entdeckte und sie vergewaltigte. Der erste Graf von Desmond hieß »Aines König« und Gerald selbst »der Sohn des Ritters der schönen Aine«. Gerald soll, nachdem er sein Leben damit zugebracht hatte, einen Ruf als Magier aufzubauen, in Form eines Ganters von der Erdfläche verschwunden sein.

Diese Legende zeigt, wie der Mythos der Sovereignty sich bis ins Mittelalter aktiv fortsetzte.

Ainle (I) Bruder der *Naoisi*, Liebhaber der *Deirdriu*.

Aisling (I) Das Wort bedeutet Traum oder Vision und ist im Neuirischen ein Frauenname; jedoch in den vielen irischen Geschichten mit diesem Titel erlebt der Träumer die Vision einer *speir-bhean* oder Traumfrau, deren Schönheit ihn in enge Berührung mit der jenseitigen Welt bringt.

Viele Dichter des 18. Jahrhunderts verfaßten Aisling-Gedichte, in denen von der Entdeckung einer armen, herumwandernden Frau erzählt wird. Sie verkörpert das Land Irland selbst, das unter dem Joch Englands leidet.

Alain le Gros (A) Der Vater *Parzivals* – nach verschiedenen Quellen. Einer der Geschichten zufolge gelang es ihm, mit einem einzigen Fisch eine große Menge Menschen zu ernähren; deshalb wurde er später *Fischerkönig* genannt.

Außerdem baute er die Burg *Corbenic*, um die Insignien und Embleme des Grals *(Hallows of the Grail)* unterzubringen.

Alban, der Heilige Erster Märtyrer Britanniens. Er war Soldat

Elfen nach Darstellungen in viktorianischen Kinderbüchern. Aus den Alfar der Sage wurden die Kobolde und Gnome der Kindermärchen.

und Heide. Während einer der zahlreichen Christenverfolgungen gab er einem Priester Schutz. Alban wurde bekehrt und, nachdem er, um dem Priester zur Flucht zu verhelfen, dessen Gewänder angezogen hatte, selbst verhaftet und angezeigt. Er wurde auf Holmhurst Hill, wo später die große Abtei von St. Albans gebaut wurde, hingerichtet. Wahrscheinlich lebte er im dritten Jahrhundert und wurde in Verulamium, dem heutigen St. Albans, zum Märtyrer. Sein Festtag ist der 22. Juni.

Albanactus Dritter Sohn des *Brutus*; nach ihm wurde Albany bzw. Schottland genannt.

Albion Der Name Britanniens, ehe *Brutus* aus *Troy* (Troja) landete. William Blake stellte Albion in seinen poetischen und malerischen Werken als Riesen dar und setzte ihn mit *Chronos* gleich.

Aleine (A) Nichte *Gawains*. Nach dem »Didot Perceval« schickte sie Parzival eine rote Ritterrüstung und überredete ihn mit Mühe, an einem Turnier am Hofe des *Arthus* teilzunehmen. In dieser Tarnung gewann er das Turnier mit Bravour und erhielt seinen Platz an der Tafelrunde *(Round Table)*.

Alfar (N) Die ursprünglichen Elfen, die später in die volkstümlichen Mythen der Ureinwohner Britanniens Einzug fanden.
Sie bestanden aus zwei Gruppen: den *Lios Alfar* oder Elfen des Lichts, sowie den *Svart Alfar* oder dunklen Elfen. Erstere lebten in *Alfhelm* und waren Untertanen von *Frey*. Letztere hausten in einem unterirdischen Reich und waren einigen Quellen zufolge Untertanen von *Wayland the Smith* (Wieland dem Schmied). Sie wurden oft mit den Zwergen verwechselt.

J. R. R. Tolkien schuf für sie eine ganze Kunst-Mythologie, nach welcher die Lios Alfar Diener des Schöpfers waren. Seine Auffassung von Elfen vereinigte die nordischen Alfar mit den Bewohnern der keltischen *Blessed Islands* (Inseln der Seligkeit) oder der *Daoine Sidhe*.

Alfasem (A) König von Terre Foraine und einer der Verletzten Könige *(Wounded Kings)*. Nach seiner Taufe durch *Alain le Gros* versuchte er, in den Gralsbecher zu blicken und wurde wegen seines Übermuts niedergeschmettert. Durch das Auffinden des Grals wird er geheilt.

Alfhelm (N) Die von den *Lios Alfar*, den Elfen des Lichts, bewohnte Gegend *Asgards*, über die *Frey* herrschte.

Alfred der Große (849–900) König von Wessex. Er besiegte die Dänen. Während er sich im Sumpfgebiet von Somerset auf der Insel Athelney versteckte, soll er die berühmten Kuchen verbrannt haben. Er erlebte eine Vision der Jungfrau Maria und legte ihr ein Juwel als Gabe zu Füßen. 1693 wurde ein solches Juwel mit der Inschrift »Alfred ließ mich machen« entdeckt. (Es befindet sich im Ashmolean-Museum, Oxford.)

Alfred erließ Gesetze, gründete die erste wirkliche Marine und übersetzte die »Tröstungen der Philosophie« von Boethius. Er und *Arthus* sind die beiden Helden, die die Epoche umrahmen, welche von den Historikern als frühes Mittelalter bezeichnet wird. Beider Karriere waren der kriegerischen Verteidigung Englands und der Zivilisierung durch die Pflege der schönen Künste gewidmet.

Alice la Beale Pilgrim (A) Tochter von Ansirus le Pilgrim, einem der vielen Vettern *Lanzelots*. Sie half *Alisander le Orphelin* bei der Flucht aus der Burg von *Morgan le Fay* und heiratete ihn anschließend.

Sie trug ständig einen Schleier und hatte den Ruf, eine übernatürliche Schönheit zu sein. Als der Schleier gelüftet wurde, verliebte sich Alisander in sie.

Alisander le Orphelin (A) Ein Ritter, der auszog, um den Mord an seinen Vater durch König *Mark* von Cornwall zu rächen.

Unterwegs erlebte er viele Abenteuer. Bei einem Turnier fiel er *Morgan le Fay* auf, die seine Wunden heilte, um ihn zu ihrem Liebhaber zu machen. Er wies sie zurück und heiratete *Alice la Beale Pilgrim*. *Camelot* erreichte er nie; er wurde zu den Rittern Marks gezählt.

Amatheon (W) Sohn der *Don*. Er erscheint nur noch in wenigen Geschichten und Legenden, wie »Culhwch and Olwen«, wo er als wilder Hirte geschildert wird, sowie in dem *Taliesin* zugeschriebenen Gedicht »Cad Goddeu«, in welchem er zusammen mit seinem Bruder *Gwydion* gegen *Arawn*, den König von *Annwn*, der Unterwelt, kämpft. Im heute gebräuchlichen Walisischen heißt »Bauer« immer noch »amaethwr«, dennoch können wir bezüglich der ursprünglichen Eigenschaften Amaethons nur spekulieren; vielleicht übte er für die Landwirtschaft eine Schutzfunktion aus.

Amangons (A) Ein grausamer und geiziger König, der vor den Zeiten des *Arthus* lebte, dessen Taten aber die spätere Suche nach dem *Gral* wesentlich bestimmten.
Zusammen mit seinen Anhängern vergewaltigte er Brunnenjungfern und raubte ihnen ihre goldenen Becher. Zu den Zeiten des Arthus lebten die Nachkommen dieser Jungfern und Ritter im tiefsten Wald.
Hinter dieser Geschichte verbirgt sich ein kraftvoller Mythos »außerweltlicher« Frauen, welche Souverenität des Landes verkörpern und die Heiligtümer *(Hallows)* Britanniens schützen; ihre Schutzmacht wird aber verschlissen und ihnen geraubt, was das Wüste Land *(Wasteland)* verursacht. Nur das Auffinden des Grals kann das Land heilen.

Ambrosius (A) König Britanniens, Bruder des *Uther Pendragon.*
Nach der Usurpation durch *Vortigern* verbrachte er seine Kindheit im Ausland, aber mit Uther zusammen kehrte er zurück und bemächtigte sich seines Throns. Nach geschichtlicher Überlieferung führte er den britischen Widerstand gegen die Saxons (Angelsachsen) an. Somit legte er das Fundament für das spätere Königreich des *Arthus.* Er wird der letzte Römer genannt.

Amergin (I) Sohn des *Miled.* Er war Richter und Volksdichter. Seine großen Verkündigungen ähneln jene des *Taliesin.* Nachdem er den Göttinnen der Sovereignty – *Banba, Fodla und Eriu* – versprochen hatte, die Insel nach ihnen zu nennen, durfte sein Volk nach Irland einwandern. Die *Tuatha de Danaan* forderten ihn auf, zwischen ihnen und seinem eigenen Volk zu richten, aber Amergin half den Söhnen Mileds dabei, Irland für sich zu beanspruchen.

Amfortas (A) Der Gralskönig (Grail King) im »Parzival« des Wolfram von Eschenbach, sowie in Richard Wagners gleichnamiger Oper.

Aminadap (A) Einer der im »Quest del Saint Graal« erwähnten Reihe der Gralskönige *(Grail Kings).*

Amr/Anir (A) Einer der Söhne des *Arthus.*
Von ihm ist lediglich bekannt, daß er von seinem eigenen Vater anscheinend getötet wurde. Sein Grab, Licat Amir, lag in Wales und soll an zwei aufeinanderfolgenden Nächten niemals die gleiche Länge aufgewiesen haben.

Amsel Die Amsel war schon immer einer der melodienreichsten Singvögel der britischen Inseln; daher sollen zweifelsohne die Vögel der *Rhiannon* Amseln gewesen sein.
Sie saßen auf einem Ast des ewigen Baums der jenseitigen Welt, welcher mitten im irdischen Paradies wächst. Ihr Singen betörte den Hö-

rer und lockte ihn in das Jenseits. Bei ihrem Festmahl zwischen den Welten singen sie für *Bran* und für die »Gesellschaft des Edlen Kopfes«. Die Amsel war auch dafür verantwortlich, daß *Mabon* gefunden wurde.

Andraste (K) Isländische Kriegergöttin des Sieges, die von *Boudicca* bei ihren Feldzügen gegen die Römer angerufen wurde. Ihre Kultstätte war ein heiliger Hain. Als Teil des Ritus der Aussöhnung mit Andraste setzte Boudicca einen Hasen frei.

Andred (A) Vetter *Tristans*. Andred war ständig darauf aus, Tristans Tod herbeizuführen oder ihn zu diskreditieren. Er verfolgte dessen Begegnungen mit *Isolt* und berichtete König *Mark* darüber.

In einigen Überlieferungen soll er Tristan eigenhändig ermordet haben, doch wurde er selbst, zusammen mit allen Verschwörern gegen Tristan, von Bellangere le Beuse getötet.

Andrew, der Heilige Schutzheiliger Schottlands, Bruder des Simon *Petrus* und wie dieser Fischer aus Capernaum.

Er wurde Apostel von Jesus und soll in Achaia zum Märtyrer geworden sein, indem er an ein x-förmiges Kreuz genagelt wurde. Bei der Schlacht von Athelstoneford zwischen Angus, dem König der Pikten, und Athelstan, dem König der Angeln, soll er vor der piktischen Armee eine Vision dieses Kreuzes gehabt haben. Offenkundig wurde Andrew der Insel Schottland jedoch als Schutzheiliger »angedreht« – als die alten keltischen und culdischen Stätten Dunkeld und Abernethy vom neuen Bistum St. Andrew's verdrängt wurden. Sein Festtag ist der 30. November.

Angharad (A) In der walisischen Version der *Grals*legende wurde sie von *Peredur* geliebt. Ihr vollständiger Name ist Anghararad Law Eurawc – »Angharad der goldenen Hand«. Peredur schwor, keine andere Frau zu lieben und mit keinem Mann zu sprechen, bis Angharad seine Liebe erwiderte. Womöglich ist sie eine wesentlich ältere keltische Gottheit, deren Bedeutung wie die so vieler anderen in den Arthusromanen sehr gering geschätzt wurde. (Siehe *Parzival*.)

Angrboda (N) Die Riesin, die *Loki* mehrere monströse Kinder gebar, darunter *Hel*, *Fenris* und die *Schlange von Midgard*.

Angus mac Og/Aengus/Oengus (I) Gott der Jugend, Sohn des *Dagda* und der *Boann*. Nach den Worten seiner Mutter (»Jung ist der Sohn, der bei Tagesanbruch gezeugt und vor dem Abend geboren wurde«, was auf den magischen Zusammenhang von Zeugung und Schwangerschaft anspielte) wurde er Mac Og (»Junger Sohn«) genannt. Er wurde als Pflegekind des *Midir* großgezogen.

Ein Text des 8. Jahrhunderts, »Aislinge Oenguso« (»Der Traum des Angus«) erzählt davon, wie Angus mac Og im Schlaf von einer Jungfrau aus der jenseitigen Welt, *Caer*

Ibormeith, aufgesucht wurde und wegen dieser dermaßen in Liebe entbrannte, daß er erkrankte und erst wieder genesen konnte, nachdem er sie mit der Hilfe des *Bodb* fand. Sie nahm abwechselnd die Form eines Schwans und die eines Menschen an. Er fand sie zusammen mit 149 anderen Mädchen, die allesamt die Form von Schwänen angenommen hatten, wobei silberne Ketten jedes Paar verbanden, zur Zeit des *Samhain*-Festes im See von Bel Dracon.

Angus verwandelte sich ebenfalls in einen Schwan, und gemeinsam umkreisten sie den See dreimal. Dabei sangen sie solch liebliche, rührende Schlaflieder, daß alle Wesen in der Umgebung drei Tage und drei Nächte lang tief schliefen.

Dann kehrten sie in seinen Palast der Jenseits-Welt, Bruig na Boinne, zurück (New Grange in der Grafschaft Meath).

Das Gedicht »The Song of Wandering Aengus« (»Das Lied von den Reisen des Angus«) von W. B. Yeats ist eine Nacherzählung dieses Ereignisses.

Aufgrund der magischen Bedingungen seiner Geburt hatte Angus Macht über die Zeit. Als die Hügel von *Sidhe* unter den *Tuatha de Danaan* aufgeteilt wurden, kam er mit Verspätung an und verlangte, daß er einen Tag und eine Nacht im Haus des Dagda verweilen dürfe. Dies wurde ihm gestattet, aber am Tag darauf, als man ihn zur Abreise drängte, sagte Angus: »Tag und Nacht sind doch die ganze Welt, das ist es, was mir gegeben wurde.« Nach anderen Texten erhielt Angus anstelle seines Stiefvaters *Elcmar* seinen Anteil von Bruig na Boinne. Er war der Pflegevater des *Diarmuid.*

Angwish/Agwisance (A) König von Irland und Vater der *Isolde von Irland.*

Anscheinend kämpfte er mit den aufständischen Königen gegen *Arthus* zu Beginn von dessen Herrschaft, doch später wurde er Mitglied der *Tafelrunde*. *Mark von Cornwall* schuldete ihm Ergebenheit, was schließlich – als Tristan kam, um ihm dieses Verhältnis streitig zu machen – dazu führte, daß Tristan nicht nur *Angwishs* Bruder *Morholt* tötete, sondern auch Isolde zum ersten Mal erblickte.

Anluan (I) Einer der Krieger von Connacht, der die Königin *Maeve* beim berühmten Stierdiebstahl unterstützte. Danach wurde er von Connall getötet. Als dieser mit Anluans Bruder Cet in einen prahlerischen Wettstreit geriet, zeigte er ihm Anluans Kopf.

Anna (A) Die Schwester des *Arthus* Geoffrey von Monmouth zufolge.

Annowre (A) Eine Zauberin des Gefährlichen Waldes. Sie begehrte *Arthus* und konnte ihn zunächst in den Wald locken. Aber als er sich ihr widersetzte, wünschte sie seinen Tod und forderte mehrere Ritter auf, ihn zu töten.

Nimue hörte davon und brachte *Tristan* zu der Stelle, an der Arthus gefangengehalten wurde, nachdem ihn zwei Ritter entwaffnet hatten. Tristan konnte diese beiden noch rechtzeitig töten. Arthus selbst tötete Annowre, die versucht hatte, *Exkalibur* zu stehlen. Unter Umständen ist die ganze Geschichte lediglich eine Variante der Verschwörung von *Morgan le Fay* und ihres Liebhabers *Accalon von Gallien*, welche Arthus in die Falle locken wollte.

Annwn (W) Die Unterwelt Britanniens, über die *Arawn* herrscht. Im Gegensatz zur klassischen oder christlichen Unterwelt bzw. Hölle ist Annwn keine Stätte der Strafe, die ewige Jammerklagen erfordern würde, sondern der Sitz der Macht der Vorfahren. Sterbliche dürfen den Ort besuchen: von hier bricht die *Wilde Jagd* auf.

Anu (I) Die Mutter der Götter in Irland. Das Hügelpaar in der Nähe von Killarnv in Munster wird nach ihr »die Brüste der Anu« genannt. Als Vorfahre der *Tuatha de Danaan* ist sie mit *Danu* identisch.

Aobh (I) Die erste Frau des *Lir* und Mutter von *Fionnuala, Aed, Conn* und *Fiachna*.

Aoibhell (I) Eine Frau der *Sidhe* bei Craig Liath in Munster. Sie war der lehrende Geist des O'Brian-Clans, obwohl sie in späteren Jahren eher als *Banshee* betrachtet wurde, denn wer ihrer Zauberharfe lauschte, lebte nicht lange. Sie war die Mätresse des *Dubhlainn*.

Aoife (I) Kriegerin und Rivalin der *Scathach*. *CuChulainn* besiegte sie im Kampf und schwängerte sie. Als sie davon hörte, daß er *Emer* geheiratet hatte, sann sie auf Rache. Sie zog seinen Sohn, *Conlaoch*, groß und brachte ihm jedwede Fähigkeit bei; aber sie legte ihm drei *geasa* oder Verbote auf: daß er vor niemandem weichen, nie eine Herausforderung ausschlagen und niemandem seinen Namen mitteilen dürfe.

Aoife (I) Die Pflegetochter von Bodh Darg. Sie heiratete *Lir* und wurde Stiefmutter der Kinder ihrer Schwester – *Fionnuala, Aed, Conn* und *Fiachra*. Sie verwandelte sie in Schwäne, die 900 Jahre lang durch die Welt ziehen mußten. Sie selbst wurde von Bodh Darg in eine Hexe der Luft verwandelt und mußte bis zum Jüngsten Tag die Winde fegen.

Aonbarr (I) Das magische Pferd, welches *Manannan mac Lir* gehörte. Es konnte sich genauso gut auf dem Land wie auf dem Meer bewegen und wurde später vom Gott *Lugh* geritten, als dieser sich auf die Suche nach dem Schwert des Lichts begab.

Apollon (G) Ursprünglich war Apollon ein thrakischer Gott, der mit dem nördlichen Land *Hyperborea* assoziiert wurde: dort soll er jedes Jahr überwintert haben. Diodorus Siculus und andere vermuteten, daß diese nördliche Region mit Britannien analog war.

Apollon war Gott der Musik, des Bogenschießens und der Jagd: er selbst war Hirte. Dies sind auch die Eigenschaften des *Mabon* und *Maponus*. Apollons Tempel wurde von Diodorus als Stonehenge iden-

tifiziert. Apollon wurde auch von den Römern während ihrer Besatzung Britanniens verehrt.
Archäologische Erkenntnisse lassen es als wahrscheinlich gelten, daß der Kult des Apollon zu dieser Zeit aber bereits – als Verehrung des Maponus – fest etabliert war. Das Beispiel einer Widmung an Apollon Cunomaglus oder den »Herrn der Hunde« betont seine früheren Verbindungen eher als die späteren klassischen Attribute. Apollon war auch der Beschützer von *Troja* – dem mythischen Abstammungsort der Einwohner Britanniens.

Arawn (W) Gott der Unterwelt *Annwn*. In »Pwyll, Prinz von Dyfed« erscheint er als Jäger, der mit einer Meute rotohriger Hunde einen weißen Hirschen verfolgt. Sein Titel – »Pen Annwn« oder »Kopf von Annwn« – war heiß begehrt: häufig wurde er wegen der Herrschaft über die Unterwelt herausgefordert, unter anderem von *Hafgan* und von *Amatheon*.
Dem *Pwyll*, der für ihn Hafgan beseitigte, gab Arawn als Dankesgabe *Schweine* – welche ursprünglich Tiere der Unterwelt waren. Von Jahreszeit zu Jahreszeit scheint er seine Herrschaft an andere abgegeben zu haben, um später zurückzukehren; so ist er eng mit *Gwynn ap Nudd*, dem anderen südwalisischen Gott der Unterwelt, verwandt, dessen Herrschaft ebenfalls jahreszeitlich bedingt war.

Ard-Greimne (I) Der Vater der zwei Kriegerinnen, die *CuChulainn, Scathach* und *Aoife* unterrichteten. Sein Name bedeutet »Hohe Macht«.

Ardan (I) Bruder des Naoisi, der der Liebhaber der Deirdriu war.

Argante (A) Königin der jenseitigen Welt. Nach »Brut« von Layamon, heilte sie die Wunden des *Arthus*. Der Name ist womöglich eine Abwandlung von *Morg*an le Fay (d.h. Morgante).

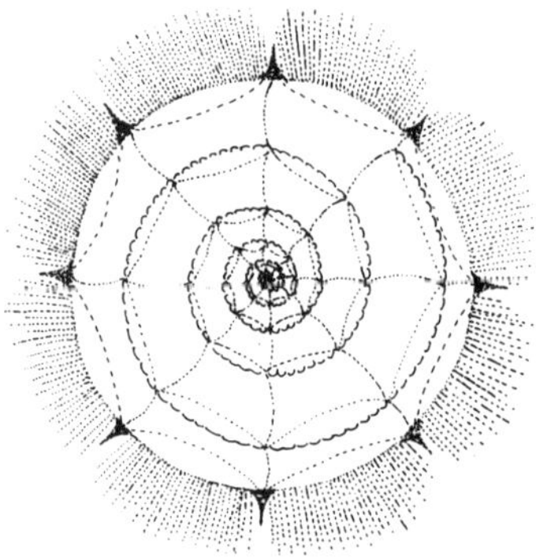

Das Rad der Arianrhod.

Arianrhod (W) Herrin des Turms der Initiation in der Welt des Jenseits. In diesem Turm, der Caer Sidi hieß, konnten Dichter die Weisheit der Sterne erlernen und die Toten zwischen ihren Inkarnationen verweilen. In der Geschichte von »Math, Sohn von Mathonwy« erscheint sie als Tochter der *Don* und Schwester des *Gwydion*. Als *Math* seine jungfräuliche Fußhalterin verlor, bewirbt sie sich um die Stellung. Dazu muß sie sich einer magischen Prüfung ihrer Jungfräulichkeit unterziehen. Als sie über

Maths Stab tritt, gebiert sie auf der Stelle zwei Kinder: *Dylan* und *Llew*. Letzterer ist eine Frühgeburt und wird von Gwydion aufgezogen. Wegen dieser öffentlichen Schande vor dem ganzen Hof, belegt Arianrhod den Llew mit drei Verboten: er soll keinen Namen, keine Waffen und keine sterbliche Frau erhalten. Alle drei Hindernisse werden mit der Hilfe der Zauberkräfte Gwydions überwunden. Der Subtext der Geschichte sowie frühere Hinweise deuten darauf hin, daß die beiden Kinder Arianrhods einem inzestuösen Verhältnis mit ihrem Bruder Gwydion – oder mit ihrem Onkel Math – entstammen. Die Corona Borealis heißt auf Walisisch Caer Arianrhod; Ariadne, eine griechische Resonanz von Arianrhod, wird mit demselben Phänomen assoziiert. Gemeinsam ist ihnen auch das Knüpfen eines magischen Netzes oder Rades aus Fäden.

Aries (A) Ein Kuhhirte und angeblicher Vater des *Tor*. Als der Knabe Ritter zu werden wünschte, brachte ihn Aries an den Hof des Königs *Arthus*. *Merlin* verkündete dann, daß Tor eigentlich der Sohn des Königs *Pellinore* sei. Er wurde ein herausragender Ritter der *Tafelrunde* . Aries ist wahrscheinlich die einzige Figur niederen Ursprungs in der ganzen Arthussage.

Arondight (A) Das Schwert des *Lanzelot*.

Art (I) Der Sohn des *Conn Cetchathach*. Auf Drängen seiner Stiefmutter *Becuma* wurde er aus Irland verbannt, aber er kehrte zurück und herrschte während der Abwesenheit seines Vaters. Insgeheim begehrte ihn Becuma, aber sie forderte ihn zu einem Schachspiel heraus, wobei der Einsatz der Stab des *Cu Roi* sein sollte. Art gewann und zwang Becuma, besagten Stab zu besorgen. Später mußte er eine gefährliche Reise unternehmen, um *Delbchaem*, die Tochter der *Coinchend* zu suchen. Er mußte Riesen, Hexen und die Kriegerin Coinchend selbst besiegen, bevor er Delbchaem gewinnen konnte.

Arthus (A) Sohn der *Igerna* und des *Uther Pendragon*. Er wurde auf Geheiß *Merlins* von *Ector of the Forest Sauvage* erzogen.

Nachdem er das Schwert *Exkalibur* aus dem Stein gezogen hatte, wurde er König von Britannien. Er gründete die *Tafelrunde*, heiratete *Guinevere* und machte sich daran, dem Land Stabilität und Gesetze zu geben. In den folgenden Jahren waren seine Ritter stets im ganzen Land unterwegs, um die Einhaltung der Gesetze zu überwachen und den Notdürftigen zu helfen.

Die Erscheinung des *Grals* in *Camelot* löste jene große Suche aus, an der sich alle Ritter der Tafelrunde beteiligten. Nur drei von ihnen hatten jedoch Erfolg, und danach war die Herrschaft des Arthus vom Niedergang gezeichnet. Zu den Ursachen des Zusammenbruchs der Tafelrunde gehörten die Ankunft seines außerehelichen Sohnes *Mordred* und die fortwährende

Artus in einer Buchillustration des viktorianischen Zeichners Aubrey Beardsley. Die Dame des Sees erzählt Artus und Merlin vom Schwert Excalibur.

Liebesbeziehung zwischen seiner Frau Guinevere und seinem ersten Ritter *Lanzelot*. Schließlich trafen sich Arthus und Mordred bei der Schalcht von *Camlan*, wobei Arthus tödlich verwundet wurde. Drei geheimnisvolle Königinnen erschienen auf einem schwarzen Kahn und nahmen ihn mit nach *Avalon*, wo er geheilt werden und auf den Tag seiner Wiederkehr warten konnte.

Diese Endfassung des Arthus-Mythos birgt das meiste Quellenmaterial. In der Arthuslegende lassen sich Spuren eines romano-britischen Kriegsanführers, eines Häuptlings des Zeitalters der Dunkelheit und eines Königs des Mittelalters erkennen. Er übernahm die Funktion des *Bran* als ein in Zeiten der Not anrufbarer Hüter des britannischen Reiches. Er soll in der Abtei von *Glastonbury* begraben und zur Zeit Heinrichs II. wieder exhumiert worden sein. Doch die Tradition und der Volksglaube weisen ihm unsterblichen Ruhm zu. Verschiedene unterirdische Schlafstätten des Arthus werden genannt: u. a. bei Alderly Edge in Cheshire, beim Schloß von Richmond in Yorkshire (siehe *Potter Thompson*) und bei Sewingshields nahe der Hadrian-Mauer an der englisch-schottischen Grenze. In früheren Geschichten erscheint er als eigenständiger Abenteuerheld, in späteren Versionen treten seine Ritter immer mehr in den Vordergrund und agieren in seinem Namen. Die Arthusgeschichten heißen generisch »In Sachen Britannien« und gehören zum Wesenskern der Mythologie des Landes.

Arthus Brust (A) Der gelegentlich verwendete Name für die jenseitige Region, in welche Helden berufen wurden, um sich nach ihren Anstrengungen auszuruhen. Die Bezeichnung sollte an den Aufenthalt des Arthus in Avalon erinnern.

Arthus Wagen (A) Die Konstellation des Großen Bären oder Großen Wagens.

Asgard (N) Die Heimat der nordischen Götter, eine vollständige Welt, die aus zwölf Regionen bestand; über jede herrschte einer der Götter. Die berühmteste Region war *Walhall*, der große, goldene Metsaal des *Odin*, in dem sich die Helden zu fröhlichen Trinkgelagen versammelten. Ein riesiger Abgrund trennte Asgard von der Erde; nur die Regenbogenbrücke *Bifrost* verband die beiden Welten.

Assipattle (S) Er war ein junger Faulenzer, der gerne vor dem Feuer lag – daher sein Name, der so viel wie »Aschenkopf« bedeutet. Er prahlte ständig mit heroischen Taten, die zu vollbringen er in der Lage wäre, doch erkannte niemand irgendwelche Anzeichen davon oder schenkte seinem Gerede Glauben. Als aber das teuflische Ungeheuer *Stoorworm* (»Sturm-Wurm«) das Land überfiel, war es Assipattle, der ihn durch List und Rafinesse den Garaus machte. Er ruderte in einem kleinen Boot aufs Meer, nur mit seinem Messer und einem Eimer voll brennendem Torf an Bord. Das Ungeheuer verschlang ihn, aber er schnitt ein Loch in die Leber des Untieres und warf den brennenden Torf hinein. Das Ungeheuer mußte, bevor es einging, brechen. Der auf diese Weise wiedergekehrte Assipattle heiratete die Tochter des Königs. Er war aufgrund seiner Tat für die Erschaffung vieler Inseln des Nordens verantwortlich.

Atlantis Legendärer Kontinent von großer Zauberkraft. Atlantis soll aus dem Atlantischen Ozean emporgeragt haben, bis es wegen der korrupten Praktiken seiner Priesterschaft überschwemmt wurde und unterging.

Die Mythologie der britischen Inseln ist mit Spuren dieser Legende durchsetzt. Überschwemmungen und Einbrüche des Meeres sind regelmäßige Ereignisse an den westlichen Extremitäten Europas, während die bretonische Sage der legendären Stadt Ys die Atlantis-Legende widerspiegelt. Atlantis verkörpert eine altertümliche, jenseitige Tradition, die aufgrund des Machtmißbrauches dem Niedergang geweiht war. Die Legende und die esoterische Tradition halten den Glauben lebendig, daß die Überlebenden von Atlantis Teile von Britannien kolonisierten und den Kern der dortigen Priesterkaste bildeten.

Audhumla (N) Das Kuh-Ungeheuer, welches den ersten der *Frostriesen, Ymir*, sowie das Untier Burim gebar, dessen Sohn Bor der Vater des *Odin* wurde. Audhumla soll aus der Mischung des Eises von *Niflheim* und der Hitzeglut von *Muspellsheimm* geschaffen worden sein.

Austernfischer Dieser Vogel stand unter dem Schutz der *Brigit* und wurde auf Gälisch Brid-eun (»Brigits Vogel«) oder Bigein-Bride (»Brigits Junge«) genannt.

Avallach/Afallach (A) Vater des *Modron* und König des Jenseits-Reiches *Avalon.*

Avalon (A) Das jenseitige Reich oder die Apfelinsel, auf die *Arthus* mit dem Kahn gebracht wurde, damit *Morgan* seine Wunden heilen.

Avenable (A) Sie erscheint in einer der Geschichten um *Merlin* als Mädchen, welches sich als Landedelmann verkleidet und zum Majordomo des Kaisers von Rom aufsteigt; hier nennt sie sich *Grisandole.* Eines Tages erwacht der Kaiser aus einem Traum, in dem er eine gekrönte Sau gesehen hatte. Ihm wird mitgeteilt, daß nur der im benachbarten Wald lebende wilde Mann den Traum deuten könne.

Grisandole findet den wilden Mann, der auch die Gestalt eines Hirschen annehmen konnte; der Mann erweist sich als Merlin. Er erläutert den Traum: die gekrönte Sau ist mit der Kaiserin identisch; ihre zwölf Landedelmänner sind ihre Kinder. Die Kaiserin wird auf dem Scheiterhaufen verbrannt, und Grisandole, die als junge Frau entlarvt wird, heiratet den Kaiser!

B

Badb (I) Krähe – ein Aspekt der *Morrighan*. Sie begegnete *CuChulainn* auf dem Weg zur letzten Schlacht als *Wäscherin an der Furt*. Auf ähnliche Weise erschien sie König *Cormac* als Vorbotin des Todes.

Bär Obwohl keine Bären mehr auf den britischen Inseln beheimatet sind, bleibt das Tier dort eine der symbolträchtigsten Figuren. Ein altes gälisches Sprichwort »Art an neart« beschreibt einen Helden als angreifenden Bären. Der Name *Arthus* entstammt dem Britischen »arth« bzw. »Bär«. Die Konstellation des Großen Wagens oder Großen Bären heißt auch *Arthus Wagen*.

Balan (A) Bruder des *Balin*. Unwissentlich töteten sich die beiden gegenseitig, da sie zur Tarnung geborgte Rüstung trugen.

Balder/Baldur (N) »Der Schöne« genannt. Balder war der Gott des Lichts, Sohn des *Odin* und der *Frigga* und Zwillingsbruder des *Hodur*. Er war der beliebteste der Götter, aber er wurde vom blinden Hodur getötet, nachdem dieser von *Loki* dazu überlistet worden war, mit einem Speer aus Mistelholz nach seinem Bruder zu werfen. Bekanntlich war Balder nur durch dieses Holz überhaupt verwundbar. Odin schickte Hermod in die Unterwelt, um Balder zurückzuholen, was *Hermod* aber nicht gelang.

Balin (A) Bruder des *Balan*. Er wird manchmal »le Sauvage« (»der Wilde«) genannt. Er tötete den Vetter des *Arthus* und kam ins Gefängnis. Nach seiner Freilassung zog er aus, um Abenteuer zu erleben und tötete den bösen Ritter *Garlon* während eines Aufenthaltes auf der Burg vom König *Pelles*, seinem Bruder. Auf der Flucht vor der Verfolgung durch den wütenden König, verwundete ihn Balin versehentlich an beiden Oberschenkeln mit dem Speer der *Hallows* (Heiligtümer). Diese Handlung wurde als *»Dolorous Blow«* (»Verhängnisvoller Schlag«) bezeichnet und soll die wesentliche Ursache des *»Wüsten Landes«* gewesen sein. (Siehe *Verwundeter König*.)

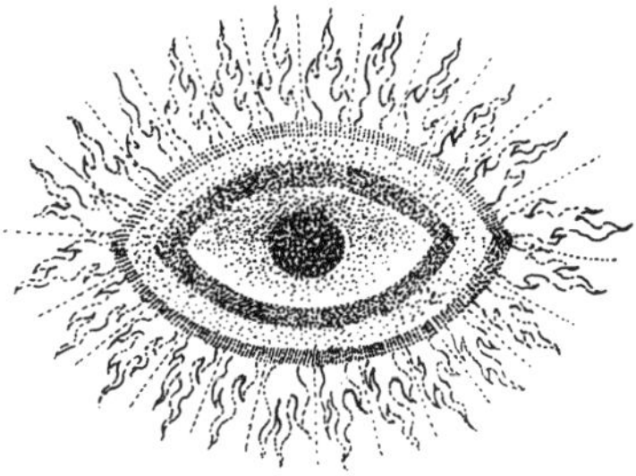

Das Auge des Balor.

Balor (I) König der *Formianer*. Nachdem prophezeiht worden war, daß er von seinem Enkelkind getötet werden würde, sperrte er seine Tochter auf einer entlegenen Insel ein. Aber *Cian mac Cainte* konnte die Insel besuchen und dort schlief er mit *Ethniu*, der Tochter des Balor. Aus ihrer Vereinigung wurde *Lugh* geboren. Balor war einäugig, weil er eine Druidengesellschaft bei der Zubereitung eines Weisheitstranks ausspioniert hatte. Ein Spritzer dieser Flüßigkeit traf sein Auge, welches fortan für jeden Betrachter den bösen Blick erkennen ließ. Er hielt dieses eine Augenlid geschlossen und hatte vier Diener, die es anheben mußten, wenn er seine Feinde mit einem Blick töten wollte. Bei der zweiten Schlacht von Mag Tuired traf Lugh dieses Auge mit einem Stein aus seiner Schleuder und tötete Balor. Spuren der Legende von Balor finden sich in vielen überlieferten Volksgeschichten der britischen Inseln. Die Parallelen zwischen ihm und *Yspaddaden* sind so eindeutig, daß sie als analoge Figuren betrachtet werden müssen.

Banba (I) Nach einem verlorenen frühen Manuskript war sie die erste Siedlerin Irlands – welches »die Insel der Banba von den Frauen« genannt wurde und vielleicht mit *Tir na mBan* zusammenhängt. Sie war eine der drei Göttinnen der *Sovereignty*, denen *Amergin* die Ehre versprach, die Insel nach dem eigenen Namen zu benennen.

Banshee/Bean Sidhe (I) Die Frau der Sidhe. Traditionsgemäß verfügen Familien, die mit der Welt des Jenseits Bindungen aufrechterhalten, über eine Banshee, die im Hause wohnt und vor einem Tod innerhalb der Familie warnt. Sie wird mit der *Wäscherin an der Furt* assoziiert.

Barinthus (A) »Der Navigator« genannt. Er lotste *Merlin* und *Taliesin* auf ihre Reise mit dem verwundeten *Arthus* zur Jenseits-Insel. Er verkörpert den Fährmann des Todes und wurde unter Umständen aus dem Mythos des *Manannan* abgeleitet. In der Gestalt des *Hl. Barrind* war er auch dafür verantwortlich, den Hl. Brendan auf seine Reise zum Paradies der Seligen fortgeschickt zu haben. (Siehe *Inseln des Glücks – Fortunate Islands*.)

Baruch (I) Der Krieger des Roten Astes, der *Deirdre* und *Naoisi* bei ihrer Rückkehr aus Schottland begegnete. Er überredete Fergus, seine Bewachung des Fluchtpaares zu unterbrechen, um mit ihm ausgiebig zu essen. Fergus, dem das Gebot auferlegt worden war, kein Angebot der Gastfreundschaft auszuschlagen, willigte ein – und überließ das ausgelieferte Paar seinem Schicksal.

Baudwin von der Bretagne (A) Einer der herausragendsten der späteren Ritter der *Tafelrunde*. Er überlebte die letzte Schlacht von *Camlan* und lebte fortan als Einsiedler. Er war auch für seine Fähigkeiten als Chirurg bekannt.

Beare (I) Eine Prinzessin von Spanien, die *Eoghan Mor* heiratete. Es war ihr prophezeiht worden, daß, wenn sie in der Nacht zum Fluß Eibhear hinunterginge und dort einen farbigglänzenden *Lachs* erblickte, ihr vorbestimmter Ehemann vor ihr erscheinen würde. Die Beare-Halbinsel an der Südwestspitze Irlands ist nach ihr benannt. (Siehe *Cailleach Bheare*.)

Beast Glatisant (A) Siehe *Suchendes Tier.*

Beaumains (A) Siehe *Gareth von Orkney.*

Becuma (I) Eine Frau aus der Welt des Jenseits, die wegen eines unbenannten Deliktes aus *Tir Tairngire* verbannt wurde. Sie begehrte *Art*, aber heiratete seinen Vater, *Conn Cetchathach*, weil dieser König war. Diese Ehe stand unter einem schlechten Stern, weil sie keine rechtmäßige Verkörperung der *Sovereignty* war; so blieb das Land ohne Milch und ohne Korn.

Becuma bestand darauf, daß Conn den Art in die Verbannung schicke, aber als Art zurückkehrte, um an seines Vaters statt zu herrschen, forderte sie ihn zu einem Schachspiel heraus. Art gewann das erste Spiel und verlangte, daß sie ihm den Stab des *Cu Roi* besorge. Sie gewann die Revanche und ließ Art ausziehen, um nach *Delbchaem* zu suchen. Als er nach erfolgreicher Suche mit seiner neuen Braut zurückkehrte, verbannte er Becuma aus Tara.

Bedwyr/Bedivere (A) Eine der ersten Figuren, die mit *Arthus* assoziiert wurden. Seine Rolle ähnelt der des *Lanzelot*, der ihn in den späteren Erzählungen verdrängte. Dort bleibt ihm fast nur noch die Funktion des treuen Überbringers von *Exkalibur*. Er war der Diener des Arthus.

Befind (I) *Midirs* Name für *Etain*, als sie in *Sidhe* dessen Frau war.

Bel (K) Siehe *Bile.*

Belatucadros (K) Keltischer Kriegsgott, der im nördlichen Britannien hoch verehrt wurde. Die Römer brachten ihn mit *Mars* in Verbindung. Sein Name bedeutet »der schöne Glänzende«; er ist der gehörnte Gott des Nordens.

Belinus (L) Bruder des *Brennius* und König von Britannien. Nach einem Zwist mit seinem Bruder versöhnten sich beide wieder und eroberten und plünderten zusammen Rom. Er baute viele Straßen und errichtete seine Hauptstadt in Caer Usk. Er war der Erbauer von Billingsgate in Trinovantum (London) und wurde dort in einer goldenen Urne begraben.

Bellieus (A) Glückloser Ritter in den frühen Abenteuern des *Lanzelot.* Aus Versehen betrat Lanzelot das Zelt, in der Bellieus' Frau schlief, und legte sich neben sie ins Bett. Plötzlich kehrte Bellieus zurück, entdeckte Lanzelot und forderte ihn heraus – mit dem unausweichlichen Ergebnis, daß er beinahe tödlich verwundet wurde. Doch überlebte er und wurde später zum Ritter der *Tafelrunde* erhoben.

Beltaine (K) Das keltische Fest des Vorabends des Monats Mai, welches am 30. April gefeiert wird. Es war zugleich die Feier des Sommeranfangs, als das Vieh aus seiner Winterbleibe herausgelassen wurde, um sich am frischen Grün des Frühlings zu weiden. Das Wort bedeutet »das Feuer des Bel«, einer mit *Belinus* verwandten Gottheit.

Bei diesem Fest wurden alle Feuer in den Häusern gelöscht und mit neuen Feuer, welches die Druiden in dieser Nacht entzündeten, entfacht. (Siehe *Lughnasadh, Oimelc* und *Samhain.*)

Bendith Mamau (W) »Das Segen der Mütter«. Der euphemistische Name für die *Feen (Fairies)* in Wales. Bezeichnenderweise werden sie auch mit der dreifachen Gestalt der Göttin in Verbindung gebracht. (Siehe *Mütter.*)

Beowulf (N) Einer der berühmtesten aller Helden. Seine Geschichte ist in einem Gedicht des 8. Jahrhunderts niedergelegt, welches im westsächsischen Dialekt des Altenglischen geschrieben wurde. Darin sind drei Hauptgeschichten enthalten: die erste erzählt von Beowulfs Kampf mit dem Ungeheuer *Grendel*; nach langem Ringen kann Beowulf Grendel außer Gefecht setzen. Die zweite Geschichte erzählt von seinem Kampf mit der Mutter des Grendel – einer Troll-Frau – unterhalb der Oberfläche eines Sees; die dritte schildert, wie Beowulf einen *Drachen* besiegt, der ihn dabei tödlich verwundet. Diese Geschichten bildeten wahrscheinlich den Teil eines längeren Zyklus von in den sächsischen Ländern geläufigen Heldenepen.

Bercelak/Bertilak (A) Siehe *Grüner Ritter.*

Bevis von Hampton Der Sohn des Sir Guy von Hampton (Southampton). Er wurde in den Osten geschickt und dort versklavt, aber er heiratete die Tochter eines Sultans, tötete einen *Drachen* und freundete sich mit einem Riesen namens Ascapard an. Bevis wird auch mit Schloß Arundel in Sussex in Verbindung gebracht, wo sein Schwert, Morglay, noch heute aufbewahrt wird.

Bifrost (N) Die Regenbogenbrücke der Götter, die zwischen der Erde und *Asgard* gespannt ist; sie besteht aus Feuer, Luft und Wasser. Zur Zeit des *Ragnarok*, wenn die Riesen sie überschreiten, wird sie auseinanderbrechen. *Thor*, dem größten der Götter, war es verboten, die Brücke zu betreten.

Bile (I) In der keltischen Welt war im allgemeinen Verständnis ein Archetypus verbreitet, welcher ungefähr den mächtigen Herrn des Lebens und des Todes entsprach. In der britischen Tradition hieß er *Bel* oder *Belinus*, auf irisch nannte man ihn Bile. Nach einigen Quellen soll er von Spanien aus nach Irland gekommen sein, wobei Spanien hier eindeutig mit dem Reich der Toten identifiziert wird. Die Feuer von *Beltaine* wurden angezündet, um sein Fest zu feiern. Von seinem Mythos ist wenig bekannt, doch war er, wie *Danu*, die oftmals als seine Gefährtin genannt wird, für die Kelten eine mächtige Gottheit der Vorfahren.

Bladud (I) König von Britannien. Er war der Erbauer von Caer Badum (Bath). Dort errichtete er den Tempel der *Minerva* und, nachdem die medizinischen Vorzüge der Quellen festgestellt wurden, ließ er Bäder neben das Tempelgelände bauen. Er stellte Flügel her und versuchte zu fliegen, aber er stürzte vom Dach des *Apollon*-Tempels in Trinovantum (London) zu Tode. Sein Mythos ähnelt dem des *Abaris*; er scheint in einer Person die Traditionen des Priesters und des Königs zu verkörpern.

Blaise (A) Die schattenhafte Figur, die hinter *Merlin* steht und als dessen Lehrer bezeichnet wird. Blaise zog sich nach Northumberland zurück, wo Merlin ihn oftmals besuchte; dort wurden auch seine Taten und seine Prophezeihungen aufgeschrieben.

Blanaid/Blathnat (I) Die Frau des *Cu Roi mac Daire*. Usprünglich entstammte sie der Welt des Jenseits und fiel Cu Roi als Kriegsbeute zu. Insgeheim liebte sie *CuChulainn* und half ihm, Cu Roi zu ermorden, indem sie, ähnlich Delilah, dessen Haare mit dem Bettgestell verknotete. Sie wurde schließlich von Cu Rois Hofdichter getötet, der seinen Herrn dadurch rächte, daß er die treulose Blanaid ergriff und mit ihr zusammen von einer Felsklippe in den Tod stürzte. Ihr Name bedeutet »Blume« und sie ist mit *Blodeuwedd* analog.

Blanchfleur (A) Der gelegentlich auftretende Name der Schwester *Parzivals*. Sie opferte ihr Leben, um eine leprakranke Frau zu heilen. Ihr Leichnam begleitete die *Gralssucher* nach *Sarras*. (Siehe *Dindraine*.)

Blodeuwedd (W) Die Blumen-Braut des *Llew*. Sie wurde von *Gwydion* und *Math* aus Blüten und neun unterschiedlichen Elementen hergestellt, um die geise (den Zauberbann) zu umgehen, den *Arianrhod* dem Llew auferlegt hatte. Sie wurde nie gefragt, ob sie Llew liebe und bald verliebte sie sich in einen vorbeiziehenden Jäger, *Gronw Pebr*, mit dem sie den Tod ihres Mannes plante.

Wie Delilah, entlockte sie Llew dessen vorbestimmte Todesursache, dann stellte sie die entsprechenden Umstände her. Sie wurde dafür von Gwydion bestraft, der sie in eine *Eule* verwandelte – den nächtlichen Jagdvogel, den alle Tagesvögel meiden. Ihre Geschichte folgt einem bekannten Volksmotiv: dem der verräterischen Blumen-Braut. Diese Rolle teilt sie sowohl mit *Blanaid* als auch mit *Guinevere*.

Boann/Boand (I) Göttin des Flusses Boyne, Frau des *Elcmar* und Mutter des *Angus*. Ihr Name bedeutet »Frau der Weißen Kühe«. *Dagda* begehrte sie und ließ Elcmar einen Auftrag ausführen, der ihm neun Monate Abwesenheit abnötigte, obwohl er selbst glaubte, er sei nur ein Tag lang fort gewesen.

Bodach (S) Wortwörtlich: »Alter Mann«. Im schottischen Hochland war es ein Bestandteil des Volksglaubens, daß der Bodach Schornsteine herunterschlüpfte und unartige Kinder raubte, obwohl er in anderen Regionen als Todesboten galt. Im Gegensatz zu seiner wahrscheinlichen Entsprechung, der *Cailleach*, ist bezüglich seiner Figur kaum Mythologisches oder Folkloristisches überliefert.

Bodb (I) König der Sidi von Munster und Sohn des *Dagda*. Er half *Angus* auf der Suche nach *Caer Ibormeith*. In sein Reich zog sich *Lir* zurück.

Bors de Ganis (A) Sohn des Königs Ban von Benoic, Vetter des *Lanzelot* und einer der berühmtesten Ritter der *Tafelrunde*. Zusammen mit *Parzival* und *Galahad* war er einer der drei erfolgreichen Gralssucher.

Boudicca/Boadicea (K) (gest. 62 n. Chr.) Königin der Iceni. Als ihr Mann Prasutagus starb und die Hälfte seines Reiches den Römern überließ, stellte sie fest, daß es die Römer auf das ganze Reich abgesehen hatten. Aber nachdem sie Boudicca ausgepeitscht und ihre zwei Töchter vergewaltigt hatten, stellten wiederum die Römer fest, daß sie sich auf den vehementesten Volksaufstand seit ihrer Eroberung Britanniens eingelassen hatten. Boudicca und ihre Stammesgenossen plünderten Colchester und London und verwüsteten das Land, bis sie schließlich von Suetonius Paulinus besiegt und gefangengenommen wurden. Um die Schmach der öffentlichen Parade in Rom als gefangene Königin zu vermeiden, nahm sie Gift. Sie war eine Verehrerin der *Andraste*, der Göttin des Sieges und opferte ihr ihre Gefangenen. Trotz der Blutrünstigkeit des Aufstandes wird ihr Andenken als Beispiel einer Befreierin unterjochter Völker – ein offenbar inniges Anliegen der Briten – liebevoll gepflegt.

Brahan Seer (gest. 1577) Coinneach Odhar war ein Seher und Wahrsager. Seine Prophezeihungen bezüglich der Schlacht von Culloden, der Abholzung des schottischen Hochlandes und des Aufkommens der Eisenbahn bewahrheiteten sich alle, was auch für seine Vorhersagen zum Schicksal der Seaforth-Familie der Fall war. Er teilte der Herzogin von Seaforth mit, daß ihr Mann ihr untreu sei, woraufhin sie ihren Mann auf scheußliche Weise in einem Teerfaß verbrennen ließ; er prophezeihte das Aussterben der Seaforth-Line, deren letztes Familienmitglied ein Taubstummer sein würde. Auch dies traf zu.

Brans magischer Kessel

Bran der Selige/Bendigeid Fran (W) Der titanengroße Bran hat in der britischen Mythologie einen hohen Stellenwert. Seine Geschichte wird in »Branwen, Tochter des Llyr« erzählt, wo er der Besitzer eines *Kessels* ist, welcher Tote wieder zum Leben erwecken kann. Zur Hochzeit seiner Schwester *Branwen* mit *Matholwch*, dem König von Irland, schenkt er diesen Kessel den Iren als Wiedergutmachung für die vielen Beleidigungen, die sie von seiten seines und Branwens Bruders, *Efnissien*, erleiden mußten. Später muß er Branwen aus ihrer Knechtschaft aus der Küche des irischen Königs retten, nachdem Matholwch sie dort hat einsperren lassen. Er watet durch das Irische Meer, führt so die britische Flotte an und besiegt die Iren. Diese willigen darin ein, Matholwch abzusetzen und *Gwern*, den Sohn Branwens, zum König auszurufen.

Beim Festmahl zur Feier des Waffenstillstandes und der Thronbesteigung Gwerns wirft Efnissien den Gwern ins Feuer und die Feindseligkeiten brechen erneut aus. Die Iren beleben ihre Toten im Kessel wieder, aber keine Seite gewinnt die Oberhand. Nur sieben Briten entkommen, Bran jedoch wird an der Ferse tödlich verwundet. Er bittet darum, daß man ihm den Kopf abschlägt und diesen am Weißen Turm (von London) begräbt. Die sieben Überlebenden erfüllen seinen Wunsch und bringen den Kopf zunächst nach Harlech, wo er sieben Jahre lang aufbewahrt wird, dann nach Gwales (Grassholm in Pembrokeshire). Hier bleiben sie achtzig Jahre lang mit dem Kopf, der zu ihnen spricht. Dabei verlieren sie jedwedes Zeitgefühl und sie vergessen alles, was ihnen geschehen ist. Bran hatte sie gebeten, die Tür des Saales nicht zu öffnen, aber als einer der Überlebenden dies tut, werden sie sich der vergangenen Zeit und ihrer Leiden bewußt.

Der Mythos des Bran kann auf den des *Kronos* zurückverfolgt werden. Er wurde außerdem in die *Grals*legenden übernommen, in denen *Brons* der Hüter des Grals ist und in denen das Motiv des lebensspendenden Kessels seine Fortsetzung findet. Die Triaden erzählen davon, wie *Arthus* den Kopf des Bran, dort, wo dieser zur Abwehr feindlicher Invasionen zur Ruhe gebettet worden war, wieder ausgraben ließ, weil er selber der einzige Beschützer seines Landes sein wollte. Dieser Aspekt lebt in der Legende fort, die besagt, daß, wenn die *Raben* den Tower von London verlassen, Britannien erobert wird. (Aus diesem Grund werden ihre Flügel gestutzt.) Brans Name bedeutet »Rabe«.

Bran mac Febal (I) Eine Frau der jenseitigen Welt forderte Bran auf, zu den *Inseln der Seligkeit (Blessed Islands)* zu segeln, wo er auf das Land der Frauen *(Tir na mBan)* treffen würde. Auf hoher See begegnete er *Manannan mac Lir*, der ihm von den von *Mag Mell* und *Tir Tairngire* erzählte. Als Bran im Land der Frauen ankam, erlebte er dort königliche Gastfreundschaft und wurde eingeladen, zu verweilen und somit unsterblich zu werden. Doch einer seiner Mannschaft bekam Heimweh und sie segelten nach Irland zurück. Dort stellten sie fest, daß um Bran Legenden entstanden waren, zumal im Jenseits viele Jahre vergangen waren.

Brandubh (I) König von Leinster im 7. Jahrhundert. Er begehrte *Dubh Lacha*, die Frau des *Mongan*, und übertölpelte ihn, um sie für sich zu gewinnen. Schließlich aber obsiegten die übernatürlichen Kräfte Mongans. Brandubh – wortwörtlich Schwarzer Rabe – ist auch der Name eines irischen Brettspiels für zwei Personen.

Brangaine (A) Die Magd der *Isolde*. Sie half ihrer Herrin, König Marke zu überlisten, indem sie in der Hochzeitsnacht der Isolde mit ihm schlief. Außerdem reichte sie den (nach einigen Versionen) für Marke und Isolde gedachten Liebestrank an *Tristan* und Isolde und band somit die Liebenden für ewig aneinander.

Branwen (W) Tochter des *Llyr* und Schwester des *Bran*. Sie wurde mit *Matholwch*, dem König von Irland, verheiratet und gebar ihm *Gwern*, aber das irische Volk verlangte, daß Matholwch sie aufgrund der Beleidigungen, die sie seitens des Bruders der Branwen, *Efnissien*, erlitten hatten, loswerde. Matholwch zwang sie, in den Küchen des Königshofes zu arbeiten, wo sie vom Koch malträtiert wurde. Sie zähmte einen Star, der für sie eine Botschaft an Bran nach Britannien brachte; Bran kam mit einer Flotte und rettete sie. Efnissien warf Gwern ins Feuer und löste erneute Feindseligkeiten zwischen den Briten und den Iren aus; daraufhin starb Branwen gebrochenen Herzens und wurde in einem »vierseitigen Grab«, an den Ufern des Flusses Alaw auf der Insel Anglesey begraben. Ihr Mythos ähnelt sehr der Geschichte der *Cordelia*, die ebenfalls eine Tochter von Lear war. Branwen erweist sich als eine Verkörperung der *Sovereignty*.

Brastias (A) Er war ursprünglich ein Ritter im Dienste des *Gorlois* von *Cornwall*, wurde dann – in der Episode, in der Uther die Ähnlichkeit mit seinem Herrn erhält, um mit Igraine schlafen zu können – ein Verbündeter des *Merlin*. Als *Arthus* König wurde, war Brastias einer seiner ersten und fähigsten Adjutanten, und er wurde Vorsteher des Nordens.

Breasil (I) Er soll nach der irischen Tradition der König der Welt gewesen sein und, obwohl er angeblich in Leinster eine Festung baute, soll seine wahre Heimat weit im Westen gelegen haben, in dem Gebiet Hy Breasil. Der Name dieses jenseitigen Ortes wurde zu »Brasil«, als es darum ging, Südamerika zu kartographieren.

Bregon (I) Ein skythischer Edelmann, Vorfahr der *Milesier*. Er wurde aus Ägypten verbannt und ließ sich in Spanien nieder. Von dort aus segelten seine zwei Söhne, *Ith* und *Bile*, nach Irland.

Brendan der Heilige (I) (ca. 489–583) Der heilige Brendan wurde in Kerry geboren. Sein ruhmreicher Platz in der irischen Mythologie und Folklore entstammt seinen wundersamen Reisen in das Gelobte Land der Heiligen – die eine vorchristlichte Version der westlichen Inseln der Seligkeit darstellen. Er wurde vom Heiligen Barrind (siehe *Barinthus*), der soeben von dort zurückgekehrt war, zu dieser Reise inspiriert. Zusammen mit siebzehn Mönchen segelte er in einem Boot aus Häuten von Insel zu Insel; die Reise dauerte viele Jahre und war voller Zwischenfälle. Einer davon war die gefährliche Landung auf dem Rücken eines Wals, auf dem er eine Messe feierte; seine Mönche versuchten, einen *Kessel* zu erhitzen. Die Geschichte überschneidet sich in mehrfacher Hinsicht mit der Reise des *Maelduine*.

Brennius Bruder des *Belinus*. Die Brüder stritten sich und kämpften gegeneinander. Ihre Mutter, *Tonuuenna*, führte ihre Versöhnung herbei; anschließend brachen sie zusammen auf und besiegten Gallien. Später belagerten sie Rom, und als die Stadt fiel, wurde sie von Brennius geplündert.

Bres mac Elatha (I) Der Sohn der *Eriu*. Sein Vater war *Elatha*, ein junger Mann der jenseitigen Welt und einer der Fomorier. Eriu selbst war eine der *Tuatha de Danaan*. Obwohl er gemischter Abstammung war, wurde Bres zum König gewählt, unter der Bedingung, daß er im Falle einer Missetat seine Herrschaft abgeben müsse. Bres behandelte das Volk seiner Mutter wahrhaft schlecht und erniedrigte geradezu die Tuatha. Er errichtete ein Nahrungsmittel-Monopol in ganz Irland und zwang die Tuatha, ihm zu dienen, ehe sie ernährt wurden. Dann wurde er das Opfer einer Satire durch den Dichter der Tuatha – die Satire eines Dichters konnte tatsächlichen körperlichen Schaden anrichten; König Bres wurde daraufhin als entstellt empfunden und galt so für die Königswürde als ungeeignet.
Es folgte ein Volksaufstand der Tuatha gegen ihn; Bres stellte sich an die Seite der Fomorianer bei der zweiten Schlacht von Mag Tuired. Er ging auf eine magische Wette mit *Lugh* ein und verlor. Er mußte deshalb 300 Eimer verdorbener Milch trinken – und verstarb.

Breuse sans Pitie (A) Der Ritter, dessen Name in der Welt des *Arthus* sprichwörtlichen Charakter erhielt – als Inbegriff des vollkommenen, durchtriebenen Bösewichts. Viele der Ritter des Arthus nahm er gefangen oder tötete sie, anderen fügte er beträchtlichen Schaden zu. Ungewöhnlich für diese Epoche war, daß er für seine Verbrechen nie zur Rechenschaft gezogen worden zu sein scheint; in allen Texten, in denen er erscheint und seine Untaten begeht, kommt er unbgscholten davon.

Brian (I) Mit seinen Brüdern *Iuchar* und *Iucharba*, den Söhnen des *Tuirenn*, tötete er *Cian mac Cainte*, den Vater des *Lugh*. Lugh entdeckte Cians Leiche, grub sie aus und entschloß sich, seinen Vater zu rächen. Er verlangte von den Söhnen des Tuirenn eine unmög-

liche Wiedergutmachung, einschließlich der drei Äpfel der *Hesperiden*, sowie weiteren Schätzen des Jenseits. Sie besorgten alles, was Lugh von ihnen verlangt hatte, aber beim Erfüllen der letzten Aufgabe kamen sie um.
Diese Geschichte verläuft mit der des *Culhwch*, der für *Yspaddaden* unmögliche Aufgaben vollbringen mußte, eindeutig parallel. Lughs Gnadenlosigkeit den Söhnen des Tuirenn gegenüber ähnelt der Haltung des *Llew* gegenüber *Gronw Pebr*, dem Geliebten seiner Frau.

Brian Boru (926–1014) König von Irland. Bei der Schlacht von Clontarf gelang es ihm, die fast universelle Plage, die die Dänen damals sowohl für Irland als auch für Britannien darstellten, zu besiegen; er bezahlte jedoch mit dem eigenen Leben. Wie *Alfred der Große* genoß er es, sein eigener Kundschafter zu sein. Bei einem seiner Ausflüge stieß er auf eine irische Frau, die in Tränen aufgelöst war, weil ihr dänischer Mann verlangt hatte, daß sie ihr eigenes Kind töte; wegen des unbarmherzigen Krieges gebe es sonst nichts zu essen. Brian gab ihr Nahrung, woraufhin sie ihm die geheime Parole der dänischen Festung zuflüsterte. So konnte er seinen Feind überraschen und besiegen. Er soll den Regenpfeifer nach Irland eingeführt haben, weil sich dieser Vogel als Alarm gegen feindliche Angriffe gut einsetzen ließ.

Briareus (G) Nach Plutarch war Briareus der Riese mit den hundert Händen, der auf *Ogygia*, einer mystischen Insel im Atlantik, *Kronos* bewachte.

Bricriu (I) Satiriker und Scherzbold am Hofe des Conchobar. Er hetzte die Helden *CuChulainn, Conall* und *Loegaire* zur Rivalität auf, indem er dem besten Krieger die »Heldenportion« des Festmahls versprach. Die drei Frauen der Gegner wurden gezwungen, sich um den Ehrenplatz zu streiten. Die Auseinandersetzung wurde von *Cu Roi mac Daire* geschlichtet: er schlug vor, daß die Helden sich im »Enthauptungsspiel« bewähren. Nur CuChulainn war dazu bereit und wurde somit zum Sieger erklärt. Bricriu wurde Nemthenga oder »Giftzunge« genannt.

Brigantia (K) Die Namensgöttin der Briganten aus dem westlichen Yorkshire. Eine Widmung und ein Relief bei Birrens zeigt sie, wie sie *Minervas* Attribute des Sieges, sowie die Krone der Cybele trägt – ein Hinweis darauf, daß die Römer sie in ihre eigene Mythologie übernahmen. Ursprünglich war sie eine Göttin des Wassers und der ländlichen Aktivitäten. In vielem ähnelt sie der irischen *Brigit*.

Brigit/Brigid/Bride (I) Tochter des *Dagda*. In ihrem dreifachen Aspekt war sie die Beschützerin der Dichter, der Heilenden und der Schmiede. Ihr von Bres stammender Sohn, *Ruadan*, wurde von *Goibnui* ermordet. Für ihn ließ sie die erste »keening« (»Totenklage«), die je in Irland vernommen wurde, ertönen.

Sie wurde dem Kult und der Person der Heiligen Brigit von Kildare (450–523) einverleibt, welche die erste weibliche Kirchengemeinde nach der Christianisierung Irlands errichtete. Die heilige Stätte des Klosters zu Kildare beherbergte ein ewiges Feuer, welches von der Schwesternschaft gehütet wurde; erst mit der Reformation wurde dieses Feuer gelöscht. Die Heilige Brigit ist die zweite Schutzheilige Irlands. Innerhalb der schottischen Tradition wird Brigid (sowohl die Heilige als auch die Göttin) mit der »Jahreszeit der Lämmer« und der Ankunft des Frühlings in Verbindung gebracht; ihr fällt es zu, die Herrschaft der *Cailleach Bheur* zu überwinden. Die Heilige ist weiterhin als »gälische Maria« bekannt und soll die Hebamme der Heiligen Jungfrau gewesen sein. Eine Volksgeschichte erzählt davon, wie sie die Soldaten des Herodes narrte, indem sie sich eine Krone aus Kerzen aufsetzte und die Männer dadurch vom Heiligen Kind ablenkte. Spuren der Brigit lassen sich auch in der Figur der *Brigantia* erkennen.

Brisen (A) Sie wird in Malorys »Le Morte d'Arthur« als eine der größten lebenden Zauberinnen jener Zeit bezeichnet. Indem sie *Lanzelot* eine Droge in den Wein mischte und ihn überzeugte, daß sich in *Elaines* Schlafgemach *Guinevere* aufhalte, brachte sie Lanzelot und Elaine von Corbenic zusammen, die zusammen *Galahad* zeugten.

Britannia (RB) Immer wenn die Römer eine neue Kolonie eroberten, bemühten sie sich fürsorglich, den Genius des Landes zu beschwichtigen. Britannia wurde die Verkörperung von Britannien und wurde erstmals auf einer Münze des Antoninus Pius (gest. 161 n. Chr.) abgebildet. Später erscheint Britannia, mit den Attributen und den Waffen der *Minerva*, auf einer Münze des Jahres 1665 während der Herrschaft Karls II.; so wurde sie zum Symbol des Britischen Weltreichs. Sie stellt das letzte Überbleibsel der ursprünglichen *Sovereignty* von Britannien dar.

Broceliande (A) Der große, weltumspannende Wald, innerhalb dessen sich die meisten Abenteuer der Ritter der *Tafelrunde* des *Arthus* zutrugen. Sein eigentlicher Standort ist in der Bretagne, wo viele Stätten der Arthussagen besucht werden können.

Brollachan (S) Einer der gefürchtetsten Geister des schottischen Hochlandes, weil er keine eigene Gestalt hatte. Nach der Tradition konnte er nur zwei Begriffe aussprechen: »Mich« und »Dich«. Er nahm die Gestalt des Gegenstandes oder der Person an, auf dem oder der er jeweils saß; ansonsten hatte er nur Mund und Augen.

Brons (A) Auch Hebron genannt, war er der Schwiegersohn des *Josef aus Arimathäa* und der Großvater des *Parzival*. Er war einer der ersten *Gralskönige*, die *Fischerkönig* genannt wurden und ist gelegentlich mit dem walisischen

Gott *Bran dem Seligen* in plausible Verbindung gebracht worden.

Brownies (S) Hausgeister in der Gestalt kleiner Männlein, die braune Kluft tragen. Für eine Schüssel Milch besorgen sie die Hausarbeit; jeder anderweitige Versuch der Belohnung treibt sie jedoch fort.

Bruno le Noir (A) Wegen seiner schlecht passenden Kleidung wurde er von Sir Kay auch »La Cote Male-Taile« getauft. Er kam als armer Mann nach *Camelot* und wurde zunächst als Küchengehilfe angestellt. Nach vielen Abenteuern heiratete er die Jungfrau *Maledisant* und wurde Herr der Burg Pendragon. Er teilt mehrere Attribute mit *Gareth* und ist wahrscheinlich eine spätere Abwandlung des Ritters aus Orkney.

Brutus Der Urenkel des Aeneas. Er tötete aus Versehen seinen Vater und floh aus Italien nach Griechenland, wo er der anerkannte Anführer der versklavten Trojaner wurde. Er führte sie fort und wurde von Diana, als er in ihrem Tempel schlief, aufgefordert, nach Britannien zu segeln. Er gehorchte und gründete dort ein zweites Troja – Troia Nova (Trinovantum) an den Ufern der Themse. Er besiegte ein Heer von Riesen und kettete deren Häuptlinge, Gog und Magog, als seine Türsteher an (siehe *Gogmagog*). Nach der Version des Geoffrey von Monmouth wurde der Riese Gogmagog von *Corineus* ins Meer geworfen. Brutus' Andenken gilt seiner Eigenschaft als Vorfahr der Briten.

Budoc, der Heilige Seine Mutter Azenor wurde, als sie schwanger war, von ihrer Stiefmutter, die davon überzeugt war, daß Azenor ihrem Mann untreu gewesen sei, in den Ärmel-Kanal geworfen. Durch Visionen der *Heiligen Brigit* wurde sie am Leben erhalten; schließlich erreichte sie Waterford in Irland, wo sie im Kloster Wäscherin wurde. Hier wuchs Budoc auf und wurde später Bischof von Dol in der Bretagne. Er ist der Schutzheilige von Budock in Cornwall. Sein Gedenktag ist der 8. Dezember.

Buggane (K) Ein Kobold der Insel Man, der sich in jede Gestalt verwandeln kann und der eine gemeine, widerwärtige Freude daran empfindet, die Arbeit der Menschen zu zerstören.

Bwca (W) Wie die schottischen *Brownies*: ein häuslicher Geist, der für Essen die Hausarbeit verrichtet.

C

Cabal/Caval (A) Der Hund des Königs *Arthus*. Er soll auf einem bestimmten Stein in Wales seine Pfotenspur hinterlassen haben. Diese entfernte sich während der Nacht, kehrte aber bis zum Morgen immer wieder zurück.

Cabyll-Ushtey (K) Das »Each-uisge« (Wasserpferd) in der Variante der Insel Man. Ebenso gemeingefährlich, verschleppte es Menschen und Tiere in den Tod. (Siehe *Kelpie*.)

Caedmon, der Heilige (gest. 680) Er war ein ungebildeter Hirte in der Gegend von Whitby. Eines Tages stellte er fest, daß er Gedichte und Lieder verfassen konnte und schrieb manche über die Schöpfung, andere über die Frühgeschichte der Israeliten und wieder andere über die letzten Dinge. Die Heilige *Hilda von Whitby* wurde auf ihn aufmerksam und förderte ihn. Er wurde Mönch und wird am 11. Februar verehrt. Von seiner Dichtung sind lediglich neun Zeilen in der Überlieferung von Bede erhalten geblieben.

Caer Ibormeith (I) Tochter von Ethal Anubal und Geliebte von *Angus*. Sie wurde wegen ihrer Fähigkeit, ihre Form zu verändern, als »kraftvolles Mädchen mehrfacher Gestalt« bezeichnet. Sie verbrachte ihr Leben abwechselnd in der Gestalt eines Menschen und der eines Schwans.

Cailleach Bheur (S) Die häßliche Alte mit bläulichem Gesicht, die den Winter verkörpert. Jedes Jahr (am *Samhain* 31. Oktober) wurde sie neu geboren und führte Schnee herbei. Ihre Vorherrschaft wurde im Februar durch das Erscheinen der *Brigit*, des Geistes des Frühlings, gebrochen; daraufhin legte sie ihren Stab unter einem Holunderbusch und verwandelte sich (am 30. April) in einen Stein bei *Beltaine*. Ihr Sohn, dem *Mabon* und dem *Angus mac Og* analog, war der Gott der Jugend; im endlosen Kampf versuchte sie, ihn zu vertreiben. Sie ist mit *Cailleach Bheare* identisch und verkörpert auf den Britischen Inseln zweifelsohne einen der altertümlichsten Aspekte einer Göttin. (Siehe *Annis, die Schwarze*.)

Cailleach Bheare (I) Die uralte Bergmutter des irischen Südwestens. Das südwestlich gelegene Munster hielt man für das Reich der Toten; hier hatte Cailleach seit Urzeiten gelebt und ewige Jugend genossen, während ihre aufeinanderfolgenden Ehemänner alle im Alter gestorben waren. Ihre Legende besteht noch im Nordwesten Schottlands sowie auf der Insel Man, wo sie angeblich die Wintermonate und das Wetter beherrscht. (Siehe *Cailleach Bheur*)

Caillagh ny Groamagh (K) Die Alte Trübselige Frau ist eine Version der *Cailleach Beare/Bheur* auf der Insel Man. Vor allem wird sie mit dem jahreszeitlich bedingten Wetterwechsel in Verbindung gebracht. Laut Tradition kommt sie, wenn am Tag der *Heiligen Brigit* (dem 1. Februar) schönes Wetter herrscht, zum Vorschein, um Holz zu sammeln, damit sie während des Sommers wärmen kann; bei Regen hingegen bleibt sie zuhause und hat danach wesentlich mehr Mühe, während des restlichen Jahres für schönes Wetter zu sorgen. Manchmal wird sie als riesiger, Holz mit sich tragender Vogel geschildert – eine Erinnerung an die große Bergmutter, die zu Urzeiten durch die Lüfte flog, um die Bergketten in das Land zu setzen.

Cairenn (I) Die Konkubine des Eochu, Mutter des *Niall. Mongfind*, die erste Frau Eochus, ließ sie am Brunnen dienen; dort gebar sie Niall, fürchtete sich aber wegen Mongfinds Eifersucht davor, ihn zu ernähren. Doch nahm sich der Dichter Torna seiner an und gab den Knaben dessen Vater. Cairenn wurde von körperlicher Arbeit befreit und mit königlichem Purpur bekleidet. Durch die Anerkennung seiner Mutter konnte Niall zu Recht der *Sovereignty* mit einem Kuß anstatt mit Abscheu begegnen. Cairenn selbst ist eine irdische Verkörperung der Sovereignty.

Cairpre Liffechair (I) Bei der Schlacht von Gabhra vernichtete er die *Fianna* und tötete *Oscar*, den Enkel des *Fionn*. Er war der Sohn des *Cormac mac Art*. Die Schlacht von Gabhra brachte auch Cairpre den Tod.

Calatin (I) *CuChulainn* tötete Calatin mit seinen Söhnen an der Furt, aber die Ehefrau Calatins hatte drei – jeweils einäugige – Töchter, welche die Familie rächten. Sie beherrschten die Hexenkünste und ließen Cuchulainn ein gegen seine Landsleute kämpfendes, imaginäres Heer erblicken. So stürzte sich dieser in den Todeskampf gegen *Lugaid*, der dank der Unterstützung der drei Töchter obsiegte.

Caledfwlch (A) Siehe *Exkalibur*.

Caliburnus (A) Siehe *Exkalibur*.

Camber (L) Zweiter Sohn des *Brutus*. Nach ihm wurde Wales bzw. Cambria benannt.

Camelot (A) Die größte Stadt des Reichs des *Arthus* und die Hauptstadt von *Logres*. Angeblich wurde Camelot in einer einzigen Nacht von *Merlin* erbaut. Verschiedene Standorte werden vermutet, unter den beliebtesten rangiert Cadbury Camp in der Grafschaft Somerset.

Camlan (A) Das Schlachtfeld der schrecklichen, letzten Auseinandersetzung zwischen den Kräften des *Arthus* und jenen des *Mordred*, in deren Verlauf die meisten *Ritter der Tafelrunde* getötet wurden. Der Ort wird von den meisten Quellen entweder mit Camelford (Somerset) oder mit Cambogianna (Birdoswald) in Verbindung gebracht.

Camulos (K) Belgischer Kriegsgott, namensgebender Gott von Camulodunum (Colchester). Münzen mit seinem Namen tragen das Symbol des *Ebers*.

Caoilte mac Ronan (I) Angehöriger der *Fianna* und deren be-

Darstellung der Schlacht von Camlan in einer Buchillustration um 1890 von Andrew Lang.

ster Läufer. Indem er den verlangten Lösepfand – zwei Exemplare jedes wilden Tieres – zusammentrieb, konnte er *Fionn* aus der Gefangenschaft befreien.

Caoineag (S) Die schottische Version der *Banshee*. In der Nacht vor dem Massaker zu Glencoe hörte man sie angeblich heulen.

Caradoc Briefbras (A) Caradoc des Verkümmerten oder Kurzen Armes. In dem Roman »Livre de Caradoc« tritt er als Held auf, in der walisischen Tradition als einer der Ritter des *Arthus*. Sein Name entstammt einer Fehlüberlieferung des altwalisischen »freichfras«, welches »starker Arm« bedeutet.

Carannog, Der Heilige Eine Legende des 6. Jahrhunderts schildert, wie er eine Schlange, bzw. einen Lindwurm, der von König *Arthus* gejagt wurde, zur Strecke brachte – trotz der Tatsache, daß *Arthus* den Altar des Heiligen entwendet hatte, um diesen als Eßtafel zu verwenden. *Arthus* ließ ihm den Altar zurückbringen.

Caswallawn (W) Walisischer König, Sohn von *Beli Mawr*. Nach der bekanntesten Überlieferung überlebte Cassivellaunos, der Belgische König der Catuvellauni, der im Jahre 54 n. Chr. die Stämme gegen Cäsar angeführt hatte, als Caswallawn. Die »Triaden« nennen ihn als Freier der *Fflur* und bezeichnen ihn neben *Manawyddan* und *Llew* als einen der drei goldenen Schuhmacher. In »Branwen, Tochter des Llyr« erobert er mittels seines Zaubermantels in der Abwesenheit des Bran das Land Britannien. (Siehe *Dreizehn Schätze Britanniens.)*

Cath Sith (S) Die Katze der *Sidhe*: eine Feenkatze. Die Bewohner des schottischen Hochlandes hielten sie weniger für eine Fee als für eine verwandelte Hexe. Der König dieser jenseitigen Katzengesellschaft hieß Big Ears (Große Ohren). Wenn ein »taghairm« – das Braten einer lebenden Katze am Spieß – sein Eingreifen erforderte, erschien dieser Kater, um Fragen zu beantworten. (Siehe *Katze.*)

Cathbad (I) Druide des *Conchobar mac Nessa* sowie dessen Vater. Er prophezeite, daß der Knabe, der an einem bestimmten Tag die Waffen ergriff, sämtliche Helden Irlands übertreffen würde. *CuChulainn* – noch Knabe – hörte ihn und stellte sich an besagtem Tage als Krieger auf die Probe. Cathbad sagte auch das Leid voraus, welches *Deirdriu* über Conchobar und ganz Ulster bringen würde.

Cathubodua (K) Der Name dieser keltischen Göttin des Krieges bedeutet »Schlacht-Krähe«. Auch in Kontinentaleuropa wurden Inschriften ihres Namens entdeckt, doch ist sie zweifellos mit *Badh* oder Bodh, der irischen Schlachtgöttin, identisch.

Ceasg (S) Schottische Meerjungfrau. Ihr Mädchenkörper war mit dem Schwanz eines jungen *Lachses* verbunden. Wer sie fing, konnte von ihr die Erfüllung dreier Wünsche verlangen. Nur durch die Zerstörung ihrer Seele konnte sie überwunden werden; ihre Seele bewahrte sie jedoch anderweitig auf – in einem Gegenstand oder einem Merkmal der Landschaft. (Siehe *Merrow*)

Celidon/Cellydon/Cat Coit Celidon (A) Der Name des großen Waldes im Britannien zu Zeiten des *Arthus*; dort fand auch eine seiner Schlachten statt. *Merlin*, verrückt geworden, verirrte sich dorthin.

Celtchair (I) Krieger des »Roten Astes«, der seine Frau beim Ehebruch ertappte und deren Geliebten tötete. Dabei fiel ein Tropfen Blut auf das »fidchell«- (Schach-) Brett, auf dem *Conchobar mac Nessa* und *CuChulainn* gerade spielten. Diese Unsitte der Gastfreundschaft machte erforderlich, daß Celtchair drei verschiedene Aufgaben erfüllen mußte, um Irland von drei Plagen zu befreien. Zunächst mußte er *Conganchas*, den Bruder des *Cu Roi mac Daire*, töten; dieser verwüstete das Land, war aber gewöhnlichen Waffen gegenüber unempfindlich. Celtchair erfuhr von *Niamh*, der Frau des Conganchas, daß dieser nur dadurch getötet werden konnte, indem Speeresspitzen durch seine Fußsohlen gestoßen würden. Die zweite Plage war ein jenseitiger Hund, den Celtchair erlegte. Die letzte Plage war ebenfalls ein Hund, den er gleichsam zur Strecke brachte, dessen giftiges Blut jedoch von Conganchas Speerspitze auf Celtchair tropfte und dessen Leben ein Ende machte.

Ceridwen (W) Göttin der Inspiration. In ihrer Eigenschaft als Initiatorin verkörpert sie den Aspekt der »häßlichen Alten« im Bild der *Cailleach*-Göttin. Von ihrem Mann, *Tegid Foel*, bekam sie zwei Kinder: die wunderschöne Tochter *Creirwy* und den abgrundtiefhäßlichen Sohn *Afagddu*. Um für seine Häßlichkeit einen Ausgleich zu schaffen, bereitete sie ein *cauldron* des Wissens zu, das sie einen alten Mann umrühren ließ; diesem gab sie einen jungen Knaben, *Gwion Bach*, zum Holzholen zur Seite.
Das Gebräu mußte ein Jahr lang kochen. Am Ende dieser Zeit fiel ein Teil der Flüssigkeit auf den Finger Gwions und impfte ihn mit Wissen. Ceridwen verfolgte ihn in verschiedenerlei Tarnungen, bis er schließlich ein Weizenkorn und sie ein Huhn wurde. Sie pickte ihn auf und verschluckte ihn – um ihn neun Monate später zu gebären. Sie ließ ihn in einem Lederbeutel einen Fluß hinabschwimmen, woraufhin er entdeckt wurde und als Dichter *Taliesin* große Anerkennung fand.

Cernunnos (K) Sein Name bedeutet »der Gehörnte«; er ist der Herr der Tiere. Häufig wird er mit einer oder mehreren widderköpfigen Schlangen abgebildet; um den Hals trägt er Insignien des Häuptlings – auf einigen Reliefs Geldbeutel voller Münzen. Da sowohl Metall als auch Schlangen chtonische Symbole sind, wurde Cernunnos sowohl mit der Unterwelt als auch mit der irdischen Fruchtbarkeit assoziiert. (Siehe *Wilder Hirte* und *Belatucadros*.)

Cessair (I) Sie war die erste Siedlerin in Irland vor der Sintflut. Sie kam mit fünfzig Frauen und drei Männern an. Als ihr Vater, *Fintan*, verschwand und ihr Ehemann starb, starb sie selbst gebrochenen Herzens. Alle Frauen folgten ihr in den Tod. Vierzig Tage nach ihrer Ankunft in Irland kam die Sintflut. Nur Fintan, der sich in einer Höhle versteckte, entkam.

Charles I. (1600–49) König von Britannien und Irland. Als Enkel von Maria, Königin der Schotten, war Charles bezüglich des traurigen Schicksals des Hauses Stuart gebührend eingeweiht. Er bezog sich auf das Göttliche Recht der Könige, nach dem ihm das mystische Los des Königs von Gott die souveräne Herrschaftsmacht über sein Land verlieh. Er wurde von den Parlamentariern unter Oliver Cromwell gestürzt und enthauptet. Er war eines der letzten königlichen Opfer; sein Kult verbreitete sich weit und erhielt liturgische Förderung. Sein Angedenken am 30. Januar wurde von seinem Sohn, Charles II., festgesetzt; es wurde Bestandteil des Gebetskalenders als Tag des Fastens und der Demut. Fünf Kirchen entstanden in seinem Namen.

Childe Roland (F) Mit Hilfe *Merlins* rettete er seine Schwester, Burd Ellen, die vom König der Unterwelt dort in einem Turm gefangengehalten wurde.

Chough Das cornische »chough« bezeichnet die Form, die *Arthus* bis zu seiner Wiederkunft einnimmt.

Cian mac Cainte (I) Vater des *Lugh*. Als er seine Feinde *Brian*, *Luchar* und *Lucharba* – die Söhne des *Tuirenn* – herannahen sah, verwandelte er sich in ein Schwein. Brian erkannte, daß das Tier magischer Natur war und verwandelte sich und seine Brüder in Hunde, um es zu jagen. Schließlich kehrten sie zu ihrer ursprünglichen Gestalt zurück, gewährten Cian aber keine Gnade, sondern steinigten ihn zu Tode. Sechsmal versuchten sie, ihn zu verscharren, doch erst beim siebten Versuch gelang es ihnen, ihn mit Erde zu bedecken. Mit Hilfe der Männer von *Sidhe* fand Lugh den Leichnam seines Vaters und schwor Rache gegen dessen Mörder.

Eine spätere Legende bezeichnet Cian als bösen Druiden, der es genoß, seine Schüler in Hasen zu verwandeln, die er dann in der Gestalt eines Hundes jagte. Die Kinder des Tuirenn prügelten ihn mit seinem eigenen Stab und verwandelten ihn in einen *Eber*; seither heißt der Erdwall, der das nördliche vom südlichen Irland trennt, Black Pig's Dyke (»Deich des schwarzen Wildschweins«), zumal der Eber von einer Küste zur anderen gehetzt wurde. Diese Legende entspricht der des *Twrch Trwyth*.

Cigfa (W) Frau des *Pryderi*, Tochter von Gwyn Gohoyw, in der königlichen Linie des Casnar Wledig. Nachdem ihr Mann und ihre Schwiegermutter, *Rhiannon*, in die »jenseitige Welt« entführt wurden, lebte sie mit ihrem Schwiegervater,

Illustration zu Robert Brownings Gedicht »Childe Roland to the Dark Tower came« aus einem viktorianischen Buch.

Manawyddan, bis der Bann über die Region Dyfed aufgehoben wurde.

Clarisant/Clarisse (A) Nach nur einer Quelle – dem Arthusroman »Sir Percevelle« – war sie die

Schwester *Gawains*, der in einer Zauberburg lebte. Im selben Text besiegt *Parzival* ihren Liebhaber *Guireomelant*. In keinem anderen Text wird Gawain eine Schwester zugeschrieben, aber so steigt die Anzahl des Orkney-Clans auf fünf (mit *Gaheris, Gareth* und *Agravaine*). Diese Anzahl von Kindern hätte deren Mutter, *Morgause von Orkney*, als Göttin-Figur zugestanden.

Clas Myrddyn (A) Die Gefangennahme *Merlins*. Nach alter britischer Tradition wurde Britannien selbst von Merlin überwacht und gehütet. Merlins Gefangenschaft durch *Nimue* hat ihre esoterische Basis in Clas Myrddyn, dem Ort, an dem sich Merlin freiwillig einsperren läßt, um über dessen Schicksal zu wachen.

Clim of the Clough Siehe *Adam Bell* und *William von Cloudesley*.

Cocidius (K) Nordischer Kriegsgott, den die Römer oft mit Mars assoziierten. Er wird als stilisierter, keltischer Krieger mit Speer und Schild abgebildet.

Coinchend (I) Frau von *Morgan*, dem König des Landes der Wunder. Sie war die Mutter der *Delbchaem*, die sie streng bewachte, nachdem eine Prophezeiung sie davor gewarnt hatte, daß sie zum Zeitpunkt der Hochzeit ihrer Tochter sterben würde. Sie sperrte das Mädchen in eine Festung ein, die von Palisaden umgeben war, auf deren Spitze jeweils der Kopf eines erfolglosen Freiers aufgespießt wurde. Sie kämpfte gegen *Art*, wurde jedoch von ihm enthauptet. Diese Geschichte entspricht das Abenteuer *Gereints*.

Colgrevance (A) Ritter der *Tafelrunde*, der als erster auf das Abenteuer des magischen Brunnens in *Broceliande* stieß. Als Wasser aus einem Becken über einen Smaragd an dessen Rand gegossen wurde, erschien ein schwarzer Ritter mit einer Botschaft. Colgrevance wurde besiegt, konnte jedoch entfliehen; dessen Erzählung erweckte das Interesse *Owains*, der erfolgreich war und eine Zeit lang Hüter des Brunnens wurde. Colgrevance soll später von Lancelot getötet worden sein, als dieser die Flucht aus dem Schlafgemach der Königin ergriff.

Collen, der Heilige Nach der Überlieferung des frühen Mittelalters war er ein Gegner des *Gwynn ap Nudd*, des Königs der Unterwelt, den er bei *Glastonbury* Tor überwand.

Columba/Columcille, der Heilige (ca. 521–597) Er wurde im irischen Donegal aus der königlichen Linie der Ui Neill geboren und studierte als Mönch unter dem Heiligen Finnian von Moville. Aus dem Kloster von Magh Bile lieh er ein Exemplar der neuen Übersetzung der Psalmen des Jeronimus, um diese zu kopieren. Die Eigentümer des Originals urteilten, daß auch die Kopie bei ihnen verbleiben müßte, zumal »jede Kuh ihr Kalb hat«. Statt christliche Zurückhaltung zu üben, zog Columba in den Kampf; darum fand die

Schlacht von Cooldrebhne statt. Reumütig verließ er schließlich Irland und ging ins Exil.

In Schottland bekehrte er viele der dortigen irischen Siedler und auch den piktischen König Brude. Er gründete sein Kloster auf Iona; dieser Ort wurde später sowohl die Begräbnis- als auch die Versammlungsstätte der schottischen Könige. Viele Klostersiedlungen entsprangen dem Einfluß von Iona. Obwohl er geschworen hatte, Irland nie wieder zu betreten, kehrte er als Fürsprecher der Iren in Schottland zu den irischen Hohen Königen zurück. Er schlichtete auch zwischen der Kirche und den Barden, deren Situation höchst gefährdet war: durch die Sitte der satirischen Angriffe auf ungroßzügige Wohlhabende sowie auf die Raffgier deren Büttel, waren die irischen Barden von diesen gefürchtet und verhaßt (aus magischer Betrachtungsweise konnten Satiren physische Auswirkungen haben). Columba war selbst Dichter; durch seine Schlichtung blieb es den irischen Barden gestattet, ihre uralte Funktion zu erfüllen. Des Columba wird am 9. Juni gedacht.

Conaire Mess Buachalla (I) Enkel der Etain, Sohn der *Mess Buachalla*. Die Prophezeihung eines Druiden erfüllte sich, als er als König von Tara ausgerufen wurde. Durch seinen jenseitigen Vater erhielt er mehrere »geasa« (Verbote), wie z. B. das Verbot, in einem Haus zu schlafen, aus dem nach Sonnenuntergang das Licht eines Feuers zu sehen wäre. Seine Stiefbrüder neideten ihm seinen Erfolg und verschworen sich gegen ihn. Sie brachten ihn zur Herberge von Da Derga und zwangen ihn, gegen sämtliche »geasas« zu verstoßen. Dort wurde er angegriffen und verraten; obwohl sich sein Freund MacCecht bei seiner Verteidigung tapfer schlug, starb er. Nur *Conall Cernach* entkam.

Conall Cernach (I) Conall der Siegreiche ging *CuChulainn* als großer Held der Krieger des Roten Astes in Ulster voraus. Er war der einzige Überlebende des Gemetzels der Herberge von Da Derga, bei dem *Conaire* starb. Mit *Loegaire* erscheint er in der Geschichte von *Bricrius* Festmahl als Rivale *CuChulainns*; dort stritten sich die drei Helden um den größten Anteil des Mahls und wurden von *Cu Roi mac Daire* zum *Köpfungsspiel* herausgefordert.

Conan Maol (I) Einer der *Fianna*. Wie *Bricriu* der Ritter des Roten Astes und *Kay*, der *Ritter der Tafelrunde,* war Conan seinen Kameraden zwar ein Dorn im Auge, dennoch kämpfte er ständig selbstlos um die gemeinsame Sache. Er bestieg das Pferd des *Giolla Deacair* und wurde nach *Tir na Tairngire* entführt, bis ihn *Fionn* rettete.

Conchobar Mac Nessa (I) Sohn von Nessa *und Cathbad*. Er wurde am selben Tag wie Christus geboren. Von *Fergus mac Roigh* gewann Nessa für ihn das Recht, König von Ulster zu sein. Er war der

Onkel von *CuChulainn* – und wollte sein Mündel *Deirdriu* heiraten; als sie mit *Naoisi* und dessen Brüdern nach Alba floh, verfolgte er sie. Trotz seines Versprechens, ihnen zu vergeben, tötete er Deirdrius Entführer und schlief mit ihr. Ein Geschoß aus einer Schlinge blieb in seinem Gehirn stecken; er ließ es aus Angst um sein Leben von dem herbeigerufenen Chirurgen nicht entfernen. Als er von der Kreuzigung Christi hörte, geriet er in Rage, er versprach Rache, dabei löste sich das Geschoß aus seinem Kopf, und er starb.

Conganchas mac Daire (I) Bruder des *Cu Roi.* Er war eine von drei Plagen, die *Celtchair* überwinden mußte, denn Conganchas wütete durchs Land und war durch gewöhnliche Waffen unverletzbar. Celtchair ließ seine Tochter *Niamh* diesen Mann heiraten, damit sie herausfinden könnte, wie er zu besiegen wäre. Sie erfuhr, daß er an den Fußsohlen und an den Waden mit Speerspitzen zu treffen wäre; auf diese Weise tötete ihn Celtchair. Die Geschichte ist eindeutig mit der britischen *Grals*legende des *Peredur* verwandt.

Conlaoch (I) Sohn von *Aoife* und *CuChulainn.* Sein Vater hinterließ ihm einen Ring und bat Aoife, Conlaoch zu ihm zu schicken, sobald dieser alt genug sei, Waffen zu tragen. Conlaoch wurden von ihr drei »geasas« (Gebote) auferlegt: nie eine Herausforderung zu verweigern, niemandem zu weichen und nie seinen Namen zu nennen. Als er in Irland landete, begegnete er CuChulainn und wurde von ihm herausgefordert. Obwohl er seinen Vater erkannte und ihn leicht hätte töten können, verzichtete Conlaoch auf den tödlichen Schlag; so wurde er selbst von seinem Vater getötet. Danach sah CuChulainn den Ring und erkannte, wen er getötet hatte.

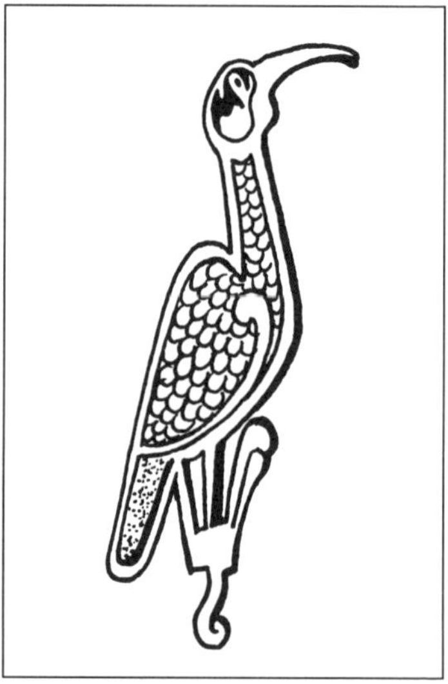

Vogeldarstellung auf einer keltischen Gemme.

Conn Cetchathach (I) »Conn der Hundert Schlachten«. Ehemann der *Becuma.* Er willigte in die Verbannung des *Art* ein, seines Sohnes aus einer früheren Ehe. Das Jahr seiner Vereinigung mit Becuma bedeutete für Irland eine Katastrophe: kein Korn wuchs, alle Milch versiegte. Seine Druiden sagten, nur durch das Blut eines Jungen von sündenfreien Eltern könne das Land geheilt werden. Er machte sich auf die Suche nach einem solchen Jungen und in seiner Abwesenheit hinterließ er sein Reich dem Art. Conn reiste in die jenseitige Welt und bat dort darum, daß es dem schönen Jüngling namens *Segda Saerlabraid* erlaubt wäre, nach Irland zu kommen, um dort selbst in den Wassern gebadet zu werden, die das Land heilen würden. Segda erkannte, was gemeint war, war aber bereit, zu sterben.

In diesem Augenblick erschienen eine muhende Kuh und eine wehklagende Frau (siehe *Rigru Roisclethan*). Die Frau fragte die Druiden, was sich in den Säcken auf dem Rücken der Kuh befände; sie konnten es ihr nicht sagen. Sie bestimmte, daß die Kuh anstelle des Jungen getötet und die Säcke geöffnet werden sollten. Es fanden sich ein Vogel mit zwölf Beinen und ein Vogel mit einem Bein darin. Die Vögel kämpften miteinander und die Frau sagte, daß die Druiden der zwölfbeinige Vogel und Segda der einbeinige Vogel seien. Der zwölfbeinige Vogel verlor den Kampf. Dann forderte die Frau, daß Conn seine Druiden wegen Falschaussagen hinrichte und er sich von Becuma trennen und sie verbannen solle.

Conn entdeckte durch Zufall auch den Stein von Fal (siehe *Hallows*), der unter den Füßen eines rechtmäßigen Königs so viele Schreie ausstieß, wie dieser Thronfolger haben würde. Als der Druide ihm nicht sagen wollte, wer sie sein würden, hatte Conn eine Vision, in der die *Sovereignty* mit ihrem goldenen Kelch erschien und *Lugh* ihm die Anzahl der ihm folgenden Könige mitteilte.

Conn mac Lir (I) Er war der Sohn der *Aobh*. Er wurde von seiner Stiefmutter *Aoife* in einen Schwan verwandelt.

Connla (I) Einer der *Fianna*. Er verliebte sich in eine Frau aus dem Elfenreich.

Corbenic (A) Die Burg der *Gralskönige*. Der Name stammt möglicherweise von »Corps Benit« (»Gesegneter Körper«) und wird als eines der Rätsel des *Grals* aufgefaßt.

Corc (I) Zunächst hieß er Conall mac Luigthig und wurde von einer Hexe, *Fedelm*, großgezogen. Während eines Rituals wurde sein Ohr durch Zauber versengt; fortan hieß er Corc (»rot«). Dann wurde sein Vetter *Crimthann* sein Pflegevater. Dieser schickte ihm zum König der Pikten mit einer Oghaminschrift (einer altirischen Schrift) auf seinem Schild, die dem König empfahl, den Träger zu töten. Aber ein Gelehrter, den Corc aus der Sklaverei gerettet hatte, veränderte die Schrift, so daß sie eine günstigere Botschaft trug. Corc wurde willkommen geheißen und heiratete die Tochter des piktischen Königs. Er kehrte nach dem Tod seines Vetters nach Hause zurück und gründete in Femhen eine eigene Dynastie. Kurz danach entdeckte er Cashel, den Standort der königlichen Festung seiner Nachkommen. Als er in einen Schneesturm geriet, hatte er die Vision eines Eibenbusches, der über einem Stein wuchs, sowie von Engeln, die vor dem Busch auf- und niederschwebten. Seine Druiden sagten ihm, daß der Mann, der auf jenem Stein ein Feuer anzündete, für immer König von Munster sein würde. So gründete Corc die Dynastie der Munster Eoghanacht oder »das Volk der Eibe«.

Cordelia Jüngste Tochter des Königs *Lear.* Sie weigerte sich, ihrem Vater zu schmeicheln und wurde ohne Mitgift mit Aganippus, dem König der Franken, verheiratet. Später nahm sie ihren Vater auf, nachdem ihn ihre älteren Schwester, Goneril und Regan, in Armut gestürzt und hinausgeworfen hatten. Nach seinem Tod wurde sie Königin von Britannien. Nach der frühkeltischen Legende heißt sie *Creuddylad*, Tochter des *Llyr*. Die Ehemänner ihrer Schwestern nahmen sie gefangen und sie beging im Gefängnis Selbstmord. Ihre Geschichte ähnelt der der Volksheldin Cap-O-Rushes (»Binsenmütze«). Shakespeares Tragödie »König Lear« ist eine Bearbeitung dieser Legende.

Corineus Er begleitete Brutus als Anführer der zweiten Gruppe der Trojaner. Er erhielt Cornwall als Provinz und rang mit dem Riesen *Gogmagog.*

Cormac Cond Longes (I) Der Sohn des *Conchobar mac Nessa.* Weil er sich für *Fergus mac Roigh* ausgesprochen hat, als Conchobar die Söhne von *Usna* verräterisch tötete, wurde er in die Verbannung geschickt. Als Conchobar im Sterben war, bat er seinen Sohn, zurückzukehren und König zu werden. Trotz einer Prophezeihung, die schlimme Folgen ahnen ließ, kam Cormac zurück. Während eines Aufenthaltes in einer Herberge lullte ihn *Craiftine* mit seiner Harfe ein; als Cormac schlief, wurde er von Soldaten überwältigt.

Cormac mac Art (I) Sohn des *Art* und Enkel des *Conn Cetchathach.* Er wurde von einer Wölfin gestohlen und als eines ihrer Jungen groß gezogen. Aufgrund seiner Einsicht und seiner Unterscheidungsfähigkeit in einem Gerichtsverfahren wurde er als der Sohn des Art erkannt. Er gab Tara seine ehemalige Größe wieder zurück. Er besuchte Tir Tairngire und erhielt dort den silbernen Ast des Manannan.

Dort fand er auch den Kelch der Wahrheit. Wenn über diesem Gefäß drei Lügen ausgesprochen wurden, brach es auseinander, aber wenn drei Wahrheiten ausgesprochen wurden, setzte es sich wieder zusammen. Er war der Vater der *Grainne, der Ehefrau des Fionn mac Cumhal,* den er zum Anführer seiner Krieger, der *Fianna*, ernannte. Er starb, indem er an einer Lachsgräte erstickte. Er soll einer der ersten Christen gewesen sein; er lehnte es ab, im gewöhnlichen Friedhof von Bruig na Boinne bestattet zu werden, sondern wollte statt dessen aufrecht begraben sein, mit dem Gesicht gegen Osten. Aufgrund seiner großen Weisheit wurde er der irische Salomon genannt.

Coventina (K) Eine Flußgöttin, deren Kult seinen Mittelpunkt im Tempel von Carrawburgh in Northumberland hatte. Ein Relief schildert die dreifache Göttin, wobei jeder Aspekt in der einen Hand einen Wasserkrug trägt, mit der anderen Wasser ausschenkt. Den Quellen der Umgebung wurde – als natürlichen Zentren göttlicher Energie – hohe Verehrung zuteil.

Cradelmass (A) König von Norgalles (Nordwales) zu *Arthus*' Zeit. Er war einer der aufständischen Könige, den *Arthus* am Anfang seiner Herrschaft besiegte. Da er ein Enkel des Königs *Ryons* war, muß es nicht überraschen, daß er ein unangenehmer Zeitgenosse war.

Craiftine (I) Er war der Harfenspieler des *Labraid Longseach.* Er verdankte seine Harfe einer Absonderlichkeit seines Herrn, der Pferdeohren hatte. Dieser Makel wurde von allen geheimgehalten, damit Labraid nicht abgesetzt werde; nur sein Barbier wußte Bescheid und hatte Stillschweigen versprochen. Doch konnte er nicht davon abgehalten werden, einem Baum davon zu erzählen. Der Baum wurde gefällt und aus ihm eine Harfe für Craiftine hergestellt. Als dieser die Harfe aber spielte, gab sie die Wahrheit über den König preis. Mit seiner Harfe lullte Craiftine auch die Eltern der *Moriath* in den Schlaf, damit Labraid sie lieben könne. Nachdem *Cormac Cond Longes* mit Craiftines Frau geschlafen hatte, rächte sich Craiftine dadurch, daß er Cormac einschlafen und ihn von Soldaten umbringen ließ.

Credne (I) Er war Bronzeschmied und half, die Waffen für die *Tuatha de Danaan* schmieden. Er leistete auch *Diancecht* Hilfe, als er für *Nuadu* Hand- und Armprothesen aus Silber fertigte.

Creiddylad (W) Tochter des *Lludd Llaw Ereint.* Sie floh mit ihrem Geliebten *Gwythyr ap Greidawl*, wurde aber von Gwynn ap *Nudd* entführt, ehe er mit ihr schlafen konnte. *Arthus* entschied, daß keiner sie erhalten sollte und daß die beiden jeden ersten Mai bis zum Jüngsten Tag um sie kämpfen sollten: wer dann siegte, sollte den Zuschlag bekommen. Dieses alte Motiv erinnert an das Mysterienspiel des Kampfes zwischen dem Winter und dem Sommer um die Hand der Blumenbraut, bzw. des Frühlings. Das Thema wird auch zu einem Bestandteil der Geschichte von *Tristan, Isolde* und König *Marke.*

Creidne (I) Sie war eine Kriegerin innerhalb der *Fianna*, nachdem sie von Zuhause, wo ihr Vater mit ihr drei Söhne gezeugt hatte, entflohen war.

Creirwy (W) Tochter der *Ceridwen* und des *Tegid Foel.* Die Triaden bezeichnen sie als eine der drei schönen Jungfrauen Britanniens.

Crimthann (I) Er war der Vetter des *Corc*, sowie auch dessen Pflegevater. Nachdem sich Crimthanns Frau ungerechterweise über Corcs angebliche Annäherungsversuche beschwert hatte, schickte er diesen zum König der Pikten. Er gab ihm ein mit einer Oghaminschrift (altirischer Schrift) versehenes Schild, das eine Botschaft enthielt, die nur der König lesen konnte – daß nämlich der Träger des Schildes getötet werden solle. Bald jedoch starb Crimthann und Corc kehrte zurück und wurde König.

Crodhmara (S) Feen-Kühe, die dreimal so viel Milch wie gewöhnliche Kühe geben.

Crom Cruach (I) Das goldene und silberne Standbild, dem die Iren in heidnischen Zeiten ihre Erstgeborenen und die ersten Früchte opferten. Es stand in der Ebene von Mag Slecht in Ulster. Vor dem Heiligen Patrick beugte es sich nieder und versank geschlagen in der Erde.

Crudel (A) Heidnischer König von Britannien, der *Josef aus Arimathäa* und seine Anhänger ins Gefängnis warf, wo sie von der Kraft des *Grals* am Leben erhalten wurden. Die Gefangenen wurden schließlich von *Mordrains* und *Seraphe* befreit, die zum Christentum bekehrt und Anhänger des Grals waren.

Crunnchu mac Agnoman (I) Der Ehemann der *Macha*, der törichterweise in Hörweite des Königs damit prahlte, wie schnell seine Frau laufen könne. Nachdem sie im Wettlauf das Rennpferd des Königs geschlagen hatte, verstarb sie; mit ihrem letzten Atemzug verfluchte sie Ulster.

Crystabell Tochter des Sir Prinsamour im Roman »Sir Eglamour von Artoys«. Zu ihrer komplizierten Geschichte gehört eine Reihe von Fluchten und Mißverständnissen: zuerst verliert sie ihren Geliebten *Eglamour*, dann ihren Sohn, der von einem Greif gestohlen wird. Dann heiratet sie aus Versehen ihren eigenen Sohn, kann aber gerade noch rechtzeitig ihren Fehler rückgängig machen. Schließlich findet sie Eglamour wieder und heiratet ihn!

Cu Roi mac Daire (I) Ein König von Munster, dem gewaltige jenseitige Kräfte eigen waren. Er beschlagnahmte für sich viele jenseitige Hallows (Heiligtümer), die das Heer von Ulster erbeutet hatte, einschließlich seiner Frau *Blanaid*, die von *CuChulainn* geliebt wurde. Sie überlistete Cu Roi, so daß ihn CuChulainn töten konnte. Cu Roi tarnte sich als *Wilder Hirte* und forderte die Helden von Ulster heraus, mit ihm das *Enthauptungsspiel* zu spielen. Er ist der keltische Prototyp des *Grünen Ritters*. Sein Tod wurde von seinem Sohn *Lugaid* gerächt.

Cu Sith (I) Der »Feen-Hund«, der normalerweise grün war und so groß wie ein Jungstier. Erkannt wurde Ca Sith meist erst, nachdem seine Pfotenspuren im Schlamm oder im Schnee zu sehen waren. Wer ihm begegnete, mußte Vorsicht walten lassen; er galt nämlich als höchst gefährlich.

Keltischer Krieger nach einem Motiv des Gundestrup-Kessels, einem archäologischen Fund beim gleichnamigen Ort in Dänemark.

CuChulainn (I) Held der Ritter des Roten Astes von Ulster. Sohn der *Dechtire* und des *Lugh*. Sein Geburtsname war *Setanta*, aber nachdem er den wilden Hund von *Conchobars* Schmied Culainn getötet hatte, erhielt er seinen Erwachsenennamen. Um den Verlust wiedergutzumachen, willigte Setanta darin ein, die Schmiede so lange zu bewachen, bis ein geeigneter Hund gefunden werden konnte; so wurde er zu Cu Chulainn (»Hund des Chulainn«). Die besten Männern von Ulster erzogen ihn und bildeten ihn aus. Er warb um *Emer*, aber deren Vater bestand darauf, daß sich CuChulainn zunächst bei *Scathach* von Alba ausbilden lasse. Er kämpfte mit Emers Rivalin *Aoife*, schlief mit ihr und zeugte seinen einzigen Sohn *Conlaoch*, dessen Tod er später versehentlich verursachte. Er war ob seines großen Geschicks berühmt: wegen des Lachssprunges, der es ihm ermöglichte, über große Hindernisse hinwegzuspringen, sowie wegen seines Gebrauches des »gae-bolg«, des riesigen Speeres, welcher den Todesstoß herbeiführen konnte. (Diese Waffe entspricht dem Speer des Lugh, seines Vaters, den er im Reich der Sterblichen vertritt.)
Bei *Bricrius* Festmahl nahm er die Herausforderung des keuleschwingenden Riesen (des getarnten *Cu Roi mac Daire*) zum *Enthauptungsspiel* an und wurde zum ersten Kämpfer Ulsters gekürt. Später tötete er Cu Roi mac Daire, nachdem ihn dieser dadurch erniedrigt hatte, daß er ihm mit *Blanaids* Hilfe den Kopf rasiert hatte.
Als *Maeve* von Connacht angriff, verteidigte er allein Ulster an der Furt: alle anderen Kämpfer Ulsters lagen dahingestreckt und geschwächt durch den Fluch der *Macha*. Nur CuChulainn (der nicht in Ulster geboren war) war imstande, für ihre Sache zu kämpfen. Er nahm viele Einzelkämpfe an und tötete jeden Gegner, bis Maeve seinen alten Freund und Mitschüler *Ferdiad* in die Schlacht schickte; auch diesen tötete CuChulainn wider Willen. Schließlich wurde er von *Lugaid*, dem Sohn des Cu Roi mac Daire, unter Beihilfe der Töchter des *Calatin*, besiegt.
Um dem imaginären Heer zu trotzen, welches seine Gegner durch einen Zauber vor ihn aufgestellt hatten, band er sich an einen hohen Stein.
Sein Tod wurde von *Conall Cernach* gerächt. CuChulainns wüster Kampfeseifer war berühmt: sein Körper wand sich entsetzlich, Blut

quoll und schoß aus seinem Kopf und seine Wut war nur dann stillbar, wenn Dutzende von nackten Frauen hinausgeschickt wurden, um seinem Wagen zu begegnen. Sein Schwert hieß Cruaidin Cailidcheann (»Harter Kopf«). Die zwei Pferde, die seinen Wagen zogen, wurden Liath Macha und Dubh Sanglainn gerufen. CuChulainn liebte viele Frauen neben seiner eigenen Frau, aber der Morrighan verweigerte er seine Gunst; so wurde sie zu seinem Erzfeind und sorgte dafür, daß er sich seinem »geasa« (Gebot) widersetzte. Seine Abenteuer und seine Taten sprengen den Rahmen dieses Eintrags. Zu Conchobar verhält er sich wie *Gawain* zu *Arthus*.

Cuimhne (I) Sie war eine *Cailleach*, die Mongan half, seine Frau *Dubh Lacha* von *Brandubh* zurückzuholen. Durch Zauber verwandelte sie sich in eine wunderschöne Frau, damit Brandubh bereit sei, Dubh Lacha gegen sie einzutauschen. Als Mongan und seine Frau wieder fort waren, wurde sie erneut die häßliche Hexe. Dies stellt einen der wenigen Fälle dar, in denen eine Verwandlung zur Schönheit wieder rückgängig gemacht wird, obwohl in der Geschichte von *Gawain* und *Ragnell* letztere mit diesem Schritt droht.

Cuirithir (I) Er war ein Dichter und liebte *Liadin*. Als sie sich weigerte, ihn zu heiraten und Nonne wurde, wurde er Mönch. Er wurde aus Irland verbannt, woraufhin Liadin gebrochenen Herzens starb.

Culhwch (W) Sohn von Celyddon Wledig und Neffe des *Arthus*. Er wurde geboren, nachdem seine schwangere Mutter, Goleuddydd, durch Schweine einen großen Schreck erlitten hatte; so wurde er Culhwch oder »Schweinestall« genannt. Nach dem Tod der Goleuddydd heiratete sein Vater wieder. Culhwchs Stiefmutter belegte ihn mit einem »geasa« (Gebot) , welches besagte, daß er außer *Olwen*, der Tochter des Riesen *Yspaddaden Pencawr*, niemand heiraten dürfe. Er ging zum Hof des *Arthus* und verlangte dort im Namen aller Anwesenden, daß sein Onkel ihm helfe, Olwen zu erhalten.

Am Hof des Yspaddaden wurden Culhwch neununddreißig »anoethu« oder unmögliche Aufgaben aufgetragen, die er zuerst erfüllen mußte, ehe er Olwen heiraten könne.

Mit der Hilfe der Mitglieder von *Arthus*' Hof gelang es ihm, alle Aufgaben zu erfüllen. Zuerst mußte er den riesigen *Eber Twrch Trwyth* jagen; dazu benötigte er viele besondere Pferde, Hunde und Mitstreiter, sowie *Mabon*, den wundersamen Jüngling, dessen Entdeckung in dieser Geschichte geschildert wird.

Zu den weiteren Aufgaben gehörten die Reise des Arthus in die Unterwelt, um einige der *Hallows* (Heiligtümer) oder der *Dreizehn Schätze Britanniens* zu holen; dieses Abenteuer wird im »Preiddu Annwn«, einem walisischen Gedicht des neunten Jahrhunderts, ebenfalls erzählt. Schließlich wird Yspaddaden entmachtet und Culhwch heiratet Olwen. (Siehe *Hallows*.)

Custennin (W) Der riesige Hirte, der die Herden des *Yspaddaden Pencawr* bewachte. Yspaddaden hatte ihn seines Lebensunterhaltes und seiner Länder beraubt. Seine vierundzwanzig Söhne wurden alle vom Riesen getötet – außer *Goreu*, der von seiner Mutter in einem Schrank versteckt wurde. Er hilft *Culhwch* und seinen Mitstreitern Yspaddaden besiegen; dabei fällt es schließlich Goreu zu, seinen Vater zu rächen.

Cuthbert, der Heilige (634–687) Der Heilige Cuthbert wurde zunächst Mönch der keltischen Kirche, nachdem er eine Vision hatte, in der er die Seele des *Heiligen Aidan* in den Himmel aufsteigen sah.

Nach der Synode von Whitby (siehe *Hilda, die Heilige*), im Verlauf derer die keltische Praxis mit der universellen römischen Kirche in Einklang gebracht wurde, nahm er die Reformen an und wurde Prior von Lindisfarne.

Sein ganzes Leben lang blieb er Frauenhasser. Eine Legende erzählt davon, wie er fälschlicherweise bezichtigt wurde, ein Kind gezeugt zu haben, woraufhin er schwor, nie wieder eine Frau in seiner Nähe zu dulden.

In der Kathedrale zu Durham, in der er begraben wurde, kennzeichnet eine Linie nach wie vor eine Grenze, die Frauen innerhalb der Kirche nicht überschreiten dürfen. Dafür war er ein großer Tierliebhaber. Seine stundenlangen Gebete, die er stehend in der Meeresbrandung absolvierte, wurden vom Atem der *Robben* belohnt, die ihn anschließend trockneten. Sein Gedenktag ist der 20. März.

Cwn Annwn (W) Wie die *Hunde des Gabriel*, die bei der *Wilden Jagd* losgelassen werden, wurden die Cwn Annwn (»die Hunde von Annwn«) als Todesboten gefürchtet. Sie waren an ihrem sonderbaren Gebell zu erkennen; dieses begann wie das eines Spürhundes und verklang wie das eines Bluthundes. Die Hunde waren weiß mit rotgespitzten Ohren. Als *Pwyll* auf die Jagd des *Arawn* stößt, begegnet er ihnen.

Cyhyreath (W) Die walisische Form der *Caoineag*. Ihr Heulen klingt wie das Stöhnen der Sterbenden. Obwohl sie meist unsichtbar bleibt, ist ihre Anwesenheit manchmal am Erscheinen von Leichenkerzen erkennbar.

Cymbeline König von Britannien. Er wurde im Haushalt des Augustus erzogen. Er dankte zugunsten seines Sohnes Guidarius ab, der den Römern den Tribut verweigerte. Hinter der Legende steht der historische Cunobeline, ein britischer König von geringer Bedeutung. Shakespeare, der sich auf Holinsheds »Chronicles« (»Chroniken«) bezog, schrieb ein Stück, in dem mehrere Nebenfäden der britischen Mythologie behandelt wurden.

D

Dachs Der Dachs ist ob seiner Hartnäckigkeit und seines Mutes berühmt und nimmt in der Folklore einen Platz ein als das Unnachgiebigste der Tiere; bezeichnenderweise wird aus dem Kopf des Dachses der traditionelle Geldbeutel der Bewohner des schottischen Hochlandes hergestellt. Die Geschichte von *Gwawl* und *Rhiannon* erzählt vom angeblichen Ursprung des Spieles »Dachs im Sack«, aber Spuren dieser Sitte, die in Fife »Schlag den Dachs« heißt, deuten darauf hin, daß sie bereits vorher eine Art Mutprobe – einen Spießrutenlauf – darstellte, bei dem der Spieler zwischen zwei Reihen von mit Schlagstöcken bewaffneten Jungen laufen mußte.

Dagda (I) Einer der *Tuatha de Danaan*. *Bres* befahl ihm, Festungen zu bauen, war aber nicht bereit, ihm ausreichende Lebensmittel zu geben. Zusammen mit *Lugh* und *Ogma* plante er, die *Formianer* anzugreifen. Er bestieg die *Morrighan* rittlings über einem Fluß; sie prophezeihte seinen Erfolg. Als Dorftrottel verkleidet, verschaffte er sich Zugang zur Festung der Formianer und somit ein Bild ihrer taktischen Dispositionen. Seine Harfe hieß »die Eiche in zweierlei Grün« und »die vierwinklige Musik«. Mit ihr konnte er dreierlei Musik spielen: Trauer-, Lach- und Schlafmusik. Mit letzterer Art gelang es ihm, jene Formianer zu bändigen, die seinen Harfenspieler entführt hatten. Er war der Wächter des allen Hunger stillenden *Kessels*, der aus *Murias* stammte (siehe *Hallows*). Sein Name bedeutet »Guter Gott«, doch hieß er außerdem Eochaid Ollathair (»Allvater«) und Ruad Rofessa (»Herr des großen Wissens«), was seine Ähnlichkeit mit dem *Wilden Hirten* belegt.

Dagonet (A) Hofnarr des Königs *Arthus*. Als Jux wurde er zum Ritter erhoben; später bewies er in mehreren Turnieren seine Tapferkeit. Sein Witz und sein unorthodoxes Verhalten beleben auch die langatmigeren Passagen von Malorys Buch des *Tristan*.

Daireann (I) Tochter von *Bodh Dearg*. Sie wollte *Fionn* heiraten und ein Jahr lang seine einzige Frau sein. Als er sich weigerte, gab sie ihm Gift; er wurde verrückt und die *Fianna* verließ ihn. *Sadbh*, die Schwester von Daireann, wurde die Mutter des *Oisin*.

Danu (I) Ahne der *Tuatha de Danaan*. Ihre Legende ist so alt, daß keine Geschichten von ihr überlebt haben. Sie ist mit *Anu* analog und überlebt eventuell in der *Schwarzen Annis*.

Daoine Sidhe (I) Das Volk der *Sidhe* oder der *Hohlen Hügel*. Die Bewohner der jenseitigen Welt, die, wie die *Feen* jenseits der Menschenwelt leben und mit diesen oftmals friedlich koexistieren. Eine lange Tradition besagt, daß die alten Götter und Helden zur Sidhe kamen und dort lebten. Wie mit den Bevölkerungen der anderen, inneren Welten, werden sie euphemistisch als »der Adel« oder »das Gute Volk« bezeichnet. (Siehe *Aes Sidhe.*)

David/Dewi, Der Heilige (gest. 601) Schutzheiliger von Wales. Er wurde in Cardiganshire geboren und gründete zwölf Klöster zwischen Croyland und Pembrokeshire; nach keltischer Sitte war das Regime besonders streng. Er erhielt den Spitznamen »Aquaticus« nach seiner Gewohnheit, nur Wasser zu trinken. Die Waliser gedenken seiner am 1. März. Sein altertümliches Symbol ist die Taube, sein neuzeitliches der Lauch.

Dechtire (I) Schwester des Königs *Conchobar.* Sie und die fünfzig Jungfrauen ihrer Begleitung waren drei Jahre lang verschollen. *Bricriu* entdeckte sie in der Gestalt eines Vogels in einem Haus der *Sidhe*, aber er erzählte Conchobar lediglich, daß ihm dort königliche Gastfreundschaft zuteil geworden war. Conchobar schickte der Sidhe eine Botschaft, in der er verlangte, daß die Frau des Hauses zu ihm gesandt werden sollte, damit er, nach seinem königlichen Recht, mit ihr schlafen könne. Dechtire wurde zu ihm gesandt, aber schon begannen ihre Geburtswehen. Am nächsten Morgen gebar sie einen Sohn, woraufhin Bricriu endlich preisgab, daß diese Frau Dechtire war. Der Vater war *Lugh* und das Kind wurde *Setanta* genannt – bis er den Hund von Culann dem Schmied tötete, woraufhin er *CuChulainn* hieß.

Degrabel (L) Sohn des *Eglamour* und der *Crystabell.* Er wurde von einem Greif entführt und vom König von Israel groß gezogen. Später heiratete er seine Mutter, entdeckte seinen Fehler aber rechtzeitig und ließ die Ehe annulieren. Schließlich verliebte er sich in Ardanata und heiratete sie.

Deirdriu/Deirdre (I) Tochter des Fedlimid, des Harfenspielers Conchobars. Cathbad prophezeihte, daß sie Tod und Leid über Ulster bringen würde. Obwohl das Volk von Ulster ihren Tod forderte, ließ sie Conchobar heimlich als Pflegekind bei Lebharcham erziehen, bis Deirdriu alt genug war, seine Frau zu werden. Deirdriu sah einige *Raben*, die im Schnee Blut tranken und wünschte sich einen Mann, dessen Haut so weiß wie der Schnee sei, dessen Haare so schwarz wie die Raben seien und deren Wange so rot wie das Blut sei.

Sie begegnete *Naoisi* und belegte ihn mit einem Gebot, damit er sie mit sich nehme. Mit Naoisi und seinen Brüdern wanderte sie, von Conchobar verfolgt, durch ganz Irland, bis sie schließlich nach Alba flohen. *Fergus mac Roigh* wurde ausgeschickt, um sie zurückzuholen und, obwohl er Conchobars Freundschaft versprach, wurden sie bei ihrer Rückkehr verraten. Die Söhne von *Usnach* wurden umgebracht und Deirdriu als Frau Conchobars eingesperrt. Schließlich übergab er sie an Eoghan, einem verbündeten König, der Naoisi getötet hatte. Um vor diesen zwei Übeln zu fliehen, sprang sie aus Eoghans Pferdewagen und stürzte mit dem Kopf gegen einen Stein. Ihre Lieder der Sehnsucht nach dem Leben in Alba gehören zu den reinsten poetischen Klagelieder der irischen Literatur. Wie Helena von Troja, stellt Deirdriu den Vorboten des Niedergangs von Ulster dar.

Delbchaem (I) Tochter des *Morgan*, Königs des Landes der Wunder; ihre Mutter war *Coinchend*. Sie konnte von keinem Mann gewonnen werden, da eine Prophezeihung ausgesagt hatte, daß bei ihrer Ehe ihre Mutter sterben würde. Sie wurde versteckt und von Ungeheuern, Hexen und schwierigem Gelände geschützt – was *Art* nicht daran hinderte, sie zu erreichen und zu gewinnen.

Demne (I) Der Name, den *Fionn* als Kind annahm, als er bei *Finneces* lernte.

Derfel, Der Heilige Manchmal auch Derfel Cadarn (der Starke) genannt. Von ihm ist wenig bekannt, außer daß seine Legende ihn als Krieger bezeichnet, der sich bei der Schlacht von *Camlan* ruhmreich verhielt. Er war der Gründer und Beschützer von Llanderfel in Gwynedd, wo eine Holzstatue, die ihn zu Pferd mit einem Stab zeigt, errichtet wurde. Während der Reformation wurde dieses Abbild, zusammen mit dem Abt John Forest, Beichtvater der Katharina von Aragon, in Smithfield verbrannt, weil eine Prophezeihung besagt hatte, daß die Statue eines Tages einen Wald (»Forest«) niederbrennen würde. Derfels Gedenktag ist der 5. April.

Devorgilla (I) Sie sollte als Dankeszoll den Fomorianern übergeben werden, aber zuvor wurde sie von *CuChulainn* gerettet, der sie *Lugaid* als Ehefrau anbot. Wegen dieser Beleidigung erzürnt, versuchte sie, CuChulainn umzubringen. Er verwundete sie, dann heilte er sie, indem er ihr Blut saugte. Dadurch wurden sie Blutsgeschwister.

Diana (RB) In ganz Britannien wurden Diana Bauten gewidmet, unter anderem ein Tempel in einer Stätte des Eisenzeitalters bei Maiden Castle, welche neu geweiht

Römische Darstellung der Diana.

wurde; dies deutet vielleicht auf einen örtlichen Kult einer ähnlichen, namenlosen Göttin hin. Diana war die Göttin des Geschlechtsgenusses und unter diesem Aspekt wird sie vor allem in Britannien anerkannt. Der Standort der Kathedrale von St. Paul in London war zuvor eine heilige Stätte Dianas; bis in das Mittelalter hinein wurden lebende Böcke ihre Stufen hinaufgetrieben.

Diancecht (I) Großvater des *Lugh*. Er war der Arzt der *Tuatha de Danaan*. Von *Creidne* unterstützt, schuf er die silberne Hand, welche jene ersetzte, die *Nuadu* im Kampf verloren hatte. Die tödlich verwundeten Tuatha wurden im Brunnen von Slane gebadet, der von ihm persönlich geweiht worden war. So erholten sie sich und konnten weiterkämpfen. (Siehe *Kessel*.)

Diarmuid (I) Held der *Fianna*. Neffe des *Fionn*. Er wurde als Pflegekind des *Angus Og* in der *Sidhe* von Bruig na Boinne groß gezogen. Dort tötete Donn, sein Vater, versehentlich den Sohn des Verwalters. Der Verwalter schlug seinen Sohn mit einem Zauberstab und verwandelte ihn in einen wilden *Eber*, wobei er dem Tier befahl, zu gegebener Zeit den Sohn des Donn zu töten; daraufhin wurde es Diarmuid verboten, jenen Eber zu jagen. Er hatte einen Liebesfleck, welcher ihn für Frauen unwiderstehlich machte. Als der alternde Fionn ihr seine Aufwartung machte, belegte *Grainne* Diarmuid mit einem Gebot, damit er mit ihr zusammen fliehe.
Sie ergriffen die Flucht, aber fanden nie Ruhe, da Fionn sie mit einem Bann verflucht hatte, der sie daran hinderte, an zwei aufeinanderfolgenden Nächten unter dem selben Dach zu schlafen; auch blieb es ihnen versagt, zwei Mahlzeiten an derselben Stelle zu sich zu nehmen. Nach einer langen Verfolgungsjagd versöhnte sich Fionn mit ihnen, aber er schickte Diarmuid fort, um den Eber zu jagen. Nachdem ihn der Eber verwundet hatte, flehte er Fionn um einen Heiltrank an. Fionns Eifersucht und Zorn waren aber so groß, daß er die Flüßigkeit auf den Boden verschüttete. Diarmuid starb. Diese Geschichte stellt eine unmittelbare Parallele zu den Legenden von *Tristan und Isolde*, oder *Lanzelot* und *Guinevere*, dar.

Dinadan (A) Ritter der *Tafelrunde*. Er ist außer *Dagonet* die einzige Figur in den Arthussagen mit einem Sinn für Humor und mit satirischem Talent. Er verfaßte eine verunglimpfende Schmähschrift gegen König *Marke* und in einem Turnier, an dem *Lanzelot* teilnahm, spielte er den anderen Rittern allerlei Streiche. Lanzelot machte bei dem Spaß mit und erschien in einem Kleid, welches er über seiner Rüstung trug. Nachdem er Dinadan besiegt hatte, schleppte er ihn in den Wald und kleidete ihn als Frau. Unglücklicherweise wurde Dinadan später von *Mordred* und dessen Bütteln getötet.

Dinas Emrys (A) Ein Hügel im Norden von Wales, der angeblich der Standort von *Vortigerns* Turm war. Jedesmal, wenn die Maurer erneut versuchten, den Turm zu errichten, stürzte dieser ein, woraufhin Vortigern seine Druiden beauftragte, herauszufinden, warum. Sie schlugen vor, daß er einen Knaben opfere, dessen Blut in die Fundamente gemischt werden könnte. *Merlin*, noch Knabe, wurde herbeigeholt; er eröffnete Vortigern, daß die Ursache der Einstürze darin lag, daß unter dem Hügel in einer Steintruhe zwei Drachen lagen, die sich ständig bekämpften. Sie verkörperten die zwei Nationen der Briten und der Sachsen – denen Vortigern sein Königtum verkauft hatte.

Dindrane (A) Gelegentlich auftauchender Name der Schwester *Parzivals*. Sie gab ihr Blut freiwillig, um eine leprakranke Frau zu heilen. Ihr Leichnam begleitete die *Gralsritter* an Bord des Schiffs von Salomon bis nach *Sarras*.

Diuran (I) Einer der Begleiter des *Maelduine* auf den immrama (Wunderreisen).

Diwrnach/Dyrnwch (W) Besitzer eines magischen *Kessels*, der das Essen eines Feiglings nicht erhitzen würde. Er wird unterschiedlich als Verwalter des Königs von Irland, sowie als Riese geschildert. Die Entdeckung dieses Kessels ist auch der Gegenstand des frühen walisischen Gedichts »Preiddeu Annwn«; in »Culhwch and Olwen« wird ebenfalls davon erzählt.

Dolorous Blow Siehe *Verhängnisvoller Schlag*.

Don (W) Die Mutter des walisischen Pantheons, wie es innerhalb der vier Abteilungen des »Mabinogion« geschildert wird. Sie ist mit der irischen *Danu* in Zusammenhang gebracht worden. Ihr Ursprung liegt so weit zurück, daß von ihrem Leben und ihren Taten nichts überliefert ist. Sie verkörpert die keltische *Magna Mater* als Mutter des heiligen Stammes, als Urahne aller Völker. In der Astronomie gedenkt man ihrer in der Konstellation namens Llys Don oder Casseopeia.

Donn (I) Donn war der Herr der Toten. Sein Haus, Tech Duinn, befand sich auf einer der Inseln vor der Südwestküste von Munster. Hier versammelten sich die Toten vor ihrer Reise zu den Inseln der Seligen.

Donn Cuailgne (I) Der Braune *Stier* von Cuailgne gehörte *Daire* und war Gegenstand allerlei Streits. Er war der ewige Feind eines Schweinehirten; die beiden gingen durch die Zeit in verschiedenen Gestalten – als Tiere, *Drachen*, Dämonen und Vögeln – bis zum Viehraub von Cooley, bei dem sein Rivale der Weiße Stier von Connacht war. Im Kampf töteten sich die beiden Stiere gegenseitig.

Drache In der britischen Mythologie erscheint der Drache nicht nur in klassischer Form. Manchmal ist er ein Wurm und stammt von nordeuropäischen Prototypen ab; manchmal ist er eine Wasserschlange oder ein Wasserungeheuer. In jedem Fall verkörpert der Drache elementare Kraft, vor allem die der Erde. Der Drache, den der *Heilige Georg* besiegt, symbolisiert das Heidentum, aber oft wird solch vordergründiger Symbolismus subtilerer Metaphorik übergestülpt. Die zwei Drachen, die der junge Merlin *Vortigern*s befreit, stellen die Vitalität des Landes dar, welches ohne wahren Herrscher im Chaos versinken muß. In einer Geschichte über den Ursprung des *Samhain*-Abends erfahren wir, daß der Drache die *Cailleach* symbolisiert, die die Macht des Winters über das – den Frühling symbolisierende – Lamm *Brigit*s aufrechterhält.

Drake, Sir Francis (1540–1596) Er umsegelte als erster die Erde

Sir Francis Drake auf einem zeitgenössischen Stich.

Drakes Trommel.

und bekämpfte die spanische Armada. Als Volksheld werden ihm übernatürliche Kräfte zugeschrieben. Die Spanier titulierten ihn El Draco (»Der Drache«), und das Glück, von dem sein Wagemut immer wieder begleitet wurde, scheint tatsächlich fast auf eine außernatürliche Quelle hinzudeuten. Die Trommel, die er bei seiner Weltumseglung bei sich hatte, wird in der Abtei von Buckland aufbewahrt; wenn England in Gefahr gerät, hört man sie schlagen. Zu seinem Mythos gehört, daß er – wie *Arthus* – nur schläft und daß er, gerät sein Land in Not, wieder auferstehen wird.

Dreizehn Schätze Britanniens (Thirteen Treasures of Britain) (W) Hierbei handelt es sich um dreizehn den *Hallows* (Heiligtümern) ähnelnde Gegenstände, welche die Gewähr der *Sovereignty* darstellten; *Arthus* soll mit seinem Schiff Prydwen nach Annwn gereist sein, um sie zu holen. Die folgende Liste ist eine Version des Spätmittelalters, aus der sich aber die früheren Prototypen erkennen lassen:

1. Dyrnwyn, das Schwert von *Rhydderch* dem Großzügigen: In den Händen eines Edelmannes brannte es lichterloh vom Griff bis zur Spitze. (Arthus' Schwert *Caledfwlch* oder *Exkalibur* hatte im »Traum von Rhonabwy« dieselbe Fähigkeit.)
2. Der Korb des *Gwyddno Garanhir*: Wenn genug Nahrung für einen Mann hineingetan wurde, kam, sobald der Korb wieder geöffnet wurde, genug für hundert Männer zum Vorschein. (Dies ähnelt dem Korb, der vom Hof des *Lludd* gestohlen wurde.)
3. Das Horn des *Bran*: Es konnte jedes gewünschte Getränk austeilen. (Bran der Selige wurde aufgrund seines *Kessels* der Wiedergeburt als *Gral*shüter bekannt. Dieses Horn ähnelt insofern dem Gral, als auch der Gral jede gewünschte Nahrung liefern konnte.)
4. Der Wagen des Morgan des Reichen: Er beförderte seinen Besitzer mit hoher Geschwindigkeit wohin er auch wollte.
5. Das Halfter des Clyno Eiddyn, das an das Bettende des Besitzers mit einer Klammer befestigt war: Jedes Pferd, das man sich wünschte, fand sich in dem Halfter wieder. (Ein solches Traumpferd wäre für die Kelten – allesamt Pferdenarren – das non plus ultra.)
6. Das Messer von Llawfronedd dem Reiter: Bei einer Mahlzeit schnitt es Fleisch für vierundzwanzig Männer.
7. Der Kessel des Riesen *Diwrnach*: Er bereitete nur das Essen eines mutigen Mannes zu, nie das eines Feiglings. (Der einzige in »Culhwch und Olwen« erwähnte Schatz, den zu holen es *Arthus* gelingt.)
8. Der Schleifstein des Tudwal Tudglyd: Wenn ein mutiger Mann sein Schwert an ihm schleifte, wurde jede Wunde, die es einem Gegner zufügte, tödlich. Das Schwert eines Feiglings blieb unverändert.
9. Der Mantel des Padarn Red-Coat (»Padarn Rotmantel«): Einem Edelmann paßte dieser Mantel, einem Flegel nicht. (Insofern ähnelt er dem Mantel der Ehefrauen, der in der Arthuslegende die Nacktheit treuer Frauen bedeckte, Ehebrecherinnen hingegen nackt ließ.)
10. und 11. Der Tonkrug und die Schüssel des Rhygenydd: In ihnen fanden sich grundsätzlich nur Lieblingsspeisen vor.
12. Das Schachbrett von Gwenddolau: Die Spielfiguren waren aus Silber, das Brett selbst aus Gold. Nachdem die Figuren aufgebaut waren, spielten sie von selbst. (Dieses Schachbrett erscheint in »Peredur«, in dem *Peredur/Parzival* damit spielt. Als seine Seite verliert, wirft er das Brett in einen See.) In dieser Geschichte wird es als »das Schachbrett der Kaiserin« bezeichnet, was eindeutig auf das Land der Lady *Sovereignty* hinweist.
13. Der Mantel des Arthus: Wer

ihn trug, blieb unsichtbar. (Es handelt sich hierbei um den Mantel, der von *Caswallawn* getragen wurde, als er Britannien verzauberte; wahrscheinlich gehörte er auch *Cu Roi mac Daire*, der ausdrücklich als der »Graue Mann im Mantel« bezeichnet wurde.)
Bei allen dreizehn Schätzen spielen die Würde oder die Befähigung des Finders oder Verwenders eine wesentliche Rolle; In unwürdigen Händen funktionieren sie nicht. So hängt ihre Funktion eindeutig mit dem Verhältnis des Königs zur Sovereignty zusammen, denn nur durch den König oder einen Auserwählten des Königs können sie gefunden bzw. eingesetzt werden. Sie werden angeblich von *Merlin* in seinem Glashaus auf der Insel Bardsey aufbewahrt.

Drustan (A) Siehe *Tristan*.

Dubh (I) Sie war Druidin, die, nachdem sie entdeckte, daß ihr Mann eine andere Frau hatte, ihre Rivalin ertränkte. Ihr Mann schleuderte einen Stein nach ihr und sie fiel in einen Teich, welcher Dubhlinn oder Dublin genannt wurde. Die Römer nannten ihn Nigratherma – wortwörtlich »schwarzer Teich«. Ein vielleicht noch älterer Name für Dublin ist Baile Atha Cliath oder »Stadt der Hürdenfurt«.

Dubh Lacha (I) Sie war die Frau des Mongan und wurde in derselben Nacht wie er geboren. *Brandubh* liebte sie und übertölpelte Mongan, um sie für sich zu gewinnen. Mit der Hilfe der Hexe *Cuimhne* konnte Mongan sie jedoch zurückgewinnen.

Dubhlaing (I) Er liebte *Aoibhell*, die prophezeihte, daß er im Kampf sterben würde, wenn er ihren Mantel der Unsichtbarkeit nicht tragen würde.

Dunstan, der Heilige (909–988) Abt von *Glastonbury* und Erzbischof von Canterbury. Schutzheiliger der Goldschmiede, Juweliere und Hufschmiede. Dunstan ordnete monastische Prozeduren an und verfaßte den neuzeitlichen Ritus der Krönung. Er war vielfältig talentiert, konnte sticken, malen, Harfe spielen und war außerdem Gold- und Metallschmied. Während der Herstellung eines goldenen Kelches wurde er der Legende nach vom Teufel heimgesucht, den er an mit seiner heißglühenden Zange an der Nase festhielt.Sein Emblem ist nach wie vor eine Zange. Ihm wird ein alchemistisches Pamphlet »Über den Stein des Philosophen« zugeschrieben. Sein Gedenktag ist der 19. Mai.

Dwyn/Donwenna/Dwynwen, Die Heilige (5. oder 6. Jh.) Tochter des Königs Brychan. Ein gewisser Maelon wollte sie heiraten, aber sie weigerte sich; sie träumte davon, daß man ihr einen Trank gab, welcher sie von ihm befreite und Maelon zu Eis verwandelte. Dann betete sie, daß er wieder aufgetaut werden möge, damit alle Liebenden entweder gemeinsam Glück finden, oder von der Liebe geheilt werden sollten – und daß sie selbst nie heiraten müsse. Demzufolge wurde sie die Schutzheilige der Liebenden in Wales. Im heiligen Brunnen, an dem sie Nonne wurde, wurden Fische gehalten. Sie konnten, nach der Legende, das Schicksal der Bittsteller an ihrem Schrein erkennen lassen. Man rief sie an, um Tiere zu heilen. Ihr Gedenktag ist der 25. Januar.

Dylan (W) Sohn der *Arianrhod* und Bruder des *Llew*. Er erhielt den Spitznamen »Wellensohn«, da er nach seiner Taufe ins Meer hinausschwamm. Eine der Triaden bezieht sich auf eine verschollene Geschichte um seinen Tod. Daran soll sein Onkel *Gofannon* schuld gewesen sein, mit einem der »Drei Unglücklichen Schläge«.

Dympna, Die Heilige (7. Jh.) Tochter eines irischen Königs. Sie ähnelte ihrer verstorbenen Mutter derart, daß ihr Vater in inzestuöse Leidenschaft für sie entbrannte; um ihm zu entkommen, floh sie mit ihrem Beichtvater nach Holland. Schutzheilige der Geisteskranken; ihr Gedenktag ist der 15. Mai.

E

Each Uisge (S) Das Wasser-Pferd, welches als rassiges Pony erscheint und um Seen geistert. Es bietet sich Wanderern zum Reiten an, stürzt sich aber samt Beute daraufhin in die Fluten.

Easal (I) Er war der König der Goldenen Säulen. Seine sieben magischen *Schweine* blieben ewig unsterblich, auch wenn sie verzehrt wurden. Eine der Aufgaben, die *Lugh* den Söhnen des *Tuirenn* stellte, bestand darin, diese Schweine zu finden.

Eber (I) Sohn des *Miled*. Er kämpfte erfolglos gegen seinen Bruder *Eremon* um den irischen Königstitel.

Eber Der Wildeber, der ehemals überall auf den britischen Inseln gejagt wurde, lebt nur noch an den entlegensten Stellen Europas. Wegen des Temperaments und der Schläue des Tieres war es immer eine gefährliche Beute, doch belegt

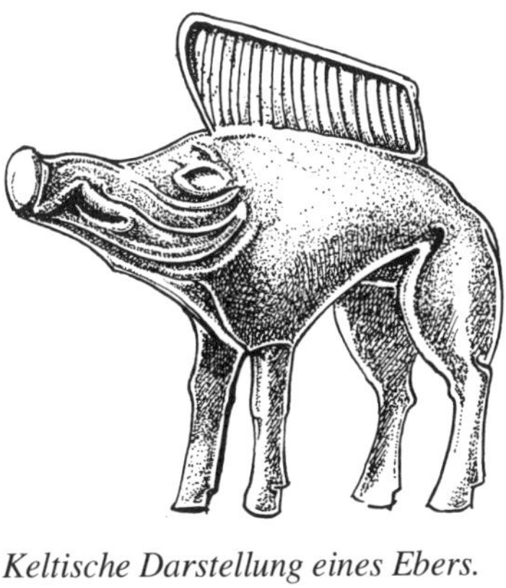

Keltische Darstellung eines Ebers.

sein häufiges Erscheinen in der Kunst und der Literatur der keltischen Völker seine mythologische Bedeutung. *Twrch Trwyth* wird im »Mabinogion« als verheerender Feind von *Arthus* und dessen Reich geschildert; in der irischen Tradition besteht die Parallele in *Orc Triath*. Ein weisser Eber führt *Pryderi* nach *Annwn* in die Sklaverei, während ein ähnliches Tier *Diarmuids* Tod verursacht.

Ector de Maris (A) Bruder *Lanzelots* und Ritter der *Tafelrunde*. Er wird gelegentlich mit *Ector of the Forest Sauvage* verwechselt, dem Pflegevater des *Arthus*.

Ector of the Forest Sauvage (A) Pflegevater des *Arthus* bei Malory. Auf Geheiß *Merlins* zog er den Jungen auf, ohne daß dieser von seiner wirklichen Herkunft etwas erfuhr.

Edmund, Der Heilige (841–69) König von Ostanglion. Er führte sein Heer gegen die Dänen an, wurde besiegt und gefangen. Er wurde zum Märtyrer, entweder weil er mit zahllosen Pfeilen durchschossen wurde, oder weil er in Vikingermanier mit allen Vieren an Felsen gekettet den Göttern zum Opfer angeboten wurde. In Bury St. Edmunds wurde sein Leichnam in einem Schrein aufbewahrt; dort entstand ein Volkskult um ihn. Sein Emblem ist der Pfeil, sein Gedenktag der 20. November.

Edward, Der Heilige (962–979) »Der Märtyrer« genannt. Er war

König von England und fiel in der Burg von Corfe einem Attentat der Büttel seines Bruders *Ethelred* zum Opfer. Bald daraufhin ließen Wunder die Kirchenmänner erkennen, daß sein ungerechter Tod, wenn er auch nicht bei der Verteidigung des Glaubens geschehen war, größere Aufmerksamkeit verdiente. Zu seiner Heiligsprechung trugen sicherlich sowohl seine Jugend bei, als auch das Entsetzen über den Meuchelmord an einem gekrönten Haupt.

Efflam, Der Heilige (6. Jh.) Nach einem mißlungenen Versuch, eine Schlange zu bändigen, hatte *Arthus* Durst. Der Heilige Efflam ließ nicht nur eine Quelle entspringen, sondern besiegte auch die Schlange.

Efnissien (W) Sohn von Penarddun mit Euroswydd, Bruder des *Nissien*, des Friedlichen. Efnissien, der Unfriedliche, löste gewaltigen Streit zwischen Britannien und Irland aus. Nachdem er über die Ehe zwischen seiner Halbschwester *Branwen* und *Matholwch*, dem König von Irland, nicht befragt worden war, verstümmelte er die irischen Pferde; als Wiedergutmachung bot *Bran* den Iren den *Kessel* der Wiedergeburt an.

Später konnte er Bran und dessen britische Begleiter vor dem sicheren Tod bewahren, nachdem diese nach Irland gekommen waren, um Branwen zu retten; dies gelang ihm, indem er 200 im Festsaal verteilen, in Säcken versteckte Iren ermordete. Während des Festes zur Thronbesteigung seines Neffen ergriff Efnissien *Gwern*, den Jungen, und warf ihn ins Feuer. Im daraus resultierenden Kampf, in dessen Verlauf die Iren ihre Toten im lebensspendenden Kessel wiederbelebten, opferte sich Efnissien, um dem Ungleichgewicht der Kräfte entgegenzuwirken. Er streckte sich im Kessel aus. Da der Kessel nur die Toten wiederbeleben konnte und Efnissien lebte, konnte er ihn auseinanderbrechen und mit dem Preis des eigenen Lebens die Kraft des Kessels zunichte machen.

Sein extremes Verhalten muß im Zusammenhang mit seiner Rolle als Verteidiger der – in der Person Branwens verkörperten – Souveränität Britanniens betrachtet werden. In die Ehe mit dem König von Irland hätte Branwen die britannische Vorherrschaft mithineingebracht – was Efnissien abzuwenden trachtete.

Eglamour (L) Ein armer Ritter am Hof von Sir Prinsamour, der aus seiner Burg eine Stätte der herausragenden Ritterlichkeit machte. Eglamour liebte dessen Tochter *Chrystabell*, aber um sie zu gewinnen, mußte er drei Abenteuer bestehen. Zuerst hatte er den Riesen Marrock zu erlegen, dann einen ungeheuren Eber, welcher die Ländereien von Prinsamour verwüstete. Sein drittes Abenteuer führte ihn dazu, einen Drachen zu töten, welcher Rom bedrohte. Eglamour bestand alle drei Prüfungen, aber in der Zwischenzeit hatte Chrystabell einen Sohn geboren. Sie und Eglamour wurden verbannt. Ihr Sohn wird von einem Greif entführt und erst nach langen Jahren der Wanderung treffen sich Chrystabell, Eglamour und deren Sohn glücklich wieder.

Einherier (N) Die toten Krieger, die in *Walhalla* mit *Odin* feierten. Sie ernährten sich von einem Eber, der sich ständig erneuerte. Obwohl sie jeden Tag kämpften, wurden sie, falls sie umkamen, am Ende des Tages wieder zum Leben erweckt. In der englischen Mythologie sind sie mit der *Wilden Jagd* verwandt.

Elaine de Astolat (A) Manchmal »Le Blanke« (»Die Weiße«) genannt, war sie eine Jungfrau, die sich in *Lanzelot* verliebte. Als er ihre Zuneigung nicht erwiderte, ließ sie sich in einem Boot den Strom abwärts nach *Camelot* treiben, mit einem Brief, der von ihrem Unglück erzählte.

Elaine von Corbenic (A) Tochter des *Gralskönigs Pelles*, Mutter des *Galahad*. Durch Hexerei wurde sie die Geliebte des *Lanzelot*. Da sie glaubte, daß er mit *Guinevere* intim war, zeugte Lanzelot mit Elaine das Kind, welches erkoren war, Gewinner des Grals zu werden. Sie wird häufig mit *Elaine de Astolat* verwechselt.

Elaine von Garlot (A) Tochter von *Gorlois* und *Igerna*. Sie heiratete *Nentres von Garlot* und bewerkstelligte somit die Versöhnung dieses feindlichen Königs mit dem kürzlich gekrönten *Arthus*, Elaines Halbbruder.

Elatha (I) Er war ein schöner, fomorischer König, dessen Reich jenseits der Meere lag. Er schlief mit einer Tochter des De Danaan-Stammes und gab ihr einen Ring, mitsamt der Prophezeihung, daß sie einen Sohn gebären würde. Sie gebar *Bres;* als dieser später Hilfe brauchte, löste er den Ring seines Vaters ein, indem er in das Fomorische Reich reiste und sich mit den Einwohnern gegen den Stamm seiner Mutter verbündete.

Elcmar (I) Ehemann der *Boann*. Nach der Überlieferung war er der ursprüngliche Bewohner und Eigentümer von Brugh na Boinne, das später – wegen der magischen Kräfte über Tag und Nacht – in den ewigen Besitz von *Angus* überwechselte.

Elen (W) Heldin der Geschichte »Der Traum des Maxen Wledig«. Maxen, der in Caernarvon lebte, träumte von ihr, wie sie in Rom schlief; er schickte Boten aus, um sie zu finden. Ihr wird der Bau zahlreicher, zum Teil noch bestehender Straßen in Wales zugeschrieben. Ihre Geschichte und Identität überschneiden sich mit derer der Heiligen Helena, der Mutter Konstantins des Großen.

Elfen Die skandinavische Form der Fee, entweder der helfenden oder der hindernden Art. In der schottischen Folklore unterschied man zwischen der *Seelie* (»Seligen«) und der Unseelie (»Unseligen«). Sie lebten in Elfame. J.R.R. Tolkien ließ die Elfen in seinen Fiktionen neu erstehen und brachte

Elfen-Erscheinung an einem megalithischen Kultplatz wie Stonehenge, von denen viele den lokalen Sagen nach mit der Anderswelt der Elfen in Verbindung stehen.

den skandinavischen Namen mit den Bewohnern der Seligen Inseln (Blessed Islands) der keltischen Mythologie in Verbindung (Siehe *Alfar*).

Elidor (L) Giraldus Cambrensis erzählt, wie Elidurus, ein Priester, als Knabe nach *Faery* geführt worden war. Er kehrte häufig dorthin zurück, bis seine Mutter eines Tages nach einem Beweis seiner Besuche verlangte. Er sollte ihr den goldenen Ball zeigen, mit dem er mit den Feen spielte. Danach war ihm der Weg nach Faery versperrt. Er erinnerte sich an die Sprache der Feen, die ihm dem griechischen ähnlich schien. Giraldus erklärt dies mit der Abstammung der Briten von *Brutus* und der Stadt *Troja*.

Ellyllon (W) Die walisische Art der *Elfen*.

Elphin (W) Sohn des *Gwyddno*. Er war der Förderer des *Taliesin*, den er am Vorabend des Mai in einem Lachswehr entdeckte. Sein Vater hatte ihm erlaubt, in jener Nacht den Jahressoll an Fischen einzuholen, da Elphin »der unglücklichste aller Jungen« war, nicht nur vom Pech verfolgt, sondern auch bettelarm. Als er den Lederbeutel herausfischte, in dem sich der Knabendichter befand, rief Elphin aus: »Seht her, die glänzende Stirn!« – womit er Taliesin taufte. Der Dichter tröstete seinen Förderer ob des Verlustes seines Einkommens und schwor, daß sich sein Glück gewendet hatte. Später prahlte Elphin vor dem König Maelgwn, seine Frau sei die schönste im Königreich, seine Pferde die schnellsten und sein Dichter der weiseste. Maelgwn ließ ihn – in silbernen Ketten, da er edler Herkunft war – einkerkern. Taliesin verteidigte Elphin und half ihm zu entkommen. Im Wettrennen war Elphins Pferd ungleich viel stärker als die Rösser Maelgwns; an der Stelle, an dem Elphins Reiter seine Mütze zu Boden geworfen hatte, ließ Taliesin graben. Ein Kessel voller Gold kam zum Vorschein, was Elphin für seine scheinbar nutzlose Nacht am Fischwehr reichlich kompensierte. Einzelheiten der Geschichten Taliesins und Elphins finden sich in der Sage »Preiddeu Annwn« wieder, welche von der Befreiung eines Jungen in Ketten und von einem jenseitigen Kessel erzählt.

Emer (I) Tochter des *Forgall.* Der siebenjährige CuChulainn warb in Rätseln um sie. Damit er ihrer würdig werde, schickte ihn ihr Vater Forgall fort, um bei Scathach zu lernen. Sie liebte CuChulainn und litt unter seiner Untreue und seinen Affären mit anderen Frauen. Ihre »einzige Eifersucht« bezog sich auf seine Verbindung mit der jenseitigen Frau *Fand*, die seine Zuneigung stahl.

CuChulainn und Emer erhielten schließlich von Druiden je einen Zaubertrunk – er, damit er Fand vergessen, sie, damit sie ihre Eifersucht verlieren würde. Beim Fest von *Bricriu* befürwortete sie CuChulainn vor allen anderen Helden. Ihr Klagelied bei seinem Tod gehört zu den Glanzleistungen irischer Dichtung. Nachdem sie es gesungen hatte, fiel sie tot in sein Grab.

Endellion/Endelient, Die Heilige (6. Jh.) Tochter des legendären Königs Brychan. Sie soll die Patentochter des Königs *Arthus* gewesen sein; als ein Mann ihre Kuh tötete – deren Milch ihre einzige Nahrung war, brachte Arthus ihn um. Sie belebte den Übeltäter wieder. Am Sterbebett bat sie ihre Freunde, daß ihr Leichnam auf einem Karren gelegt werde; dort, wohin die Ochsen den Karren zogen, sollte sie begraben werden. Sie ist die Schutzheilige von Saint Endellion in Cornwall, ihr Festtag ist der 29. April.

Enid (A) Frau des Gereint in Chrétien de Troyes' Werk »Erec«, sowie im walisischen Epos »Gereint ap Erbin«. Gereint fand sie eines Tages weinen, da er den Luxus des häuslichen Lebens den Anstrengungen des Rittertums vorzog – aber er dachte, sie weine um einen Geliebten. Er nahm sie bei einer Reihe von Abenteuern mit, aber, da er ihr aber verbot, mit ihm zu sprechen, konnte sie ihn vor etlichen Gefahren nicht warnen. Schließlich versöhnten sie sich.

Enthauptungsspiel (A) Das Spiel, in dem ein geheimnisvoller Herausforderer – meist ein Riese, oder ein *Grüner Ritter* – in der Winterzeit den Saal betritt und seine Axt einem jeden Helden anbietet, der ihm den Kopf abschlägt – mit der Bedingung, daß der Herausforderer anschließend seinerseits einen Enthauptungsschlag austeilen darf. Ein Held nimmt an – und sieht zu, wie der Herausforderer aufsteht,

sofort die Axt ergreift und das Recht einfordert, zum Gegenschlag auszuholen. Im Falle des *Gawain*, wurde diesem ein Jahr Zeit gewährt, bis er den Gegenschlag empfangen mußte.
Im Falle des *CuChulainn*, kniete dieser sofort nieder und wurde zum mutigsten Ritter von Ulster erkoren. Das Spiel gehört eindeutig zu den Festlichkeiten der Mittwinterzeit, bei denen das alte Jahr in Form des Riesen oder des Grünen Ritters (des alten Waldgeistes) auftritt, um von einem Vertreter des neuen – hoffentlich kräftigeren und widerstandsfähigeren – Jahres im Wettstreit abgelöst zu werden.

Eochaid Airem (I) König von Irland. Er nahm *Etain* aus *Sidhe* zur Frau. *Midir*, deren erster Ehemann, den sie völlig vergessen hatte, kam, um mit Eochaid Schach (fidchell) zu spielen; er ließ Eochaid viele Partien gewinnen und als Verlierer führte er verschiedene servile Tätigkeiten aus. Er brachte Zauberochsen aus Sidhe, um die von Eochaid verlangte Landstraße mitzubauen. Bis dahin hatten Ochsen das Joch vor der Stirn getragen; als Eochaid Midirs Ochsen sah, bestimmte er, daß alle das Joch über den Schultern tragen sollten. So erhielt er den Namen Airem (»Pflüger«).
In einem erneuten Schachspiel verlangte Midir als Wetteinsatz, daß der Gewinner Etain erhalten und küssen sollte. Midir gewann. Etain weigerte sich, es sei denn, Eochaid verzichte freiwillig auf sie. Dieser bat Midir, sie im Saal vor allen Anwesenden küssen. Midir ergriff Etain und flüchtete mit ihr durch den Schornstein. Eochaid erklärte den Krieg gegen Sidhe und gewann Etain schließlich zurück, doch führte dies dazu, daß der unversöhnliche Haß der Sidhe-Bewohner mehrere Generationen seine Familie plagte.

Eoghan Mor (I) Er erhielt den Spitznamen Mug Nuadat (»Sklave des *Nuadu*«). Er heiratete *Beare*. Er teilte Irland zwischen sich selbst und Conn auf, der das nördliche Gebiet erhielt. Eoghan behielt den »Sklavenanteil«.

Eostre (N) Angelsächsische Göttin des Frühlings, deren Feste in ganz Britannien gefeiert werden. Ostern wurde nach ihr benannt und viele gegenwärtige Volkssitten rühren von ihrem Kult her.

Epona (K) Obwohl ihr Kult auf dem europäischen Kontinent eine weite Verbreitung hatte, war Epona, der Göttin der Reiter und der Tiere, in Britannien ein besonderer Stellenwert zuteil. Ihr Mythos wird in den Legenden der *Rhiannon* und der *Macha* festgehalten. Meistens wird sie als halbnackte Reiterin zu Pferde abgebildet, manchmal sitzt sie aber auch auf einem Thron, wobei zwei Fohlen sich aus ihrem Schoß nähren – ein Symbol für das häufige Erscheinen von Zwillingen in mit ihr zusammenhängenden Geschichten. Die Römer nahmen sich ihres Kultes an und feierten sie am 18. Dezember. Sie war bei Regimentern der Kavallerie, vor allem bei denen, die in den Niederlanden Dienst taten, besonders beliebt. In jedem Stall hatte sie einen Schrein, den Knechte mit Rosengirlanden schmückten. Eines ihrer Symbole ist der Schlüssel, der die Tür zur Unterwelt öffnet.

Eremon (I) Sohn des Miled. Er kämpfte mit seinem Bruder *Eber* um den irischen Königstitel und siegte. Alle späteren irischen Könige stammten von ihm ab.

Eriu (I) Mutter des *Bres*. Sie war mit dem königlichen Sitz Uisnech in Meath verbunden. Sie war eine der drei Göttinnen der *Sovereignty*, der *Amergin* die Ehre der Inselbenennung versprach. Ihr Name wird im Titel Irlands als Erin beibehalten.

Erthal (W) Häuptling der »Goddoddin« im heroischen Epos der Zeit nach Arthus in Britannien. Er wird folgendermaßen geschildert: »Im Vorfeld, laut wie Donner, war das Krachen der Schilder… wenn die Geschichte der Schlacht von Catraeth (Catterick) erzählt wird, wird das Volk seufzen, denn lang war seine Trauer um die Abwesenheit des Kriegers, und da wird es einen Reich ohne Herrscher und ein rauchendes Land geben«.

Esras (I) Der Meister der Weisheit, der den siegbringenden Speer in *Lughs* Obhut gab. Er lebte in Gorias, eine der vier Städte, von denen die *Tuatha de Danaan* stammten. Das Buch der Invasionen legt nahe, daß sich Gorias in den nördlichen griechischen Inseln befindet.

Estmere Held eines schottischen Werkes des späten Mittelalters. Er hat etwas von einem Abenteurer an sich, reist zum Hof des Königs Asland, um um die Hand seiner Tochter zu bitten. Dies wird ihm verweigert, dennoch verlieben sich die beiden. Kurz danach erfährt Estmere, daß ein spanischer Prinz den König und dessen Tochter bedroht; er verkleidet sich als maurischer Harfenspieler und verschafft sich Zugang zur Burg. Dort tötet er den Spanier und gewinnt die Hand der Tochter. Die Geschichte ist geistreich, voller Zauber und froher und farbiger Abenteuer.

Etain (I) Frau des *Midir*, eine Bewohnerin von Sidhe. Sie wurde von Midirs anderer Frau, *Fuamnach,* verzaubert und in eine Fliege verwandelt. Die Fliege wurde in der Welt umhergeworfen, bis sie eines Tages im Becher der Frau des Etair landete, die diesen leertrank und später eine Tochter namens Etain gebar, die die Frau des *Eochaid Airem* wurde. Midir kam und spielte mit Eochaid Schach (fidchell), um sie zurückzugewinnen. Dies gelang ihm und die beiden flohen in *Schwanen*gestalt nach Sidhe zurück. Varianten der Legende erzählen von anderen Reinkarnationen, doch in allen Versionen heißt sie Etain.

Etheldreda / Aethelthryth / Ediltrudis/Audrey, Die Heilige (gest. 679) Äbtissin von Ely. Diese eigensinnige Tochter des Königs Anna der Ost-Angeln wurde eine Art Berufsjungfrau. Sie wurde mit

Tondberht, einem Mitglied des Ältestenrats, verheiratet; dieser starb und ließ sie als Jungfrau zurück. Dann heiratete sie König Egfrith von Nord-Umbrien, der eingewilligt hatte, daß sie Jungfrau bleibe; nach zwölf Jahren bat er sie jedoch, mit ihm zu schlafen. Danach verließ sie ihn und gründete das Doppelkloster von Ely. Marktfeste, die ihr zu Ehren abgehalten wurden, ließen den Ausdruck »tawdry« (»Tand«) entstehen, nach den billigen Waren, die dort feilgeboten wurden. Sie wird mit zwei Damhirschkühen abgebildet, die während einer Hungersnot mit ihrer Milch die Gemeinde von Ely am Leben erhalten haben sollen. Ihr Gedenktag ist der 23. Juni.

Ethniu (I) Die seltsame Legende von Ethniu wurde eindeutig durch den späteren christlichen Einfluß abgewandelt. Demnach wurde sie nach Brugh na Boinne gebracht, um die Pflegeschwester der Tochter des *Manannan mac Lir* zu werden. Sie nahm keinerlei Nahrung zu sich und es wurde festgestellt, daß ein Häuptling der De Danaan versucht hatte, sie zu vergewaltigen; dies hatte in ihr den Wunsch nach Reinheit erweckt. Sie existierte einzig als Geist. *Angus Og* und Manannan zogen fort und kehrten mit zwei magischen Kühen wieder, deren Milch nie versiegte; davon lebte Ethniu. Eines Tages verließ sie Brugh und fand sich außerstande, je wieder zurückzukehren. Sie wurde Christin und begegnete dem *Heiligen Patrick*, der ihr die letzte Ölung erteilte. Sie ist sich ständig bewußt, daß ihr ehemaliges Volk nach ihr ruft und sucht.

Eule Die Eule hat seit jeher den Ruf als böses Omen, vor allem wenn sie bei Tag gesichtet wird. Als *Gwydion Blodeuwedd* in eine Eule verwandelte, geschah es als Strafe dafür, daß sie ihren Mann, *Llew*, verraten hatte; der Erzähler erläutert, daß hierin der Grund dafür liegt, daß die Eulen den ungewöhnlichen Namen »Blumengesicht« – also Blodeuwedds Namen – erhielten. Im schottischen Gälischen wird die Eule »cailleach« – »alte Frau« – genannt, ein Hinweis darauf, daß die Eule von der *Cailleach* beschützt wird.

Exkalibur (A) Das magische Schwert des *Arthus*, welches er aus der Hand der »Lady of the Lake« (der »Dame des Sees«) erhielt. Solange er es trug, konnte ihn niemand besiegen, doch stahl *Morgan le Fay* die Scheide, die den Träger vor Wunden bewahren konnte. Der Name bedeutet »geschnittener Stahl«. Es wurde auch *Caliburnus* oder *Caledfwlch* genannt und oft mit dem Schwert im Stein verwechselt, durch das Arthus als König erkoren wurde. Jenes Schwert wurde im Kampf zerbrochen, so daß Arthus eines anderen bedurfte. Einige Quellen behaupten, daß es von *Wayland* hergestellt wurde.

F

Faery Wohnort der *»Fairies«* (der *»Feen«*). Der Ort wurde als inneres Reich aufgefaßt, welches an irdische Gefilde grenzte; gelegentlich konnten sich Menschen dorthin verirren (siehe *Robert Kirk*). Die Regeln, die das Betreten von Faery betreffen, sind analog denen, die mit allen anderen Bereichen jenseitiger Wesen zusammenhängen: der Fremde muß etwas Eisernes, meistens ein Messer, mit sich tragen; er darf nichts essen und nichts trinken; er muß sich den Einheimischen gegenüber höflich verhalten. Wenn er sich nach diesen Regeln verhält, kann er schließlich in seinen eigenen Bereich zurück gelangen.

Fafnir (N) Sohn des Zwergenkönigs Hreidmar. *Loki* tötete seinen Bruder Otr und mußte ihn als Wiedergutmachung mit Gold überhäufen. So entstand ein Zwist zwischen Fafnir und einem weiteren Bruder, Regin. Fafnir verwandelte sich in einen Drachen, um das Gold behalten zu können. Später wurde er vom Helden Sigurd getötet.

Falias (I) Eine der vier Städte, von denen aus die *Tuatha de Danaan* nach Irland kamen. Ihr Herr der Weisheit hieß *Morfessa*. Von hier stammte auch der Stein von Fal. (Siehe *Hallows*.)

Falke Im Mittelalter wurde mit Jagdvögeln, vom Turmfalken bis zum *Adler*, Sport betrieben. Die keltische Tradition hält aufrecht, daß das älteste Tier der Falke des Achill war. Dieser Vogel überlistete die Adlermutter und ließ sie auf der Suche nach der Antwort auf die Frage: »Wer erinnert sich an die kälteste Winternacht?« ihr Nest aufgeben. Obwohl der *Lachs* allgemein als ältestes und weisestes Tier gilt, war in dieser alten mündlichen Tradition der Falke das älteste. *Gawain*s früherer Name war Gwalchmai oder Maifalke.

Fand (I) Die Schwester des *Labraid* und Frau des *Manannan*. Sie wurde *CuChulainn* geschenkt, nachdem dieser *Labraid* geholfen hatte. *Emer* verhöhnte CuChulainn wegen dieser neuen Liebc, woraufhin CuChulainn sie wieder verließ. Sie kehrte zu Manannan zurück, der seinen Mantel zwischen die beiden Geliebten schwang, so daß sie sich nie wieder begegnen würden.

Fedelm (I) Sie war die Hexe, die *Corc* als Pflegesohn aufnahm. Während er in ihrer Obhut war, erhielt er seinen Namen für eine Nacht; als sich die Schwester-Hexen versammelten, rief eine aus: »Ich segne alles, außer dem, was sich unter dem Kessel befindet.« Corc wurde an einem Ohr vom Feuer versengt, was ihm den Namen »Red« (»Rot«) brachte.

Feen (»Fairies«) Das Wort stammt von »Fays« – Fatae oder Fates (»Schicksalskräfte«) – ab. Obwohl man in der Neuzeit Feen als Winzlinge begreift, die Blumen usw. bewohnen, ist ihre wahre Statur, physisch wie mythologisch, wesentlich größer. Sie verkörpern die britische Version der irischen Sidhe-Bewohner und können prophetische und musische Fähigkeiten verteilen. Sie leben in ihrem eigenen, hügeligen Reich in Glückseligkeit. Nach der mündlichen Tradition stammen sie von den gefallenen Engeln ab, oder sie stammen durch Lilith von Adam ab. Sie stellen die älteren Geschwister der Menschheit dar; obwohl sie weder göttlich noch menschlich sind, sind sie nichtsdestoweniger unsterblich.

Fenris (N) Das monströse Kind des *Loki* und der Riesin *Angrboda*. Er hatte die Gestalt eines großen Wolfes, der angeblich im letzten Augenblick des *Ragnarok* erscheint, um das Reich der Götter zu verschlingen. Er wurde mit einer Kette gefesselt, die dünn wie Seide war, doch so stark wie die Schöpfung selbst. Der Gott *Tyr*, der ihn ankettete, verlor dabei eine Hand.

Fercetrniu (I) Er war der Dichter des *Cu Roi*. Als er entdeckte, daß *Blanaid* für den Tod seines Herrn verantwortlich war, ergriff er sie und zusammen stürzten sie von den Felsen der Halbinsel Beare in den Tod.

Ferdiad (I) Der älteste Freund und Waffenbruder von *CuChulainn*, mit dem zusammen er am Hof von *Scathach* in Alba ausgebildet wurde. Er stammte aus Connacht und sah sich gezwungen – als Ulster von Maeve angegriffen wurde, um in Besitz des Braunen *Stiers* von Daire zu gelangen, mit CuChulainn an der Furt zu kämpfen. Sie kämpften drei Tage lang; am Ende eines jeden Tages verarzteten sie sich gegenseitig und schliefen unter derselben Decke. Aber schließlich setzte CuChulainn seinen großen Speer ein, gegen den kein Mann bestehen konnte. CuChulainn hatte seinem Wagenführer befohlen, ihn mit Beleidigungen und Hohn wütend zu machen, denn nur so würde er seinen Freund Ferdiad töten können.

Fergus mac Roigh (I) König von Ulster, bis *Nessa* ihn darum bat, den Thron ein Jahr lang zugunsten ihres Sohnes *Conchobar* abzugeben. Daraufhin setzte Conchobar Fergus endgültig ab. Wegen dieser Beleidigung schlug sich Fergus auf die Seite von *Maeve* und den Streitkräften von Connacht. Da er einer der Mentoren und Lehrer von *CuChulainn* gewesen war, weigerte er sich, an der Furt mit ihm zu kämpfen; er kam mit CuChulainn überein, daß er ihm gegenüber gnädig sein würde, wenn CuChulainn ihn zu einem späteren Zeitpunkt fliehen lassen würde. Als Bote Conchobars überredete er *Deirdriu* und die Söhne von *Usnach*, nach Ulster zurückzukehren. Als *Ailill* ihn entdeckte, wie er mit Maeve in einem See schwamm, wurde Fergus auf dessen Geheiß getötet.

Ferrishyn (K) Der auf der Insel Man geläufige Name für die Schar der *Feen (»Fairies«)*. Ihrem sagenhaften Gehör entging nichts; daher sprach man über sie nur sehr vorsichtig – oder ausgesprochen leise.

Fferyllt (W) Oft als »die *Feen*« übersetzt. Fferyllt stammt von »Fferyll« ab, dem Walisischen für Virgil, der im Mittelalter einen Ruf als Magier und Alchimist hatte. *Ceridwen* soll in den Büchern der Fferyllt nachgeschlagen haben, um ihren Kessel der Inspiration zuzubereiten, aus dem *Gwion* trank. Im modernen Walisischen bedeutet »Fferyllt« Apotheker.

Fflur (W) Fast alle Spuren der Legende von Fflur sind verloren gegangen. Ihr Name, der »Blume« bedeutet, bringt sie mit den anderen Blumenjungfrauen der britischen Mythologie – *Blanaid, Guinevere, Blodeuwedd* – in Zusammenhang. Nach der dürftigen Quelle der »Triaden« zu urteilen, liebte sie *Caswallawn*, wurde aber von Julius Cäsar entführt. Caswallawn reiste bis nach Rom auf der Suche nach ihr – was darauf hinweist, daß Fflur eines der vielen Gesichter der *Sovereignty* gewesen sein könnte.

Fiachna (I) Sohn des *Lir* und der *Aobh*. Durch seine Stiefmutter *Aoife* wurde er in einen Schwan verwandelt.

Fianna/Fenians (I) Die irischen Krieger, die aus 150 Häuptlingen bestanden, unter denen je 27 Männer dienten. Das Ausleseverfahren für die Mitgliedschaft in der Fianna war rigoros. Jeder Mann mußte das Repertoire des Dichters auswendig kennen, seinen Mut unter Beweis stellen – mit Speeren beworfen

Keltischer Krieger.

werden, beim Laufen unter einem niedrigen Ast einen Dorn aus der Fußsohle ziehen. Neben den Kriegern gehörten auch Druiden, Ärzte und Musiker der Fianna an. Als Kriegseinheit im Dienste des Landes galten für ihre Mitglieder bestimmte Regeln: sollte einer der Krieger das Mitglied irgendeiner Familie töten, durfte keine Stammesrache an ihm verübt werden; sollte ein Krieger im Kampf getötet werden, durfte auch seine Famile ihn nicht rächen. Der berühmteste Anführer der Fianna war *Fionn mac Cumhal*. Die Fianna sind den *Rittern der Tafelrunde* von König *Arthus* analog.

Findabair (I) Tochter des *Ailill* und der *Maeve*. Sie liebte *Fraoch*, aber der war nicht bereit, ihre Mitgift zu bezahlen – bis ihn Maeve dazu überredete, Findabair als Ge-

genleistung für seine Hilfe im Kampf gegen Ulster zu akzeptieren. Heimlich bot Maeve Findabair jedem der Anführer an, der diese Aufgabe übernehmen würde, aber außer Fraoch lehnten alle ab, da sie wußten, daß sie es mit dem unbesiegbaren CuChulainn zu tun bekämen. Als dieser Fraoch tötete, starb Findabair gebrochenen Herzens.

Findias (I) Eine der vier Städte, von denen aus die *Tuatha de Danaan* nach Irland kamen. Ihr Meister der Weisheit, *Uscias*, gab *Nuadu* sein Schwert. (Siehe *Hallows*.)

Fingal (S) Häufiger Name des *Fionn mac Cumhal* im gälischen Schottland. Durch das gefälschte Epos »Ossian«, das James MacPherson im späten 18. Jahrhundert schrieb; indem er von mündlichen Geschichten über die *Fianna* ausging, erlangte der Name Fingal einen gewissen zusätzlichen Ruhm. MacPhersons »keltische Nachdichtungen« machten in ganz Europa Eindruck und lösten großes Interesse für die keltische Kultur aus; später wurde die Arbeit jedoch als Fälschung entlarvt.

Finneces/Finegas (I) Ein Dichter, der am Boyne-Fluß lebte. Sieben Jahre lang bewachte er den *Lachs* der Erkenntnis, wohl wissend, daß wer davon aß, alles Wissen erhalten würde. Sein Schüler Demne (der getarnte *Fionn mac Cumhal*) half ihm, den Lachs zu braten. Der heiße Saft des Fisches bespritzte seinen Daumen. Fionn lutschte daran und erhielt somit alles Wissen.

Finnbhenach (I) Erzfeind des *Donn Cuailgne*. Ehe er ein weißer Stier wurde, hatte Finnbhenach viele Inkarnationen und viele Gestalten angenommen. Mit Donn Cuailgne zusammen verursachte Finnbhenach den Streit zwischen *Maeve* und *Ailill*.

Fintan (I) Überlebender der Sindflut, Vater der *Cessair*. Er versteckte sich in der Gestalt eines

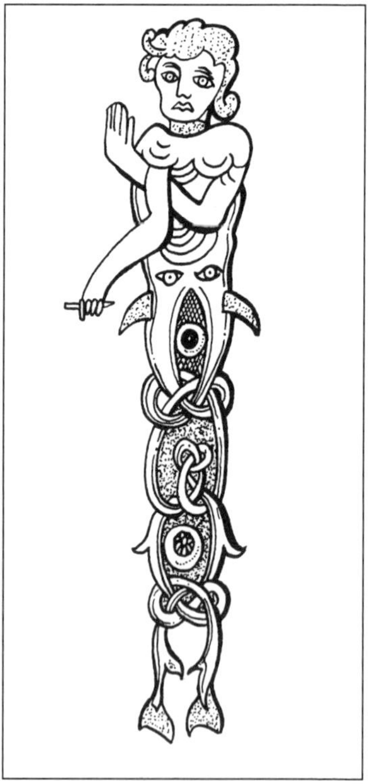

Die zahlreichen Verwandlungen des Fintan auf seiner Reise durch die irische Geschichte (nach einem keltischen Ornament).

Lachses in einer Höhle. Er verwandelte sich zahllose Male, indem er all dessen gedachte, was in Irland geschehen war. Er erschien späteren Iren, um ihren Streit zu schlichten, und er erzählte ihnen die ganze Geschichte des Landes und die Bedeutung einer jeden Ortschaft.

Fionn mac Cumhal/Finn mac Cool (I) Sohn des *Cumhal* und der *Murine*. Er wurde von einer Druidin, *Bodhmall* und einer Kriegerin, *Liath Luachra*, erzogen; diese zwei brachten ihm sowohl den Kampf als auch die Künste bei. Er nannte sich *Demne* und ging bei *Finneces* in die Lehre, um das Dichten zu lernen; bei ihm erhielt er den Daumen der Erkenntnis durch das Lutschen an demselben, während der *Lachs* der Erkenntnis für Finneces briet. In den folgenden Jahren mußte er nur an seinem Daumen nagen, um Ereignisse vorauszusehen. Seine beiden Hunde, *Bran* und *Sceolan*, waren eigentlich seine Neffen in Hundegestalt; da diese über menschliches Wissen verfügten, waren sie weiser als alle anderen Hunde. Er wurde Anführer der *Fianna* und bekämpfte alle Feinde Irlands.

Durch *Sadbh* wurde er Vater von *Oisin*. Sein Versuch, *Grainne* zu heiraten, scheiterte, weil er bereits alterte und sie mit *Diarmuid* die Flucht ergriff. Er verfolgte die beiden und verursachte Diarmuids Tod. Er überlebte seinen Enkel *Oscar* und war Zeuge des Massakers seiner Fianna bei der Schlacht von Gabhra. Er starb nicht, sondern begab sich ins Jenseits, wo er, wie *Arthus*, angeblich schläft.

Er soll den Damm zwischen Irland und Schottland gebaut haben; dort erscheint er, in vielen regionalen Geschichten als unsterblicher und listiger Held. *Mongan* ist angeblich eine spätere Reinkarnation des Fionn. Er erlebte unzählige, den Rahmen dieses Eintrags sprengende Abenteuer.

Fionnuala (I) Tochter des Lir und der Aobh. Sie wurde, zusammen mit ihren Brüdern Aed, Conn und Fiachna von ihrer Stiefmutter Aoife in einen Schwan verwandelt; ihr gemeinsames Los war es, 900 Jahre lang die Welt zu durchwandern. Ohne Schutz zu finden, flogen sie über das Wasser und verkündeten ihre Sehnsucht nach den Freuden von *Sidhe*. Schließlich hörten sie die Glocke der Kirche des *Mochaomhog*. Dieser ließ für ihre Hälse silberne Ketten herstellen; mit diesem Schmuck angetan besuchten sie die Messe. Endlich wurden alle von Aoife festgelegten Voraussetzungen für das Ende ihrer Verzauberung erfüllt. Ein Mann aus dem Norden und eine Frau aus dem Süden kamen zusammen und gaben an, die Schwäne besitzen zu wollen. Der Mann, Lairgren, war über die Weigerung Mochaomhogs, sie aus seiner Obhut freizugeben, erzürnt und griff sich zwei der Schwäne. Plötzlich wurden aus ihnen 900 Jahre alte, unglaublich verwelkte Männer und Frauen. Mochaomhog taufte sie sofort und ließ sie begraben.

Firbolg (I) Wörtlich: »die Beutelmenschen«. Sie besiedelten Irland, nach dem sie aus Griechenland geflohen waren, wo man sie versklavt und gezwungen hatte, Erde in Beuteln zu schleppen. Danach machten sie aus diesen Beuteln Schiffe und segelten nach Spanien. Sie herrschten über Irland nach dem Tod von *Nemed* bis zur Ankunft der *Tuatha de Danaan*.

Fir Chlis (S) Die Flinken Männer oder Fröhlichen Tänzer – so die Bezeichnung der schottischen Hochländer für die Aurora Borealis. Sie sollen die Seelen gefallener Engel gewesen sein, deren Abstieg ins irdische Reich aufgehalten worden war. Ihr Ruhm entstammte dem Blut, welches die Kämpfe zwischen ihren rivalisierenden Clans gekostet hatten.

Fir Dhearg (I) Die Roten Männer waren die Vorläufer der berüchtigten *leprechaun*. Rot gekleidet, ging es ihnen fast ausschließlich darum, die Sterblichen zu narren und ihnen Streiche zu spielen. In Ausnahmefällen ließen sie sich zur Hilfsbereitschaft überreden.

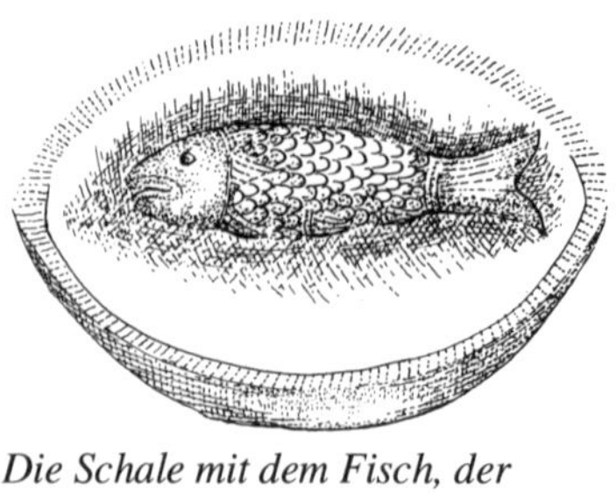

Die Schale mit dem Fisch, der Hunderte speiste, als Symbol des Fischerkönigs.

Fischerkönig (A) Der Name, den der Gralskönig erhielt, nachdem er eine Menschenmenge mit einem einzigen Fisch ernährte. Unter Umständen enstand der Name aus einem französischen Wortspiel, welches »pêcheur« (»Fischer«) mit »pécheur« (»Sünder«) verwechselt, zumal das *Wüste* Land (Wasteland) von der Sünde oder dem Makel des Königs verursacht wurde. (Siehe *Verwundeter König/Wounded King*.)

Flaitheas (I) Der Name, den die Göttin der *Sovereignty* verwendet, wenn sie *Niall* begegnet. Er bedeutet »Herrschaft« oder »Souveränität«. In der irischen Tradition wird Königskandidaten ein Becher zum Trinken gereicht, »dergflaith« oder »Becher der roten Herrschaft«, und ist ein Symbol ihrer Eignung aus der Sicht der Göttin.

Florence (A) Einer der vieler illegitimen Söhne *Gawains* und einer von zweien, die die ungenannte Schwester eines *Ritters der Tafelrunde* namens Brandiles ihm gebar. Er soll sich den Verschwörern angeschlossen haben, die Lanzelot im Schlafgemach der Königin eine Falle stellten. Bei seiner Flucht tötete Lanzelot Florence.

Foawr (K) Die Variante der Fomorier, so wie sie auf der Insel Man bekannt waren. Sie sollen eine Rasse Steine schleudernder Riesen gewesen sein.

Fodla (I) Eine der drei Göttinnen der *Sovereignty*, denen *Amergin* die Ehre versprach, Irland zu benennen. (Siehe *Banba* und *Eriu*.)

Formianer (I) Die ursprünglichen Bewohner Irlands, die, nach der Legende, jenseits des Meeres oder sogar unter ihm lebten. Viele der einfallenden Völker wurden von ihnen angegriffen, vor allem die *Tuatha da Danaan*, mit denen sie eine große Schlacht austrugen. Ihr König war *Balor*. Sie stellten wahrscheinlich die Erinnerung an die Frühbevölkerung Irlands dar, welche nicht-keltischer Abstammung war. In der Legende häufte sich um sie jede erdenkliche Verbindung mit dem Bösen und mit der Dunkelheit.

Forgall (I) Vater der *Emer*. Er schickte *CuChulainn* fort, um bei *Scathach* den bewaffneten Kampf zu lernen, überzeugt davon, daß er nie lebend zurückkehren würde. Aber CuChulainn kam zurück, tötete Forgall und heiratete Emer.

Fraoch (I) Er wurde von *Findabair*, der Tochter des *Ailill* und der *Maeve*, geliebt, weigerte sich jedoch, ihre Mitgift zu zahlen. Schließlich willigte er ein, sie zur Frau zu nehmen – wenn er Maeve helfen würde, die Männer von Ulster zu schlagen. Dabei wurde er aber von *CuChulainn* getötet.

Frey (N) Gott der Fruchtbarkeit, des Sonnenscheins und des Wachstums, Beschützer der Ehepaare. Er war der Sohn des Seegottes *Njord* und der *Nerthus* und der Zwillingsbruder der Freya. Er lebte in *Alfhelm* und herrschte über die *Lios Alfar*. Die Zwerge schenkten ihm einen goldenen Eber, Gullian-bursti. Er besaß auch ein Zauberschiff, Skidbladnir, welches überall auf der Welt fahren konnte und Platz für alle Götter bot – und wenn Frey keine Verwendung dafür hatte, konnte er es zusammenfalten und in eine Tasche stecken.

Freya (N) Göttin der Liebe und der Fruchtbarkeit, Tochter des *Njord* und der *Nerthus*; Zwillingsschwester des *Frey*. Sie heiratete Odur (Sonnenschein) und hatte zwei Töchter, Hnoss und Gersemi. Als ihr Mann sie verließ, soll sie Tränen aus Bernstein und Gold geweint haben. Sie konnte auch fliegen und sich in einen Falken verwandeln. Sie lebte in einem Haus namens Sessyrymnir, im Reich Folkvang.

Friar Bacon Eine historische Figur und Gegenstand einer Geschichte, in der ihm zahlreiche Zauberkräfte und -taten zugeschrieben wurden, unter anderem die Herstellung eines bronzenen Kopfes, welcher Prophezeihungen aussprechen konnte. Daß dieser Kopf ursprünglich dazu dienen sollte, England zu schützen, deutet auf das Andenken an den keltischen Gott *Bran* hin, dessen Kopf unter dem Weißen Hügel am Tower von London begraben war, um das Land zu schützen. Bacon war in Wirklichkeit Gelehrter und Alchimist im 13. Jahrhundert. Er wurde im fortgeschrittenen Alter Einsiedler.

Frigga (N) Göttin der Wolken, des Himmels, der ehelichen Liebe und der Hausfrauen. In einigen Versionen war sie die Tochter von

Njord und *Odin*, obwohl sie später Odins Frau wurde. Sie hatten vier Kinder: *Hermod, Baldur, Hodur* und *Tyr*. Andere Texte behaupten, daß sie sieben Kinder hatten, die sieben sächsische Königreiche in England gründeten; so wird Frigga in der britischen Mythologie ein hoher Stellenwert zugeordnet.

Sie sorgte sich sehr um die Menschen und ließ sie von ihren elf Dienstjungfern bewachen. In ihrem Haus, namens Fensalir, spann sie goldene Fäden und Regenbogenwolken.

Frostriesen (Frost Giants) (N) Ewige Feinde der *Aesir*. Der Ursprung ihrer Feindschaft liegt vor der Schöpfung der Menschheit und läßt sich daher nicht deuten. Am Ende der Zeit, so glaubte man, würden sie in Asgard einfallen; in der daraus resultierenden Schlacht würden sowohl die Götter, als auch die Riesen vernichtet werden. Dieses Ereignis war als *Ragnarok* bekannt. Sie sind die Titanen des Nordens, zuständig sowohl für den Anfang, als auch für das Ende der Welt.

Fuamnach (I) Frau des *Midir*, König von *Sidhe*. Wegen *Etain*, der anderen Frau Midirs, war sie eifersüchtig und verwandelte sie in eine Fliege. Als er ihre Übeltat entdeckte, ließ Midir Fuamnach köpfen.

Fuaths (S) Bösartige Geister, die neben Wasser zu finden waren, sowohl bei Binnenseen und Flüssen, als auch am Meer. Man hielt sie für die Eltern der *Brollachans.*

Fulk Fitzwarin Eine historische Figur, die zur Zeit des Königs Johann Ohneland lebte und zu den Baronen gehörte, die sich seiner gierigen Herrschaft entgegenstellten. Später wurde er der Gegenstand eines längeren Werkes, in dem sein Leben durch Abenteuer mit *Drachen* und Hexen, Ungeheuern und schönen Mädchen reichlich ausgeschmückt wird. In vielerlei Hinsicht glich er *Robin Hood* und lebte angeblich auch in Wirklichkeit eine Zeitlang als Gesetzloser. Er ist eine der wenigen Figuren, die die Bezeichnung »normannisch« im Gegensatz zu »englisch« oder »sächsisch« verdienen.

G

Gabriel Hounds/Ratchets (L) Die Hunde der *Wilden Jagd*. Ihr Gebell ist im Himmel zu hören und wird manchmal für das Gekreisch fliegender Gänse gehalten. Diese Hunde ähneln mit den roten Spitzen ihrer Ohren jenen, die von *Arawn*, König von *Annwn*, gejagt wurden. (Siehe *Gwynn ap Nudd*.)

Gaheris von Orkney (A) Dritter Sohn der *Morgause* und des Königs *Lot* von *Orkney*. Bruder von *Gawain, Agravaine* und *Gareth*. Während der Rettung der *Guinevere* vor dem Schaffot wurde er versehentlich von Lanzelot getötet.

Galahad (A) Einer der drei erfolgreichen *Gralsritter*. Sohn des Lanzelot und der *Elaine von Corbenic*. Obwohl er außerehelich geboren wurde, war er ein reiner Ritter, der im Kampf nie besiegt wurde. Er übertraf die Taten seines Vaters, der wegen seines Ehebruchs mit *Guinevere* unwürdig war, den Gral zu sehen. Galahad kann als Fortsatz von Lanzelot im spirituellen Bereich betrachtet werden. Er starb, nachdem er den Gral gesehen hatte und wurde in *Sarras* begraben.

Galahaut, Der stolze Prinz (A) Feind des *Arthus*. Nach seiner Niederlage gegen *Lanzelot* wurde er jedoch dessen treuer Anhänger. Er organisierte das erste geheime Treffen der Liebenden und starb schließlich vor Kummer, als er eine falsche Meldung von Lanzelots Tod vernahm.

Galehodin (A) Einziger Bruder des *Lanzelot*. Seine Karriere war nicht sonderlich ruhmreich, dennoch übergab ihm Lanzelot das Herzogtum von Saintongue. Im fortgeschrittenen Alter übernahm Lanzelot die Herrschaft über jenes Land.

Gamelyn (L) Berühmter Vogelfreier des Mittelalters, dessen Abenteuer jenen des noch bekannteren *Robin Hood* ähneln. Jüngster Sohn eines Baron, wurde Gamelyn von einem geldgierigen älteren Bruder enterbt, woraufhin er sich mit der ganzen Familie im Kriegszustand befand – außer mit seinem Verwandten Sir Ote, der sich mit ihm befreundete. Gamelyn war sowohl sehr stark, als auch sehr aufbrausend; bald geriet er in Konflikt mit dem Gesetz. Auf Geheiß eines seiner Brüder wurde er im Gefängnis eingesperrt. Er entfloh und wurde für vogelfrei erklärt. Bald wurde er zum König der Gesetzlosen ausgerufen. Er erlebte viele Abenteuer und gewann schließlich Gerechtigkeit für sich und Ote. Er erhielt seine Güter zurück, blieb aber trotzdem mit seinen gesetzlosen Kameraden in freundschaftlicher Verbindung.

Gan-Ceann (I) Gan-Ceann (»ohne Kopf«) heißt in einigen Regionen Irlands »der Liebesredner«. Er erscheint an schönen Orten jungen Frauen und umwirbt sie. Dann läßt er sie in ihrem Kummer genauso plötzlich im Stich.

Ganieda (A) Schwester *Merlins* in der »Vita Merlini«. Sie lebte mit ihm im Wald und prophezeihte kommende Ereignisse. Manchmal wurde sie Gwenddydd genannt.

Gareth von Orkney (A) Vierter Sohn der *Morgause* und des Königs Lot von Orkney. Er kam inkognito zum Hof des Königs *Arthus* und wurde von Sir Kay *Beaumains* (»schöne Hände«) genannt. Mit der Zeit erwies er sich als würdiger Held und wurde von *Lanzelot* zum Ritter geschlagen. Bei der Rettung von *Guinevere* wurde er aber von Lanzelot versehentlich umgebracht.

Gawain von Orkney (A) Ältester Sohn der *Morgause und des Königs Lot* von Orkney. Er war Neffe und Erbe des *Arthus*. In späteren Texten des Mittelalters wird er als Großmaul und Frauenheld bezeichnet, aber früheren Quellen zufolge war er ein Ritter der Göttin. Er hat vieles mit *CuChulainn* gemein, unter anderem, daß seine Kraft bei Tagesmitte zunahm – was ihm die Kennzeichnung »Sonnenheld« einbrachte. Im Walisischen heißt er *Gwalchmai* (»Maifalke«). Er war eine der ersten Figuren, die mit *Arthus* in Zusammenhang gebracht wurden. Zu seinen größten Abenteuern gehörten der Kampf mit dem *Grünen Ritter* und seine Begegnung – sowie die darauffolgende Ehe – mit Dame *Ragnell.*

Gefjon/Gefion (N) Göttin des Ackerbaus, die auch den Jungfrauen vorstand, die sich nach ihrem Tode im Saal der Gefjon versammelten. Sie war eine Bedienstete der *Frigga* und gebar einem Riesen vier Söhne. Sie bat einen König um etwas Land, und er versprach ihr so viel, wie sie an einem Tag pflügen konnte. Sie verwandelte ihre Söhne in Ochsen und pflügte ein großes Stück Land, welches dann aufs offene Meer geschleppt wurde. Es bildet die heutige Insel Seeland. Später heiratete *Gefjon* einen der Söhne *Odins* und gründete eine dänische Königslinie.

Gelorwydd (W) Ein Krieger im »Goddoddin«, dem großen keltischen Epos der Schlachten und der Tapferkeit. Er wurde »Edelstein der Taufe« genannt, weil er mit seinem eigenen Blut den Sterbenden auf dem Schlachtfeld die letzte Ölung erteilte.

Genius Cucullatus/Genii Cucullati (RB) Diese Figur oder Dreiheit der Figuren bleibt unbenannt, erscheint aber in Reliefs der römisch-britischen Zeit als Bediensteter einer Muttergöttin; manchmal bietet er ihr Eier an. Diese Dreiheit trägt immer kurze Umhänge mit Kapuzen. Ihre Funktion ist wahrscheinlich die des Heilens – und des Auftretens als Boten der Unterwelt.

George (Georg), Der Heilige (3./4. Jh.) Schutzheiliger Englands. Bei Lydda in Palästina wurde er zum Märtyrer, weil ihm heißglühende Schuhe angezogen wurden, er auf ein Rad mit Eisenspitzen gebohrt und dann in ungelöschten Kalk getaucht wurde.
Die Legende seiner Tötung eines

Drachen gewann große Beliebtheit: indem er eine Königstochter davor rettete, das Tribut des Drachen zu werden, gelang es ihm, ihr Volk zu bekehren. Richard I. (»Löwenherz«) soll Georg in einer Vision erschienen sein; anschließend konnte er das Grabmal des Heiligen bei Lydda wieder instandsetzen. Edward III. richtete unter Georgs Schutzherrschaft den Strumpfbandorden ein, und im Jahre 1415, als Heinrich V. mit seinem englischen Heer die Schlacht von Agincourt gewann, wurde Georg zum ersten Schutzheiligen Englands ausgerufen. Viele Mummenschanz-Spiele führen ihn in ihrem Personenverzeichnis als Heldenkönig auf, der gegen maurische Invasoren erfolgreich für England kämpft. Sein Gedenktag ist der 23. April.

Gereint (W) Sohn von Erbin. Held der Geschichte »Gereint und Enid«, die in Chrétien de Troyes' Werk »Erec und Enide« behandelt wird. Er umwarb eine Jungfrau, deren Vater seinen Lebensunterhalt verloren hatte und brachte sie zum Königshof. *Arthus* und seine Begleitung hatten gerade den Weißen Hirschen gejagt und erlegt; es war beschlossen worden, daß dessen Kopf der schönsten Jungfrau überreicht werden soll. Gwenhwyfar gab ihn *Enid*, die Gereint heiratete und mit ihm auf seine Güter zog.
Enid war unzufrieden darüber, daß Gereint sich entschieden hatte, sich vom aktiven Ritterleben zurückzuziehen, aber Gereint mißverstand ihre schlechte Laune und glaubte, daß sie einen Geliebten hatte. Um diesen loszuwerden, begab er sich mit Enid auf eine Reise und hieß sie schweigen. Er mißhandelte sie ständig – durch viele Abenteuer und Gefahren hindurch – und schenkte ihren Warnungen kein Gehör. Schließlich kamen sie zur Burg des Edelmannes Owain, wo Zauberspiele innerhalb einer Hekke aus Nebel abgehalten wurden.
Trotz der Warnung von Owain, daß noch niemand aus der verzauberten Nebelhecke – die von aufgespießten Köpfen umgeben war – wieder entkommen sei, ging Gereint hinein. Dort fand er einen Obstgarten, in dem eine Jungfrau auf einem goldenen Stuhl saß. Gereint setzte sich neben sie und wurde von einem Ritter herausgefordert. Er besiegte den Ritter und blies in ein Horn, welches im Obstgarten hing. Die Zauberspiele hörten für immer auf. Er versöhnte sich mit Enid. Gereint soll bei der Schlacht von Llongborth (Langport in Somerset) umgekommen sein, als er vermutlich Arthus gegen die Sachsen Hilfe leistete.

Gilfaethwy (W) Sohn der *Don*. Er begehrte *Goewin*, eine Bedienstete seines Onkels *Math*. Sein Bruder *Gwydion* half ihm, ihr seinen Willen aufzuzwingen, indem er den Krieg zwischen Gwynedd und Dyfed auslöste. Zur Strafe wurde Gilfaethwy hintereinander in einen Hirschen, einen *Eber* und eine Wölfin verwandelt. So gebar er dem Gwydion, der auf ähnliche

Weise verwandelt worden war, Junge.

Ginnungagap (N) Eine bodenlose Schlucht zwischen *Niflheim* und Muspellsheim. Kalte Winde, die aus diesem schrecklichen Ort aufstiegen, wurden zu Eisblöcken, die donnernd gegeneinander krachten. In Muspellsheim ließ der Flammenriese *Surtr* Dampf vom Eis aufsteigen, indem er von seinem Schwert Funken schlug. Der Dampf wurde wieder zu Rauhreif und begann, die Schlucht aufzufüllen. Angeblich gaben die Götter dieser Substanz Leben; daraus wurde der Frostriese *Ymir*. Als dieser starb, entstanden aus seinem Körper und seinem Blut die Erde und das Meer.

Giolla Deacair (I) Er war ein Held der jenseitigen Welt und sein Pferd war unreitbar. Nur *Conan* konnte es besteigen, um es zu Tode zu reiten. Das Pferd trug ihn bis *Tir Tairngire*, wohin *Fionn* kommen mußte, um ihn zu retten.

Glaistyn (K) Das »Each uisge« (Wasserpferd) in einer Variante der Insel Man. Das Glaistyn konnte in menschlicher Form erscheinen und galt so, bis auf seine Pferdeohren, als schön und anmutig. (Siehe *Kelpie*.)

Glastonbury (A) Die Stadt in Somerset, die traditionsmäßig mit *Arthus* und dem Heiligen *Gral* verbunden wird. Viele Geschichten behandeln die magischen Kräfte des Ortes; in den letzten Jahren ist er zu einer Art Wallfahrtsstätte geworden. Der Name stammt wahrscheinlich von Ynys Witrin (»Insel aus Glas«) ab, und Glastonbury wird mancherorts mit *Avalon* gleichgesetzt.

Der Turm von Glastonbury und der Gral.

Josef aus Arimathäa soll den Kelch, den Christus beim Letzten Abendmahl verwendete, nach Glastonbury gebracht haben; hier wurde der erste Schrein des Grals eingerichtet. Im Jahre 1191 wurden einige Knochen, die angeblich von *Arthus* und *Guinevere* stammten, von den Mönchen ausgestellt. Heute wird die Stelle von einem Schild gekennzeichnet, aber diese Entdeckung wird von britischen Traditionalisten, die an eine Wiederkehr des Arthus glauben, stark in Zweifel gezogen. Um ein altes, walisisches Gedicht, »Die Strophen an den Gräbern« zu zitieren: »Unbekannt und töricht, ein Grab des Arthus«.

Glewlwyd Gafaelfawr (W) Der Torhüter des *Arthus* »zum 1. Januar« – eine Aufgabe, die er nach »Culhwch und Olwen« mit vier anderen Männern teilte. Dort wird ein in Rätseln gesprochener Wortwechsel mit *Culhwch* wiedergegeben, der eine unmittelbare Parallele mit dem Gespräch aufweist, in das *Lugh* beim Versuch, sich zum Saal des *Nuadu* Eintritt zu verschaffen, verwickelt wird.

Gobhan Saor (I) Analog mit *Goibniu* und *Gofannon*. Er lebt weiter als Gobhan Saor, ein listiger Schmied oder Steinmetz, der unachtsame Menschen übertölpelt. Er ist eine Lieblingsfigur vieler irischer Volkserzählungen.

Gobhnet, Die Heilige (5. Jh.) Eine Nonne, die den Auftrag erhielt, ihre Kapelle dort zu bauen, wo sie neun grasende weiße Rehe fand. Dies geschah in Ballyvourney, wo sie auch ihre Bienenstöcke einrichtete. Die Bienen fungierten als Wachhunde und vertrieben Diebe. Ihr heiliger Brunnen wird häufig besucht; ihr Gedenktag ist der 11. Februar.

Godiva, Lady Godgifu, Frau des Leofric von Mercia. Ihr Mann tyrannisierte die Kirche und forderte hohe Steuern von den Bewohnern von Coventry. Godgifu flehte ihn an, Milde walten zu lassen. Er willigte ein, unter der Bedingung, daß sie am Markttag nackt durch Coventry reiten würde. Nur mit ihren Haaren bekleidet, erfüllte sie seine Forderung. Dabei wandten die Bürger von Coventry sich ab – bis auf Peeping Tom (»der lugende Tom«), der prompt erblindete.

Goewin (W) Die jungfräuliche Bedienstete des *Math*, die von *Gilfaethwy* vergewaltigt wurde. Als Wiedergutmachung ihrer Schande nahm Math sie zur Frau.

Gofannon (W) Sohn der *Don*. Belege zu seiner Geschichte sind dürftig. Lediglich aus den »Triaden« erfahren wir, daß er seinen Bruder aus Versehen tötete. Gofannon ist die walisische Variante von *Goibniu* und war ein Gott der Schmiedekunst.

Gogmagog Ein Riese, der die Feierlichkeiten des kürzlich gelandeten *Brutus* störte, und die Feiernden überfiel. *Corineus* rang mit ihm und warf ihn ins Meer. Gog und Magog waren die Namen zweier Figurinen, die seit der Zeit

Heinrichs V. in der Londoner Guildhall aufbewahrt wurden. Sie wurden bei einem Großbrand zerstört und 1708 durch kleinere Figuren ersetzt.

Goibniu (I) Der Schmied der *Tuatha de Danaan*. Er schmiedete die Waffen, durch die die *Fomorier* besiegt wurden. Er tötete *Ruadan*, den Sohn der *Brigit* und des *Bres*, als er versuchte, Goibnius Waffenlager auszuspionieren und diesen umzubringen. Goibnius Wunden wurden im Brunnen von Slane geheilt. Er ist analog mit dem walisischen *Gofannon*.

Goleuddydd (W) Mutter des *Culhwch*. Sie gebar ihn, nachdem sie von *Schweinen* erschrocken worden war und außer sich vor Angst im Wald umherlief. Ihr Mythos ähnelt stark jenem der Mutter von *Tristan*.

Goll mac Morna (I) Er tötete Cumhal, den Vater *Fionns* und Häuptling der *Fianna*; im Kampf mit ihm verlor er ein Auge. Später übergab er freiwillig seine Führungsposition an Fionn, mit dem er sich ohne Groll befreundete. Aber schließlich führte die Fehde zwischen den beiden Männern zur Auflösung der Fianna.

Goon Desert (A) Nach der »Conte del Graal« von Chrétien de Troyes war Goon Desert der Vater der Gralsjungfrau und der Bruder des Fischerkönigs (Fisher King). Dennoch war sein Verhalten für einen Gralshüter kaum angemessen, da er für den Tod eines Ritters namens Espinogee verantwortlich war, dessen Neffe ihn später rächte. Als sein Leichnam nach Hause gebracht wurde, prophezeihte seine Tochter, daß das nunmehr gebrochene Schwert, das ihn getötet hatte, erst dann wieder ganz sein würde, wenn der Gral erreicht worden war. Ihr Onkel wurde von den Teilen der gebrochenen Klinge am Oberschenkel verletzt, als er hastig versuchte, sie aufzuheben. Seine Wunde – und ebenso das Schwert – heilte erst, als Parzival zur Burg von Quiguagrant kam, wo Goon Desert gelebt hatte.

Goreu (W) Sohn des *Custennin* und der ungenannten Schwester der *Igraine*. Goreu war einer von vierundzwanzig Söhnen, die alle von *Yspaddaden Pencawr* getötet wurden – bis auf Goreu, der entfliehen konnte, nachdem ihn seine Mutter in einem Schrank versteckt hatte. In »Culhwch und Olwen« ist er anfangs namenlos. Er sucht als Krieger den Cai (siehe *Kay*) auf, der verspricht, den Knaben zu beschützen. Bei der Erfüllung einer der Aufgaben von Culhwch vollbringt er eine kämpferische Meisterleistung und bahnt sich den Weg durch drei Innenhöfe voller Gegner, woraufhin ihn seine Kameraden als Goreu (»den Besten«) ausrufen. Diese Tat war vielleicht einmal mit dem Gewinnen des Lichtschwertes verbunden – eine der Machtinsignien (Hallows). Schließlich köpft Goreu Yspaddaden und rächt seinen Vater.

Gorias (I) Eine der Städte, aus denen die *Tuatha de Danaan* vor

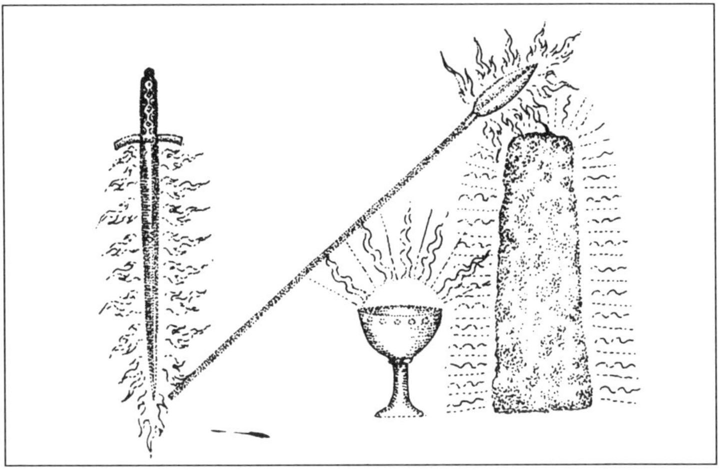

Die Heiligtümer des Grals, die Hallows.

ihrer Besiedlung Irlands stammten. Ihr Meister der Weisheit war Esras, der den Speer von *Lugh* besorgte. (Siehe *Hallows*.)

Gorlois von Cornwall (A) Herzog von Cornwall und Ehemann der *Igerna*, nach der sich *Uther Pendragon* sehnte. Mit der Hilfe von *Merlin*, erhielt Uther die Ähnlichkeit von Gorlois und schlief mit Igerna. Ihr Kind war *Arthus*. Im Augenblick der Zeugung des Kindes wurde Gorlois getötet. Er war Vater von *Morgan, Morgause* und *Elaine von Garlot*.

Gowther (A) Held eines wenig bekannten Arthusromans, in dem er der Sohn eines teuflischen Ritters und einer edlen Dame war. Der Knabe erweist sich als gewalttätig, bis es ihm durch eine selbstauferlegte Buße gelingt, sich diese teuflischen Neigungen auszutreiben. Eine etwas fromme Geschichte, die aber interessanterweise belegt, wie die Ritterromane von der Kirche als Lehrmaterial verwendet wurden.

Gral (A) Eines der *Hallows* (Insignien der Macht) von Britannien. Der Gral ist ein beinahe universelles Symbol der spirituellen Suche und der Hoffnung geworden. Er stammte angeblich von früheren, heidnischen *Kesseln* ab, wurde dann mit dem Kelch identifiziert, den Christus beim Letzten Abendmahl und beim Ersten Sakrament verwendete; später fing der Kelch sein Blut bei der Kreuzabnahme auf.

Der Hüter des Kelches war *Josef aus Arimathäa*, der ihn nach Britannien gebracht und in Glastonbury für ihn einen Schrein gebaut haben soll. Später machten sich die *Gralsritter* der *Tafelrunde* auf die Suche nach dem Gral. Heute wird

er als innerer Wert von vielen Menschen immer noch gesucht.
Der Gral manifestierte sich nur jenen, die sich seiner würdig waren, nachdem das Land zum Wüsten Land (Wasteland) verkümmert war. Während Zeiten der wirtschaftlichen Blüte und der weisen Regierung wurde er von den *Gralskönigen* bewacht; dann galt er als verschollen. Sein Aussehen hängt vom Zustand des Königtums *(Wounded King)* und von den Gaben der *Sovereignty* ab.

Gralsfrage (A) Erst wenn jemand die Gralsfrage stellt, können das *Wüste Land* (Wasteland) und der *Verwundete König* (Wounded King) gehcilt werden.
In der Regel sitzt der Gralssucher beim Festmahl, während die Heiligtümer (Hallows) des Grals in einer feierlichen Trauerprozession vorbeigetragen werden. Der unwürdige Kandidat verharrt schweigend, aber der erfolgreiche soll fragen: »Was hat dies zu bedeuten?« Es handelt sich hierbei um die universelle Sinnfrage, die bei allen materiellen und spirituellen Problemen gestellt werden soll, damit sie begriffen und gelöst werden können. Sowohl *Parzifal* als auch *Galahad* sind erfolgreich und entdecken die Antwort.

Gralskönig (A) Die Manifestation des *Grals* und sein Verhältnis zum irdischen Reich hängen von seinem Hüter oder dem Gralskönig ab. Diese Funktion wurde von einer Linie von Gralshüter erfüllt, die alle aus einer Familie stammten – nach den meisten Quellen, der Familie des *Josef aus Arimathäa. Parzifal* und *Galahad*, die erfolgreichen *Gralsritter* der Tafelrunde des Arthus, übernehmen diese Funktion. Folglich werden diejenigen, die den Gral finden, seine Hüter. Zu den frühen Gralskönigen gehören Bran, der Gesegnete, Pellam, Amfortas und *Brons*.
In der walisischen Tradition wird diese Rolle *Manawyddan* und *Pryderi* zugeschrieben. Jeder Hüter oder König wird verwundet und da er von der Unsterblichkeit gekostet hat, wird ihm seine Sterblichkeit zu einer großen Last. Nachdem er die Rolle an seinen Nachfolger übergeben hat, wird er in das Reich der Seligen (Blessed Realms) aufgenommen.

Gralslanze (A) Die Waffe, mit der der römische Zenturio Longinus den Körper des gekreuzigten Christus durchstach. Später wurde sie eines der *Hallows* (»Heiligtümer«) des Grals; zu den Zeiten des *Arthus* wurde ebenfalls nach ihr gesucht. Fragmente eines Speeres, welcher angeblich Longinus gehörte, wurden im Vatikanmuseum aufbewahrt. Die Lanze wird volkstümlich mit dem glänzenden Speer des *Lugh* oder *Llew* in Zusammenhang gebracht; diese Waffe kam, zusammen mit den *Tuatha de Danaan,* aus *Findias.*

Gralsritter (A) In den späteren *Gralszyklen* ist *Galahad* der Gewinner des Grals und *Parzifal* und *Bors* seine Begleiter, aber in den früheren Fassungen ist Parzifal der alleinige Gewinner des Grals. Viele andere Ritter, zu denen auch *Gawain* und *Lanzelot* gehörten, suchten vergeblich nach dem Gral.

Gralsschwert (A) Eines der *Heiligtümer des Grals* (Grail Hallows), nach denen die *Ritter der Tafelrunde* suchten – wie nach dem *Gral* selbst. Schließlich fand es *Gawain*, der es in zwei Teile brach; seine anschließende Aufgabe war es, das Schwert zu reparieren, was ihm an dessen Ursprungsort, der Schmiede von *Wayland*, gelang. *Parzifal* erhielt eine ähnliche Aufgabe, das Schwert zu reparieren. Volkstümlich wird es mit dem Schwert des Lichts identifiziert, oder mit dem Schwert des Nuadu, des ursprünglichen keltischen *Verwundeten Königs (Wounded King).*

Grainne (I) Tochter des *Cormac mac Art*. Sie war *Fionn mac Cumhal* zur Ehefrau versprochen worden, aber als sie seine grauen Haare sah, fragte sie sich, ob es nicht angemessener wäre, seinen Sohn, *Oisin*, zu heiraten. In der Hochzeitsgesellschaft sah sie *Diarmuid*, und nachdem sie den anderen einen Schlaftrunk verabreicht hatte, belegte sie ihn mit einem Zauberbann, damit er mit ihr fliehe. Bei ihrer langen Flucht vor Fionn wurden sie von *Angus mac Og*, dem Pflegevater Diarmuids, unterstützt. Zahlreiche Steinhügel und Steinkreise in Irland sind als »Schlafstätte von Diarmuid und Grainne« gekennzeichnet, was auf das Verbot des Fionn hinweist, der sie auf der Flucht daran hinderte, an zwei aufeinanderfolgenden Nächten am selben Ort zu schlafen.

Granuaile (1530–1603) Grace O'Malley war die Erbin des großen Seefahrer-Clans der O'Malleys von Clare. Sie gab ihre Rolle als Ehefrau und Mutter auf, um mit der eigenen Schiffsflotte zu segeln und der englischen Besatzungsmacht Schwierigkeiten zu bereiten. Ihre vehemente Aufrechterhaltung der irischen Sitten und Rechte brachte sie mehrere Male ins Gefängnis. Beim Volk war sie äußerst beliebt und ihr Leben wurde in Liedern und Geschichten verewigt. Ihr Schiff soll sie mit einem Faden an ihren großen Zeh vertäut haben. Nach der Legende soll sie in Greenwich Elizabeth I. vorgestellt worden sein, mit der sie viele eigensinnige Züge teilte. Elizabeth gab ihr eine Genehmigung, in den westlichen Meeren frei zu segeln – sehr zum Ärger des Oberkommandierenden der königlichen Marine, Sir Richard Bingham, der seit Jahren erfolglos gegen Granuaile gekämpft hatte.

Grendel (N) Ein Wasserungeheuer, mit dem *Beowulf* auf Geheiß des dänischen Königs Hrothgar zu kämpfen hatte. Grendel lebte unter der Nordsee mit seiner Mutter, einer noch entsetzlicheren Bestie – mit der sich Beowulf ebenfalls erfolgreich schlug.

Griflet (A) Einer der ersten, die von *Arthus* nach seiner Krönung zum Ritter geschlagen wurden, obwohl der König wegen des jungen Alters von Griflet (er war so alt wie

Arthus selbst) zunächst damit gezögert hatte. Auch *Merlin* war sein Fürsprecher und als Griflet zu einem Abenteuer auszog, warnte er Arthus, daß jener unter Umständen nicht zurückkehren würde. Dennoch überlebte Griflet und wurde die Hauptfigur eines langen Romans (in dem er *Jaufre* heißt) und im Verlauf dessen er »die schöne Brunnisend« gewinnt und heiratet.

Grisandole (A) Siehe *Avenable*.

Gromer Somer Joure (A) Mächtige, magische, sich verwandelnde Gestalt, die in der Geschichte von »Gawain und Dame Ragnell« *Arthus* gefangen nimmt. Er verlangte, daß Arthus herausbekomme, was Frauen am meisten begehrten. Arthus erfuhr dies von der *Loathly Lady* (»Scheußlichen Dame«), *Ragnell*, die als Preis dafür *Gawain* zum Ehemann forderte. Gromers Name bedeutet »Herr des Sommertages«. Er ist mit *Hafgan* in der Geschichte des *Pwyll* analog und weist mit Gawains anderem Gegner, dem *Grünen Ritter*, viele Ähnlichkeiten auf. Gromer war ebenfalls von Morgan verzaubert worden.

Gronw Pebr (W) Liebhaber der *Blodeuwedd* und Mörder des *Llew*. Als Llew wiederbelebt wurde, flehte er um Gnade und durfte einen großen Stein zwischen sich und dem Speer von Llew hochhalten; die Waffe durchdrang jedoch sowohl den Stein als auch Gronw Pebr selbst.

Gruagach (S) »Der Haarige«. Der Gruagach erscheint in der schottischen Folklore als eine Art *brownie* (»Heinzelmännchen«), oder gelegentlich als gewitzter, grün- oder rotgekleideter Mann. Er scheint ein Wesen der anderen Welt gewesen zu sein und verfügte über beträchtliche magische Kräfte; er konnte unachtsame Menschen verzaubern, Sterblichen aber auch helfen. In einigen Volksgeschichten tritt er als Herausforderer und Lehrer des knabenhaften Helden auf, den er provoziert, von dem er aber schließlich überlistet wird. Manchmal erscheint er als Riese.

Grüne Kinder Der Chronist Roger of Coggeshall erzählt davon, wie ein grünhäutiger Junge und ein ebensolches Mädchen in einer Grube in der Nähe von Saint Mary of the Wolf-Pit gefunden wurden. Sie verweigerten alles nicht-grüne Essen und sprachen eine fremde Sprache. Bald starb der Junge, doch das Mädchen lernte sprechen und normal essen, so daß sie fast zu einem normalen Menschen wurde. Sie erzählte von einem Land, welches dem von *Elidor* bei seinen Abenteuern in *Faery* geschilderten sehr ähnelte.

Grüner Ritter (A) Die furchtbare grün gekleidete, grünhäutige Figur, die an den Hof des *Arthus* kam und zum Köpfspiel (Beheading Game) aufforderte – ein Schlagabtausch, bei dem der Herausforderer und sein Gegner abwechselnd zum Enthauptungsschlag des anderen ausholen. Nur *Gawain* nahm die Herausforderung an. Ihm wurde ein Gnaden-

jahr bis zum Rückschlag des Grünen Ritters gewährt.
Er fand Zuflucht auf einer Burg, wo er von Lady Bertilak königlich unterhalten wurde; bevor er mit dem Grünen Ritter zusammenkam, gab sie ihm ein schützendes Bandelier. Gawain wußte nicht, daß der Grüne Ritter in Wirklichkeit sein Gastgeber war, Sir *Bertilak*. Gawain gewann das Spiel, aber da er auf schändliche Weise die Hilfe von Lady Bertilak angenommen hatte, mußte er lebenslang das Grüne Bandelier oder Grüne Strumpfband (den endlosen Knoten oder fünfzackigen Stern) an seinen Wappen tragen. Der Grüne Ritter ließ seine wahre Identität erkennen und erzählte, wie er von Morgan le *Fay* verzaubert worden war. Diese Geschichte steht in unmittelbarer Anlehnung an diejenige von der Herausforderung an *Cu Roi mac Daire* durch *CuChulainn* beim Festmahl von *Bricriu*. *Gromer Somer Joure* und *Hafgan* sind analoge Figuren.

Guendolena Tochter des *Corineus*. Sie wurde von ihrem Mann, *Locrinus*, zugunsten seiner Mätresse, Estrildis, verlassen. Guendolena ertränkte ihre Rivalin und tötete Locrinus im Kampf. Sie herrschte eine Zeitlang, ehe sie ihr Reich ihrem Sohn übergab.

Guendolena/Gwendolena (A) Frau *Merlins*. Nachdem Merlin in geistige Umnachtung gefallen war, heiratete sie *Rhydderch Hael*.

Guinevere (A) Tochter des *Leodegrance*, König von Cameliard, Ehefrau des *Arthus* und Königin von Britannien. Im Walisischen hieß sie »Gwenhwyfar« (»die Weiße«); in den »Triaden« wird sie als eine der drei großen Königinnen am Hofe des Arthus, oder als die dreifache Gwenhwyfar geschildert. In dieser frühen Form scheint sie ein Exemplar der dreifachen (Mutter-)Göttin, oder *Morrighan* – gewesen zu sein. Ursprünglich war sie vielleicht eine Form der *Sovereignty*; der frühe Mythos, der davon erzählt, wie sie von *Mordred* entführt wurde, damit er sie heiraten und rechtmäßig über Britannien herrschen könne, zeigt, wie er die Souveränität durch die Entführung ihrer irdischen Manifestation usurpieren wollte. In späteren Texten war Guinevere nur die sündige, ehebrechende Frau des Arthus, deren Liebe zu *Lanzelot* den Zusammenbruch der *Tafelrunde* verursacht. Sie wurde auch von Meleagraunce entführt und entweder von Lanzelot oder von Arthus gerettet. Bei Malory entlarvte *Mordred* ihren Ehebruch und setzte die Räder der Gerechtigkeit in Bewegung, die ihre Verbrennung am Scheiterhaufen erforderten; Arthus selbst mußte als oberste Instanz diese Maßnahme durchsetzen. Vom Scheiterhaufen wurde sie von Lanzelot gerettet; er nahm sie mit nach Joyous Gard in Frankreich. Arthus verfolgte sie und belagerte die Burg. Schließlich versöhnten sich alle Parteien – dadurch daß Guinevere im Kloster von Amesbury Nonne wurde und Lanzelot aus Britannien verbannt wurde. Lanzelot besuchte sie am Sterbebett.

Guinglain (A) Sohn von *Gawain* und Lady *Ragnell*; Gawains einziger legitimer Nachwuchs. In der frühen Arthustradition sind Spuren einer verlorengegangenen Geschichte zu finden, in der Guinglain vorkam, aber alles, was von ihm heute bekannt ist, ist daß er ein *Ritter der Tafelrunde* war, der von *Lanzelot* getötet wurde, als dieser aus dem Schlafgemach der Königin floh.

Guiromelant (A) Geliebter von *Gawains* Schwester *Clarisant*, die, obwohl er von ihrer Verwandtschaft nichts wußte, Gawain haßte, weil er seinen Vater getötet hatte. Als Gawain gebeten wird, Clarissant einen Ring zu bringen, wird manches aufgedeckt und es entsteht ein Kampf. Gawain wird dazu überredet, den Geliebten seiner Schwester nicht zu töten und die Geschichte endet friedlich.

Guy von Warwick Legendärer Held des 10. Jahrhunderts, der die Tochter des Herzogs von Warwick geheiratet haben soll. Er tötete einen riesigen *Eber*, eine Kuh, sowie einen Drachen, der im Begriff war, einen Löwen zu fressen; der Löwe wurde sein Begleiter. Er kehrte vom Heiligen Land zurück, um König Ethelstan im Kampf gegen die Dänen Beihilfe zu leisten. Schließlich wurde er Eremit.

Gwair/Gweir (W) Der geheimnisvolle Gefangene im Gedicht »Preiddeu Annwn«: »Einwandfrei war die Gefangenschaft in Caer Sidi / Nach der Geschichte von Pwyll und Pryderi«. Gweir scheint kein Eigenname gewesen zu sein, sondern ein Alias oder Titel, welcher auf die Erfahrungen vieler Figuren innerhalb der »Mabinogion«, vor allem von *Mabon*, passen würde. Er soll von *Goreu* befreit worden sein.

Gwalchmai (A) Siehe *Gawain.*

Gwawl (W) Ehemaliger Verlobter der *Rhiannon.* Er kam als Bittsteller zum Festmahl ihrer Hochzeit mit *Pwyll*, der ihm alles versprach, was er sich wünschen möge. Gwawl bat sowohl um das Festmahl, als auch um Rhiannon. Beim Hochzeitsfest von Gwawl und Rhiannon kam Pwyll verkleidet und bat darum, daß sein Beutel mit Essen gefüllt werde. Gwawl willigte ein, aber der Beutel war bodenlos. Pwyll erklärte, daß er erst dann gefüllt werden könne, wenn ein Edelmann den Inhalt mit seinen Füßen herunterdrücken würde. Gwawl tat dies, wurde aber im Beutel eingeschnürt und von Pwylls Männern in einem Spiel namens »*Dachs* im Sack« geschlagen, bis er um Gnade flehte und Rhiannon freigab. Er mußte schwören, daß er keine Rache suchen würde, aber seine üble Behandlung wurde von seinem Vetter, *Llwyd ap il Coed,* gerächt.

Gwern (W) Sohn der *Branwen* und des *Matholwch.* Er wurde von seinem Onkel, *Efnissien*, ins Feuer geworfen.

Gwion (W) Siehe *Taliesin.*

Gwrach y Rhibyn (W) Eine Art walisische *Banshee*. Ihr Name bedeutet »Hexe der Warnung«. Sie ist enger mit der *Cailleach Bheare/Bheur* als mit der gewöhnlichen *Sidhe*-Frau der irischen Tradition verwandt. Sie warnt immer vor einem Tod; wie die Wäscherin an der Furt (Washer at the Ford) begegnete man ihr häufig an einer Straßenkreuzung oder an einem Bach.

Gwragedd Annwn (W) Seejungfrauen, die Sterbliche mit Feengaben beschenken und gelegentlich Männer heiraten – unter der Bedingung, daß man sie nie schlägt. Eine, wie die Französin Melusine, gründete eine Ärzte-Dynastie, die ihre Fähigkeiten bis ins 19. Jahrhundert weiterreichten.

Gwyddno Garanhir (W) Vater des *Elphin*. Gegenstand von vielen Legenden, die eventuell von einer zentralen, verlorenen Tradition abstammen, da sie fast nur ein Hauptthema haben. Er besaß einen magischen Behälter, der so viele Menschen ernähren konnte, wie davon aßen (siehe *Dreizehn Schätze Britanniens*). Sein Name wird mit einem untergetauchten Königreich in der Bucht von Cardigan in Verbindung gebracht. Die Geschichte von Taliesin erzählt davon, wie die *Pferde* des Gwyddno vom *Kessel* der Ceridwen vergiftet wurden, nachdem *Gwion* alles Gute und Nahrhafte darin ausgetrunken hatte.

Gwydion (W) Sohn von *Don*, der Zauberin. Er war Diener von *Math*, seinem Onkel, aber er mißbrauchte dessen Vertrauen, indem er aufgrund der Begierde seines Bruders *Gilfaethwy* nach *Goewin*, der jungfräulichen Bediensteten, in deren Schoß Math seinen Fuß legte, wenn er nicht im Krieg war, zwischen *Gwynedd* und *Dyfed* Krieg auslöste. Zunächst ging Gwydion verkleidet an den Hof des *Pryderi*, der die einzigen domestizierten Schweine besaß, die er von *Arawn* erhalten hatte.

Dort schlug Gwydion ein Tauschgeschäft vor. Für die Schweine erhielt Pryderi *Pferde*, Rennhunde und Harnische – die aber alle aus Pilzen hergestellt worden waren und am folgenden Tag in ihre ursprüngliche Form zurückkehrten. Pryderis Männer verfolgten Gwydion und die Schweine. Im daraus entstehenden Kampf tötete Gwydion Pryderi, während Gilfaethwy Goewin vergewaltigte. Darauf erging das Gebot, den Brüdern jedwede Gastfreundschaft oder Behausung zu verweigern, bis sie sich bei Math ergaben. Als sie dies taten, wurde Gwydion von Math in einen Hirsch, dann in eine Sau und schließlich in eine Wölfin verwandelt. In diesem Zustand gebar er Junge.

Nach drei Jahren war die Strafe der beiden Brüder zu Ende. Math benötigte eine neue Fußhalterin und Gwydion schlug die eigene Schwester, *Arianrhod*, vor. Nachdem Arianrhod sich einer Prüfung ihrer Jungfernschaft gefügt hatte, gebar sie zwei Kinder – *Dylan* und *Llew*; letzterer wurde von Gwydion groß gezogen. Durch seine Zauberkräfte half Gwydion Llew die »geise« seiner Mutter – ewig namenlos, waffenlos und ohne Frau zu bleiben – zunichtemachen; mit Hilfe von Math schuf er aus Blumen eine Frau für Llew: *Blodeuwedd.* Als diese Blumenbraut Llew verriet und seinen Tod verursachte, suchte Gwydion nach Llews Fetisch – einem *Adler* – und ließ Llew wieder lebendig werden. Er verwünschte Blodeuwedd und verwandelte sie auf ewig in eine *Eule*.

Gwyglet (W) Held des keltischen Epos »The Goddoddin«. Er nahm an der Schlacht von Catreath (Catterick) teil, wo sein Tod von allen beklagt wurde.

Gwynn ap Nudd (W) Anführer der *Wilden Jagd.* Nach der walisischen Legende ist er Herr der Toten. Er entführte Creiddylad, um die er mit *Gwythyr ap Greidawl* kämpfte. Nach der mittelalterlichen Geschichte des Heiligen *Collen* bewohnte Gwynn ein Reich der anderen Welt, dessen Eingang *Glastonbury* Tor war.

Gwythyr ap Greidawl (W) Er war der Verlobte der *Creiddylad*, aber sie wurde von *Gwynn ap Nudd* entführt, mit dem sie sich auf ewig im Krieg befand. Beide Männer halfen *Culhwch* und *Arthus* die im »Culhwch und Olwen« vom Riesen gestellten neunenunddreißig unmögliche Aufgaben zu erfüllen.

H

Hafgan (W) Der nicht von dieser Welt stammende Gegner des *Arawn*; das Los der beiden war es, jedes Jahr miteinander zu kämpfen. Arawn zwang *Pwyll* dazu, an seiner Statt zu kämpfen und bat ihn darum, nur einmal zuzuschlagen, da ein zweiter Schlag den Gegner wieder beleben würde. Hafgan weist starke Ähnlichkeiten mit den zwei Gegners *Gawain*s auf: dem *Grünen Ritter* und *Gromer Somer Joure*.

Hahn Der Vogel des Sonnenaufgangs, dessen Krähen die Ängste der Nacht vertreibt. Viele Volkslieder und Geschichten behandeln diese Funktion, oft im Zusammenhang mit einem toten Geliebten, der in der Nacht das Bett seiner Frau aufsucht; durch das Krähen des Hahns wird der Geist vertrieben.

Hallows Die königlichen Insignien oder Embleme der vom König oder dem Helden ausgeübten Macht; sie waren oft Gegenstand langer Suche. Die Heiligtümer Irlands waren der Stein von Fal, auf dem Könige gekrönt wurden; der Speer des *Lugh*, welcher den Sieg in der Schlacht gewährleistete; das Schwert des *Nuadu*, dem niemand ohne Verwundung entkommen konnte – und der *Kessel* des *Dagda*, welcher unbegrenzt zu essen gab. Sie alle wurden aus der jenseitigen Welt von der *Tuatha de Danaan* geholt. Die *Dreizehn Schätze Britanniens* stellen eine parallele Tradition dar. Der Begriff der Heiligtümer wurde von späteren Traditionen übernommen. In der Folklore versinnbildlichen sie den Stab des Kampfes, das Schwert des Lichts, den Kessel der Heilung und den Stein des Schicksals. Die magische Tradition erhält die symbolische Darstellung der Embleme Schwert, Speer, Kelch und Pentagramm aufrecht. Diese Figuren erscheinen als die vier Farben bei gewöhnlichen Tarotkarten. In der Arthustradition sind sie: das gebrochene Schwert, das Speer des *Dolorous Blow*, das Gefäß, welches mit dem Kopf des *Gral*shüters verziert ist – und der Gral selbst, als Gefäß des Sakraments oder Kessel der Fülle. Die Regalien des britischen Monarchen stellen moderne »Heiligtümer« dar: das Szepter oder der Stab der Gleichheit und der Gnade, die Schwerter des Staates, das Gefäß mit Heiligem Öl und die Krone selbst – welche den alten Krönungsstein als Hauptsymbol der *Sovereignty* ersetzt. Diese Gegenstände werden im Tower von London bewacht; auf sie ist ein früher Mythos der Souveränität übertragen worden: solange die Raben den Tower nicht verlassen, kann keine Invasion Britanniens erfolgen. Der Tower Hill hieß früher »Weißer Berg« und an dieser Stelle wurde der Kopf des *Bran*, auch als Schutz gegen Invasoren, begraben. Es sind seine Raben, die dort bleiben.

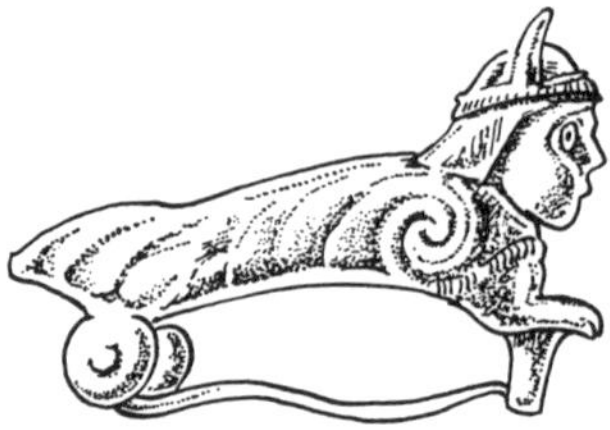

Magische Verwandlung von Mensch und Tier in einem keltischen Schmuckstück.

Hase Der Hase wurde seit jeher mit der Kraft der Verwandlung verbunden. Seine seltsamen Bewegungen wurden in altertümlichen Formen der Wahrsagerei verwendet. Dies wurde von Tacitus in seinen Berichten über den Aufstand der Icenier geschildert. So ließ *Boudicca* als Teil ihrer Schlachtvorbereitungen einen Hasen aus einer Falte ihres Mantels frei, um zu sehen, in welche Richtung er laufen würde. Vorher hatte sie der Kriegsgöttin *Andraste* – deren Emblem vermutlich der Hase war – geopfert.

Havelock der Däne Er war der wahre Thronfolger Dänemarks, aber der Usurpator Godard befahl, daß er getötet werde. Grim, der Fischer, brachte ihn nach England, wo der Name Havelock zum Sprichwort wurde. Er wurde gezwungen, Prinzessin Goldborough zu heiraten, die Thronerbin des Königs Athelstan, dessen Regenten sie erniedrigen wollte. Havelock kam mit seiner Frau nach Grimsby, wo sie sah, wie ein Licht aus seinem Mund erstrahlte und ein Kreuz an seiner Schulter erschien. Diese Beweise seiner königlichen Herkunft führten dazu, daß er als König von England und Dänemark ausgerufen wurde.

Hefaidd Hen (W) Vater der *Rhiannon*. Ein König der Unterwelt, der die Verlobung seiner Tochter mit *Gwawl* unterstützte.

Heimdal (N) Hüter von *Bifrost*, der Regenbogenbrücke der Götter, die er gegen die Invasion von *Asgard* durch die *Frostriesen* schützen sollte. Er war der Sohn von *Odin* und dessen neun Seejungfrauen und hatte ein so empfindliches Gehör, daß er das Gras auf der Erde oder die Wolle auf dem Rükken der Schafe wachsen hören konnte. Auch konnte er bei Tag und bei Nacht hundert Meilen weit sehen. Er lebte in der Burg von Himinbiore und trug immer eine blendend weiße Rüstung und ein glänzendes Schwert. Er besaß außerdem einen Zauberhorn namens Gjallarhorn, das durch alle Ebenen des Himmels, der Erde und der jenseitigen Welt zu hören war. Wenn die Zeit des *Ragnarok* naht, wird dieser Horn die Götter zum Endkampf herbeirufen.

Hel (N) Göttin, die die nach ihr benannte Unterwelt beherrschte. Sie war die Tochter des *Loki* und der *Angrboda*. Sie war zur Hälfte schwarz und zur Hälfte weiß, und sie empfing in ihrem Reich alle, die an einer Krankheit oder am Alter gestorben waren.

Hellawes (A) Zauberin. Ihr gehörte die Burg Nigramours (»Nekromantie«). Sie versuchte, *Lanze-*

*lot*s Liebe zu gewinnen, aber scheiterte und starb.

Helyas (A) In der Riege der Gralskönige war er der vierte in der Linie des Celidoine, Königs von Schottland, aus dessen Linie auch *Lanzelot* und *Galahad* abstammten.

Hereward der Wache (11. Jh.) Er besaß Länder in Lincolnshire, die er bei der Invasion der Normannen verlor. Er soll mit einem Bären und einem cornischen Riesen gekämpft und eine magische Rüstung gewonnen haben. Sein Widerstand gegen William den Eroberer fand hauptsächlich in den Fenlands des östlichen Englands statt, wo sich Hereward mit anderen Unzufriedenen verstecken konnte. Seine gewagten Überfälle auf die Besitztümer der Normannen und seine abgefeimte Guerillataktik machten ihn berühmt. Sein Tod wurde nie bestätigt; möglicherweise fanden auch danach Überfälle auf die Normannen in seinem Namen statt.

Herla Ein legendärer britischer König, der Walter Map zufolge das unterirdische Reich eines Zwergenkönigs mit Ziegenfüßen betrat. Sie waren übereingekommen, daß jeder von ihnen an der Hochzeit des anderen teilnehmen würde. Als Herla zur Hochzeit des Unterweltkönigs kam, wurde er mit einem kleinen Bluthund beschenkt, unter dem Hinweis, daß er den Hund nie hinabstoßen dürfe, solange dieser nicht von alleine hinunterspringen würde. Herla ritt mit seinen Männern nach Hause und begegnete einem sächsischen Schäfer, der

Keltische Darstellung eines gehörnten Jagdgottes.

Herlas britische Sprache gerade noch verstehen konnte. Er hatte Geschichten gehört, daß Herla in der Unterwelt verschollen gewesen sei, was sich aber vor vielen hundert Jahren zugetragen haben soll. Einige von Herlas Männern saßen ab und zerbröckelten zu Staub, aber Herla reitet weiter und wartet darauf, daß der Hund hinunterspringt.

Hermod (N) Bote der Götter. *Odin* schickte ihn zur *Hel*, um *Baldur* zurückzuholen. Hel willigte darin ein, unter der Bedingung, daß alle Kreaturen der Welt seinen Verlust beweinen müßten. Nur Thok, eine uralte Hexe – die höchstwahrscheinlich der verkleidete *Loki* war – weinte nicht.

Herne Der mit einem Geweih gehörnte Geist, der den großen Park von Windsor bewohnt. Wie *Gwynn ap Nudd* und *Arawn* soll er ein Anführer der *Wilden Jagd* sein und die Toten in die Regionen der jenseitigen Welt begleiten.

Hesperides (G) Der Garten der Götter am westlichsten Punkt der griechischen Welt. Dort wuchsen die Äpfel der Fruchtbarkeit. Hesperides ist mit *Avalon*, den *Inseln des Glücks (Fortunate Isles)*, den *Inseln der Seligkeit (Blessed Islands)* etc. analog.

Hilda, Die Heilige (614–680) Äbtissin von Whitby. Sie gründete ein Doppelkloster und berief die Synode von Whitby ein, an der keltische und römische Christen teilnahmen, um sich über liturgische Fragen zu einigen. Obwohl sie der keltischen Fraktion zuneigte, nachdem sie ihr Kloster nach den Regeln des Columbanus eingerichtet hatte, nahm sie die Entscheidung an, die britische Praxis nach der römischen neu zu orientieren.
Unter ihrem Einfluß wurde *Caedmon* Mönch, und beim Volk galt sie als Mutter der Armen, als weise und großzügig. Sie soll Eskdale von Schlangen befreit haben, indem sie sie über eine Felsenklippe trieb und ihnen die Köpfe mit einer Peitsche abschlug. Die Ammoniten, deren fossilen Reste bei Whitby zu finden sind, sollen dieselben Schlangen sein. Hildas Gedenktag ist der 17. November.

Hodur (N) Gott der Dunkelheit, was vielleicht die Ursache seiner Blindheit war. Sohn des *Odin* und der *Frigga* und Zwillingsbruder des *Baldur*, den er aus Versehen tötete. Während die Götter ihre Zeit vertrieben, mit Waffen nach dem unverwundbaren Baldur zu werfen, überredete *Loki* Hodur dazu, ein Mistelspeer nach ihm zu werfen, einen Speer aus jener einzigen Substanz, gegen die Baldur nicht gefeit war. Baldurs Tod wurde von allen betrauert, aber es erwies sich als unmöglich, ihn vor *Hel* zu retten.

Hoenir (N) Einer der Schöpfer-Götter; er soll den ersten Menschen Denkvermögen und Verstand gegeben haben. Nach der Schlacht zwischen den *Aesir* und den Vanir floh er nach *Vanaheim*.

Hugh, Der Heilige (gest. 1255) Genannt Heiliger Hugh der Kleinere, um ihn – auch wenn er dieselbe Stadt bewohnte – vom Heiligen Hugh von Lincoln zu unterscheiden. Seine Legende ist ein typischer Beleg der antijüdischen Vorurteile des Mittelalters. Er war ein neunjähriger Junge, der in einem Brunnen entdeckt worden war. Es ging die Geschichte um, daß die Juden ihn rituell ermordet hatten, was zu antisemitischen Pogromen und der Verfolgung der großen jüdischen Händlergemeinde in Lincoln führte. Wunder sollen an seinem Schrein geschehen sein und, obwohl er nie feierlich heiliggesprochen wurde, wird am 27. August seiner gedacht.

Hund Der Hund galt schon immer als treuer Diener der Menschen, was in der britischen Mythologie und der Folklore seinen Niederschlag darin findet, daß Hunde häufig helfende Begleiter der reisenden, suchenden Helden sind – wie *Cabal* an der Seite des *Arthus* und *Bran* und *Sceolan* bei *Fionn*. Die Hunde der Jenseitswelt oder der Unterwelt sind stets weiß und besitzen Ohren mit roten Spitzen; dieses Rudel reitet immer mit der *Wilden Jagd*. *CuChulainn* erhielt seinen Namen, nachdem er Culainns Hund besiegt hatte. Ihm war verboten worden, Hundefleisch zu essen und bis kurz vor seinem Tod hielt er sich daran. Da es ihm aber außerdem nicht gestattet war, ein Angebot der Gastfreundschaft auszuschlagen, mußte er dann essen, was ihm die Königin *Morrighan* servieren ließ – das geröstete Fleisch eines Hundes.

Keltisches Hunde-Ornament.

Hy Breasil (I) Das irdische Paradies in der irischen Tradition. Es soll im fernsten Westen gelegen haben. Spätere spanische Abenteurer, die diesen Mythos kannten, bezogen sich darauf, als sie Brasilien entdeckten.

Hyperborea (G) Das selige Reich, über welches Apollon herrschte. Die Griechen glaubten, daß es »jenseits des Nordwindes«, womöglich in Britannien, lag. *Abaris* war einer der Priester Apollons. Aus Hyperborea wurde ein jährliches Tribut an Apollons Schrein in Delos geschickt. Apollons Tempel – offenbar Stonehenge – wird von Hecateus geschildert. Hier, so schreibt dieser, zeigte sich Apollon alle neunzehn Jahre seinen Anhängern.

I

Idun/Iduna (N) Göttin des Frühlings, die mit ihren goldenen Äpfeln der Unsterblichkeit den Göttern ewige Jugend verlieh. *Loki* lockte sie durch eine List aus *Asgard* fort, mußte sie aber auf Geheiß der anderen Götter wieder zurückholen. Er verwandelte sich in einen Turmfalken, um sie im Schnabel tragen zu können. Sie wurde die Geliebte des Bragi, des Gottes der Dichtkunst.

Iduna.

Igerna Igraine (A) Frau des *Gorlois von Cornwall. Uther Pendragon* verliebte sich in sie, belagerte die Burg von Tintagel und, mit der Beihilfe von *Merlin*, suchte er sie auf, verkleidet wie ihr Mann. In jener Nacht wurde Gorlois getötet; obwohl Igerna daraufhin Uther heiratete, war sich dieser bezüglich der Vaterschaft von *Arthus* nie sicher. So gab er ihn bei *Ector of the Forest Sauvage* in Pflege.

Illtyd, Der Heilige (6. Jh.) Gründer und Abt von Llanwit Major. Er soll ein Vetter *Arthus* gewesen sein, den er besuchte; dort wurde er bis zu seiner Bekehrung Soldat. Alle Texte sind sich einig, daß er der gelehrteste Mann des damaligen Britanniens war. Angeblich wurde er in der Bretagne geboren und man hielt ihn für einen Zauberer. Lindsay deutet an, daß seine Anhänger das alte druidische Recht der Steuerbefreiung forderten. Sein Gedenktag ist der 6. November.

Ing (N) Eine geheimnisvolle Figur, die von jenseits des Meeres in einem Schiff erschienen sein soll. Nachdem er die älteste Rasse der Sachsen gegründet hatte, verschwand er wieder gen Osten. Einige Texte zählen ihn zu den *Aesir* und deuten an, daß seine Weiterfahrt die universelle Todesfahrt der Helden bedeutet.

Inseln des Glücks (Fortunate Islands) (K) Wie die *Inseln der Seligkeit (Blessed Islands)*: das irdische Paradies, welches unterschiedlich geortet wurde – entweder westlich von Irland oder mit den Kanarischen Inseln oder der Madeira-Gruppe identisch. Nach der »Vita Merlini« herrschte dort *Morgan* zusammen mit ihren neun Musen. Mit Avalon analog.

Inseln der Seligkeit/Blessed Islands (K) Die jenseitige Inselgruppe, die westlich von Irland liegt. Sie stellt für die Kelten das irdische Paradies für die würdigen Toten und die Bevölkerung des Jenseits dar.

Iollan (I) Sohn des *Fergus mac Roigh.* Er begleitete seinen Vater, als dieser *Deirdre* und *Naoisi* bat, zu *Conchobar* zurückzukehren – ohne zu wissen, daß die Botschaft falsch war und Deirdre und die Söhne von *Usna* in eine Falle lokken sollte. Obwohl Iollan sie verteidigte, verwundete *Conall Cernach, Conchobars* Krieger, Iollan tödlich.

Irnan (I) Eine von drei Zauberhexen, die sich gegen die *Fianna* stellten. Irnan verwandelte sich in ein Ungeheuer und forderte jeden der Fianna heraus, mit ihr zu kämpfen. *Fionn* nahm an, aber *Goll* fuhr dazwischen und tötete Irnan.

Isolde von Irland (A) Frau des Königs *Marke* von Cornwall, in dessen Auftrag sie *Tristan,* Markes Neffen, aus Irland holte. Die beiden wurden Liebhaber, nachdem sie auf Geheiß von *Brangaine,* der Zofe Isoldes, einen Liebestrank zu sich nahmen, welcher für das Brautpaar bestimmt war. Tristan und Isolde setzten ihre verbotene Liebe auch nach Isoldes Hochzeit mit Marke fort und flohen später in den Wald. Nachdem Tristan aus Cornwall verbannt wurde, versöhnte sich Marke schließlich mit Isolde. (Diese Geschichte verläuft parallel mit denjenigen des *Diarmuid* und der *Grainne* mit *Fionn,* sowie des *Lanzelot* und der *Guinevere* mit *Arthus.*) Isolde starb gebrochenen Herzens, nachdem es zu spät war, Tristan von einer durch Gift hervorgerufenen Wunde zu retten. Sie heißt auch Iseult.

Isolt/Iseult von Brittany (A) *Tristan* heiratete sie nach seiner Verbannung aus Cornwall durch Marke, da er glaubte, daß *Isolde von Irland* ihm auf ewig vorenthalten bliebe. Sie ließ ihn durch eine Tücke glauben, daß die andere Isolt nicht gekommen war, um seine Wunde zu heilen; so starb er.

Ith (I) Sohn des *Bregon.* Er segelte von Spanien aus, um in einem Streit über die Teilung Irlands unter drei Königen der *Tuatha de Danaan* zu schlichten. Er war so redegewandt, daß diese befürchteten, er könnte danach trachten, selbst König zu werden; so ließen sie ihn umbringen. *Miled* zog aus, um seinen Onkel zu rächen.

Iuchar (I) Bruder des *Brian mac Tuirenn,* der *Lugh*s Vater *Cian* tötete.

Iucharba (I) Bruder des *Brian mac Tuirenn,* der *Lughs* Vater *Cian* tötete.

Jack in the Green (»Jack im Grünen«) Waldgeist, der, wie der Woodwose oder der *Wilde Hirte*, die Wälder bewacht und beschützt. In der Volkskunst ist er ein beliebtes Motiv und erscheint meist als blättriger Kopf, der aus dem Gestrüpp herausspäht. Wie die *Sheela na Gig* ziert seine Abbildung häufig Kirchen, z. B. an Decken, wo er an frühere Glaubensrichtungen erinnert.

Der Waldgeist »Jack in the Green«.

Jaufre (A) Siehe *Griflet.*

Jesus Christus Nach der Legende brachte *Josef aus Arimathäa* bei einer seiner vielen Handlungsreisen nach England auf der Suche nach cornischem Zinn seinen jungen Neffen Jesus mit. Daraus nahm William Blake die Inspiration für seine Hymne »Jerusalem«: »Betraten jene Füsse vor langer Zeit / Das Grün der Berge Englands?« Bemerkenswerterweise beziehen sich alle Legenden, die die Verbindung von Christus mit Britannien behandeln, auf seine Jugendzeit und seinen Tod. Die wesentlichen Reliquien der Kreuzigung sollen von Josef aus Arimathäa nach *Glastonbury* gebracht worden sein, was die christliche Tradition in Britannien begründete und Verbindungen mit dem dortigen Kult des *Gral*s knüpfte.

John Shorne (gest. 1313) Er war Priester in Monks Risborough. Er soll den Teufel in einen Stiefel verwandelt haben. Obwohl er nicht offiziell als Heiliger anerkannt wurde, entstand um ihn ein Kult, der zur Stiftung einer Kanzel für die Kirche von North Maston führte. Er war Schutzherr der Blinden, der Unglücklichen und der von Zahnweh Geplagten. Sein Geschick im Umgang mit dem Teufel soll der Ursprung von Schachtel-Springmännchen gewesen sein.

Jormundgand (N) Siehe *Midgard Serpent.*

Josef aus Arimathäa (A) Traditionsgemäß der Onkel Christi. Er soll mit dem cornischen Zinnhandel Verbindungen gepflegt haben und den jungen Jesus nach Britannien mitgebracht haben. Später, nach der Kreuzigung, ließ er sich den Leichnam Christi in seiner eigenen Gruft begraben. In seiner

Gefangenschaft durch die Römer erhielt er vom auferstandenen Christus Besuch; dabei wurden ihm die Geheimnisse und die Rolle des Hüters des *Gral*s anvertraut.
Der Gral wird unterschiedlich als Kelch des Letzten Abendmahls oder als die zwei Gefäße des Blutes und des Schweisses, die Josef bei der Kreuzabnahme einfing, bezeichnet. Josef wurde in der Gefangenschaft von einer Taube am Leben erhalten, die mit einer Waffel in den Gral eintauchte. Als Vespasian die Macht übernahm, wurde Josef freigesetzt; er reiste mit seiner Familie – und dem Gral – nach Britannien. In *Glastonbury* angekommen, baute er aus einem Zweiggeflecht die erste christliche Kirche. Er pflanzte seinen Stab auf Wearyall Hill; dem Stab entsprossen Blüten. Dort wächst heute noch ein Dornenbusch, und in Glastonbury wachsen zahlreiche Stecklinge – obwohl die ursprüngliche Pflanze während des englischen Bürgerkrieges abgeholzt wurde. Der Busch blüht zur Weihnachtszeit und die Blüten werden als Tribut jedes Jahr an die Königin übersandt.

Jupiter (RB) Die Eigenschaften von Jupiter als Himmelsgott und Schleuderer von Blitzen wurden mit jenen des keltischen *Taranis* assoziiert. In der ganzen keltischen Welt wurden an Jupiter Himmelssäulen errichtet – eine regionale Tradition, die in der klassischen römischen Ikonographie keine Entsprechung fand.

K

Katze Nach einem frühen walisischen Text wurde das mythische Britannien von einer riesigen Wildkatze in Angst und Schrecken versetzt, bis *Arthus* und *Cai* sie unschädlich machen konnten. Überhaupt ist in der britischen Folklore die Katze selten positiv besetzt, sondern erscheint häufig als Totemfigur schwarzer Hexen. Eine besonders unappetitliche Form der Wahrsagung unter den schottischen Gälen hieß »taghgairm«, wobei eine lebende Katze am Spieß über einem Feuer geröstet wurde, bis andere Katzen erschienen und das Opfer dadurch retteten, daß sie die entsprechenden Zukunftsfragen des wißbegierigen Katzenquälers beantworteten. Unter den gälischen Völkern war die Katze eine wichtige Totemfigur vieler Stämme. *Caithness* wurde nach dem Clan der Catti (»Katzenvolk«) benannt, während in Irland *Fionn* gegen einen Stamm der »Katzenköpfe« kämpfte – wahrscheinlich Krieger, deren Helme mit Katzenfell bedeckt waren.

Kay/Cai/Cei/Keu (A) Pflegebruder des *Arthus*, Sohn des *Ector of the Forest Sauvage*. Er wurde Majordomus des Königs und war ob seiner feurigen und sarkastischen Zunge berühmt. In späteren Versionen wird er des Mordes an *Lohot*, dem Sohn des Arthus, bezichtigt, obwohl er in den frühesten walisischen Texten zu den ersten und heldenreichsten Kriegern des Arthus gehört. Zusammen mit *Bedwyr (Bedivere)* ist er bei den ersten Abenteuern von Arthus fast immer anwesend. Er rettete *Mabon* aus der Gefangenschaft, indem er ihn auf dem Rücken hinaustrug.

Kelpie (S) Das Kelpie oder *Each uisge* war ein Wasserpferd, welches die Gestalt eines Mannes annehmen konnte. Es lockte Reiter dazu, es zu besteigen, stürzte sich dann in einen tiefen See, in dem die Reiter ertranken.

Kempe Owen Der Held, der eine in einen *Drachen* (siehe *Wurm*) verzauberte Jungfrau rettet, die nur entzaubert wird, wenn sie dreimal geküßt wird. Die Stiefmutter wird wiederum zum Drachen und wird erst dann wieder Mensch, wenn der Heilige Mungo *(Kentigern)* nach Britannien kommt.

Kenneth/Cainnech, Der Heilige (525–600) Nachdem die Pest sein Kloster in Irland befiel, kam er nach Wales; auch Schottland besuchte er. Er war auf liebenswürdige Weise höchst vergeßlich – als er *Columba* besuchte, hatte er nur einen Schuh angezogen, und er ließ seinen Krummstab am Strand liegen. Aber er konnte ein totes Mädchen wieder zum Leben bringen, das sich mit seiner Mutter im Schnee verirrt hatte, und er gab den beiden zu essen. Eine Zeitlang war er Einsiedler und kümmerte sich um Tiere – aber er mußte die Vögel ermahnen, an Sonntagen ruhig zu

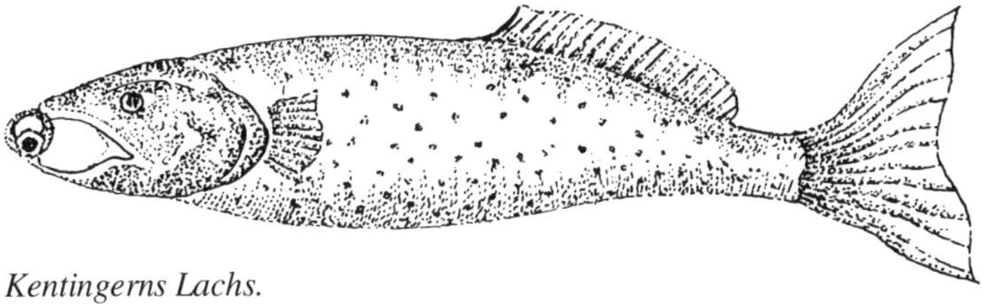

Kentingerns Lachs.

sein, und die Mäuse verbannte er aus seiner Zelle, nach dem sie seine Schuhe gefressen hatten. Er war eine Art Medium und besaß die Fähigkeit, kommende Ereignisse vorherzusagen. Sein Festtag ist der 11. Oktober.

Kentigern, Der Heilige (S) Der Schutzheilige von Glasgow, von wo aus er die Region von Cumbria bekehrte. In der Folklore ist er der Enkel des *Urien of Rheged.* Er und seine Mutter wurden in einem winzigen Boot ausgesetzt und durch ein Wunder gerettet. Er bewies die Tugend einer Königin, die ihrem Geliebten ihren Ring gegeben hatte; als der König darauf bestand, ihn zu sehen, wurde er im Bauch eines *Lachs*es entdeckt. Der Lachs ist das Emblem Kentigerns. Er soll *Merlin* vor dessen Tod getauft haben. Diese letzte Geschichte wurde der Legende des *Suibhne Gelt* entlehnt, dem nach einem Leben des Heidentums und der Verrücktheit der Heilige Moling die Beichte abnahm.

Kessel (K) In der alten keltischen Mythologie gab es mehrere Kessel, deren Inhalt imstande war, jeweils Leben, Tod, Inspiration und Weisheit zu »erteilen«. Diese Kessel werden meist als Vorläufer des *Gral*s aufgefaßt, die in die Heiligtümer Britanniens übernommen wurden. Die Suche des *Arthus* nach einem solchen Kessel brachte ihn bis vor die Pforten von *Annwn. Bran* besaß einen Kessel, der die Toten wiederbeleben konnte. *Ceridwen*s Kessel spendete Inspiration.

Kirk, Robert (S) (1644–1692) Autor von »The Secret Commonwealth« (»Die geheime Nation«), eine Untersuchung der gälischen Feentradition und der übersinnlichen Kräfte. Er war Pfarrer zu Aberfoyle und besorgte die erste Übersetzung der Bibel ins Gälische. Obwohl es ein Grab von ihm gibt, soll er nach *Faery* gegangen und noch nicht zurückgekehrt sein. Frauen aus dieser Umgebung gebären mit Vorliebe in seinem alten Haus, wegen des Glaubens, daß er in neuer Inkarnation aus Faery zurückkommen wird.

Krähe Wie der Rabe, wird die Krähe vor allem mit der Schlacht und mit dem Tod in Verbindung gebracht. Auf irisch heißt Krähe »badh« – der Name einer der mit der *Morrighan* zusammenhängenden Schlachtgöttinnen. Die Krähe ist ein Paradebeispiel der Assimilierung und der Reintegration innerhalb der mythischen Struktur.

Kranich Kraniche sind in Britannien nicht mehr einheimisch, doch lebt der keltische Volksglaube fort, daß Kraniche eigentlich in Vögel verwandelte Menschen sind – wahrscheinlich als Strafe. Der *Heilige Columba* verwandelte eine Königin und ihr Dienstmädchen zur Strafe in Kraniche. Eines der Wunder Irlands soll ein Kranich gewesen sein, welcher auf der Insel Inis-Kea vor Mayo lebte; er haust dort seit dem Anfang der Welt und wird bis zum Jüngsten Tag dort weiter leben. Der Glaubhaftigkeit dieser Legende liegt vermutlich die unerschütterliche Geduld des Kranichs zugrunde. Im allgemeinen wurde der Kranich mit der *Cailleach* in Verbindung gebracht und war ein geheimer, magischer Vogel. Seine Haut wurde verwendet, um *Manannan*s »Kranichbeutel« herzustellen.

Kranichbeutel (I) Dieser Behälter für die alten Heiligtümer Irlands gehörte *Manannan mac Lir*. Er wurde aus der Haut der *Aoife* hergestellt, der Mätresse des Sohnes Manannans, die wegen ihrer ständigen Eifersucht in einen *Kranich* verwandelt worden war. In ihm wurden folgende Gegenstände aufbewahrt: das Haus Manannans, das Hemd, das Messer, der Gürtel und der Schmiedehaken des *Goibniu*, die Schere des Königs von Alba, der Helm des Königs von Lochlann, sowie der Gürtel aus Fischhaut und die Knochen von Asals *Schwein*, welche der Sohn des *Tuirenn* auf Geheiß *Lugh*s geholt hatte. Die Schätze waren nur bei Flut sichtbar; bei Ebbe verschwanden sie. Von Manannan ging der Beutel in den Besitz des Lugh, dann in dem des Cumhal und schließlich dem des *Fionn*. Der Inhalt des Kranichbeutels entspricht den Heiligtümern von *Annwn*, sowie den Schätzen, die von *Twrch Trwyth* bewacht wurden.

Kronos (G) Der griechische Kronos aß alle Kinder auf, die er mit Rhea gezeugt hatte – außer Zeus, der diesem Schicksal entkam und Kronos zwang, seine Kinder wieder auszuspucken. Dann bestrafte er seinen Vater, indem er ihn im Schlaf ankettete und auf der Insel *Ogygia* festsetzte. Kronos war der Herrscher des Goldenen Zeitalters – eine Zeitspanne ununterbrochener Freude. Diese Legende wurde mit der britischen Tradition der westlichen *Inseln der Seligkeit* vermischt, wobei das Goldene Zeitalter und das irdische Paradies eine Stätte jenseitigen Friedens ergeben. Die Legende des Kronos durchläuft die Laufbahn des *Bran,* der ebenfalls über ein Reich des Jenseits herrscht.

Kuh Die Kuh war in früheren Zeiten ein solch wesentlicher Wirtschaftsfaktor in Britannien und Irland, daß sie als Währungseinheit galt. In Irland war z.B. eine Sklavenfrau drei Kühe wert. Großgrundbesitzer hießen »bo-aire« oder »Vieh-Herr«. Bis in die letz-

Keltischer Schmuck in Form einer Kuh.

ten zwei Jahrhunderte hinein stellten die Wege der Viehtreiber die einzigen Landstraßen dar; ursprünglich wurden die zwei Hälften des keltischen Jahres durch die Bewegungen des Viehs bestimmt: *Beltaine* kennzeichnete die Eröffnung der Sommerweiden und *Samhain* den Zeitpunkt, an dem das Schlachten vorgenommen wurde, um einen Fleischvorrat für den langen, kalten Winter anzulegen und um die Kraft des Herdenbestandes zu erhalten. Die *Heilige Brigit* war angeblich für den Schutz der Kuhherden zuständig; sie wurde angerufen, um die Gesundheit der Tiere aufrechtzuerhalten und um ihren Milchertrag und ihre Fruchtbarkeit zu fördern. Die abgezogene Haut der Kühe wurde verwendet, um das Pergament herzustellen, auf dem die hier in diesem Buch wiedergegebenen Geschichten ursprünglich von Klerikern aufgezeichnet wurden.

Die Kuh steht auch unter dem Schutz des *Heiligen Columba*, der jedoch auf der Insel Iona keine Kühe zuließ: »Wo eine Kuh ist, da ist auch eine Frau; und wo eine Frau ist, folgt Ärger«.

Kundry (A) Der Name der *Loathly Lady* (der »Scheußlichen Hexe«) in der Parzivalslegende. Sie spottet dem *Gralsritter*, hilft ihm aber auch bei seiner Suche. In ihrem hexen-ähnlichen Aspekt ist sie mit der *Sovereignty* analog.

Kvasir (N) Gott der Weisheit und der poetischen Inspiration. Er wurde aus der Spucke der *Aesir* und der *Vanir* gemacht und vereinigte somit in sich deren Weisheit. Er ging als Lehrer durch die Welt und beantwortete alle Fragen, die ihm gestellt wurden. Schließlich wurde er von zwei Zwergen, die sein Wissen begehrten, getötet. Sie machten aus seinem Blut einen Trank, der Dichtern Inspiration verlieh. (Siehe *Taliesin, Fionn* und *Cauldron.*)

L

Labraid (I) Ein König von *Mag Mell*, Mann der *Liban*. Er schickte sie an *CuChulainn*, um für Hilfe im Kampf zu bitten; für seine Unterstützung gab er ihm seine Schwester Fand.

Labraid Longseach (I) Nachdem ihn sein Onkel gezwungen hatte, das Herz seines eigenen Vaters zu essen, wurde er stumm. Er lebte im Exil, bis eines Tages seine Sprache zurückkehrte, während er Hurley spielte. In Gallien verliebte er sich in *Moriath*, die Tochter des Königs *Scoriath*. Er stellte *Craiftine* an, mit seiner Harfe eine Schlafmelodie zu spielen; so schlief Moriath, die er heiratete, ein. Er kehrte nach Irland zurück und wurde König von Leinster. Wie *Marke* von Cornwall hatte Labraid Pferdeohren, was ein Grund für seine Absetzung als befleckter König hätte sein können. Er konnte den Makel aber erfolgreich verbergen, bis sein Barbier, trotz seines Gelübdes der Verschwiegenheit, einem Baum davon erzählte; aus dem Baum wurde eine Harfe für Craiftine hergestellt, und als die Harfe gespielt wurde, gab sie das Geheimnis preis.

Lachs In der keltischen Mythologie gilt der Lachs als Inbegriff der Weisheit. Als Lachs des Wissens schwamm er im Brunnen von Segais und trank die magischen Haselnüsse, die dort hineinfielen. Es wurde prophezeiht, daß *Finegas* ihn fangen und essen und sich somit alles Wissen aneignen würde. Doch wurde der Lachs von *Fionn*, dem Lehrling des Finegas gebraten; während dieser den Spieß drehte, verbrannte er sich den Daumen und als er diesen im Mund kühlen wollte, wurde er zum Empfänger der ganzen Kraft des Lachses. Dieser Lachs hieß Fintan.

Der Lachs war eine der Gestalten des *Taliesin*, als dieser von *Ceridwen* flüchtete, sowie auch die Gestalt, die *Tuan mac Carill* annahm. In der Geschichte des *Falken* des Achill wurde der Lachs in der kältesten Winternacht seit dem Anfang der Welt vom Falken geblendet.

Ladra (I) Er war Steuermann des Schiffes der *Cessair* und einer von nur zwei Männern, die an dieser Invasion Irlands beteiligt waren. Sie teilten die Frauen unter sich, wobei Ladra mit sechzehn, der andere mit siebzehn Frauen schlief. Ladra beschwerte sich über die Ungerechtigkeit dieser Aufteilungsweise, doch soll er schließlich an der Überanstrengung, die sie ihm kostete, gestorben sein.

Lady of the Fountain (»Dame des Brunnens«) (A) Titel der geheimnisvollen Herzogin in »Yvain« von Chrétien de Troyes und in »Die Dame des Brunnens« im »Mabinogion«. Als ihr Mann von Owain getötet wurde, verlangte sie, daß *Owain* sie heirate; auf diese Weise würde sie Hüterin des Brunnens bleiben können.

Lady of the Lake (»Dame des Sees«) Eine Frau der jenseitigen Welt, die in den Arthuslegenden vielerorts erscheint. Als Dame du Lac war sie die Pflegemutter des *Lanzelot*. Als *Nimue, Niniane* oder *Vivienne* war sie die Versucherin, die *Merlin* becircte und ihn unter einem Stein oder in einem Baum gefangennahm. In Malorys »Le Morte d'Arthur« hingegen gibt sie *Arthus* sein Zauberschwert *Exkalibur*. Hinter allen diesen Personifizierungen steht eine klare Darstellung der Göttin, eine uralte Figur, die mit Lady *Sovereignty* identifiziert werden kann, zumal sie die Embleme oder Hallows (»Heiligtümer«) des Königtums hütet. Als Arthus stirbt, bestimmt *Bedivere*, daß sie die Hüterin von Exkalibur wird. Wie die *Lady of the Fountain* (»Dame des Brunnens«) und die anderen Jungfrauen, die in der Geschichte des *Amangons* die Brunnen bewachen, ist ihre Funktion in der anderen Welt die des Königsmachers.

Lailoken (K) Schottischer Prophet und Irrer, dessen Leben eine Hauptquelle der Geschichte Merlins war. Auch mit *Suibhne* Gelt bestehen starke Ähnlichkeiten.

Lambton Worm Diese Bestie soll in einem Brunnen in der Nähe von Lambton Castle in der Grafschaft Durham gelebt haben. Sie wütete in der ganzen Region, bis der Sohn des Lord Lambton, der in einer mit Rasierklingen bespickten Rüstung antrat, sie tötete. Ihm wurde dazu von einer Hexe geraten, die

Keltischer Krieger im Kampf mit einem Ungeheuer.

ihn schwören ließ, daß er das Lebewesen, dem er bei seiner Heimkehr als erstem begegnete, auch töten würde. Anstatt, wie geplant, auf einen Hund zu treffen, stieß er mit seinem Vater zusammen – und weigerte sich, ihn zu töten. Die Hexe verfluchte die Familie; alle ihre Mitglieder kamen gewaltsam um. (Siehe *Wurm*.)

Lamorack de Galles (A) Sohn des Königs *Pellinore*. Als Ritter der *Tafelrunde* war sein Rang nur wenig unter dem des *Lanzelot*. Er wurde Geliebter von *Morgause*, deren Söhne – *Gawain, Gaheris und Agravaine* – ihn töteten, weil er ihren Vater getötet hatte.

Lancelot du Lac (A) Größter Ritter des arthurischen Britanniens. Er wurde von niemandem außer seinem Sohn *Galahad* besiegt. Als Sohn des Königs *Ban of Benoic* in Frankreich war er selbst rechtmäßiger Prinz. Er war Pflegesohn der *Lady of the Lake* (»Dame des Sees«), die ihn zur Unterstützung des *Arthus* erzog und in den Gebräuchen der *Tafelrunde* unterwies. Er war trotzdem nicht makellos, denn er konnte seine Liebe für *Guinevere,* die Königin des Arthus, nicht überwinden. Wegen dieser Sünde scheiterte seine Suche nach dem *Gral.* Später bewirkte er jedoch das Wunder, einen Ritter namens *Sir Urrey of Hungary*, den nur der beste Ritter der Welt heilen konnte, wieder gesund zu machen. Lancelot war in der Tat der Stärkste, doch erreichte er nie die Höhen der spirituellen Ritterlichkeit. Als er *Guinevere* vom Scheiterhaufen rettete, tötete er seinen engsten Freund, *Gareth von Orkney*, aus Versehen. Nachdem Arthus gestorben war, zog er sich in eine Einsiedelei zurück und wurde Mönch. Er starb und wurde in seiner Burg, Joyous Gard – vielleicht Alnwick Castle in Northumberland – begraben. Obwohl Lancelot in der Arthustradition erst spät erscheint, ist sein Prototyp in den Personen des *Llew*, des *Lugh* und des *Llwch Llawwyanawc* bereits vorhanden.

Lanze des Longinus (A) Siehe *Gralslanze.*

Lanzelot (A) Siehe *Lancelot du Lac.*

Launfal/Lanval (A) Ritter des *Arthus*, der eine Fee zur Frau nahm und von ihrer Schönheit prahlte, als *Guinevere* ihn zu verführen versuchte. Auf diese Weise brach er sein Gelübde des Schweigens und verlor seine Liebe. Dieses Thema erscheint in den Geschichten der *Macha und des Edric*. Wahrscheinlich entstammt es der Legende der französischen Feendame Melusine, die als Prototyp vieler solcher Vereinigungen mit Feen dient.

Lavaine (A) Sohn von Sir Berhard of Astolat und Bruder von *Elaine le Blanke* und Sir Tirre. Er wird mit *Lanzelot* befreundet und von diesem zum Ritter geschlagen; mit der Zeit zeichnet er sich als einer der besten *Ritter der Tafelrunde* aus. Als Lanzelot wegen seiner verbotenen Liebe zu *Guinevere* angeklagt wird, begleitet er seinen Herren nach Frankreich und wird zum Herzog von Arminak erhoben.

Leanan Sidhe (I) Die Feenherrin, die Dichter und Musiker durch ihre musische Kraft inspiriert. In der irischen Tradition erscheint sic häufig als die Hauptfigur der *Aisling* oder als Vision, wenn der Dichter ihr am Berghang begegnet. Die Musik und die Gedichte, die sie hervorruft, sind meistens von jenseitiger Traurigkeit, sowie von Sehnsucht nach dem vergangenen Ruhm Irlands gekennzeichnet.

Lear (L) König von England, Sohn des *Bladud*. Er hatte bereits ein hohes Alter erreicht, als er sein Reich als Mitgift für seine Töchter aufteilte in einem Umfang und je nach dem, wie sehr diese ihn zu lieben behaupteten. Goneril und Regan schmeichelten ihm, aber *Cordelia* gab eine ehrliche Antwort, woraufhin sie ohne Mitgift verbannt wurde. Sowohl Goneril als auch Regan entließen nach und nach Lears Gefolge, bis er nur noch einen Adjutanten hatte; schließlich floh er nach Frankreich zu Cordelia. Mit ihrer Hilfe gewann er sein Reich zurück, verstarb aber. Sie ließ ihn »in einem vierseitigen Grab« am Ufer des Soar begraben, in einer Kammer, welche dem Janus geweiht war; am ersten Tag des Jahres pilgerten Handwerker dorthin. Lear ist mit *Llyr* identisch. Shakespeares Stück hält sich eng an den Verlauf dieser Geschichte.

Lebharcham (I) Die Botin oder der weibliche Läufer am Hof des *Conchobar mac Nessa.* Sie war auch die Pflegemutter der *Deirdriu.*

Leodegrance (A) König von Cameliard, Vater der *Guinevere.* Einer der ersten Anhänger des *Arthus* in seinen Kriegen gegen die aufständischen Könige.

Leprechaun (I) Er ist eine volkstümliche Variante der *Fir Dhearga* oder Roten Männer und wie sie liebt er Streiche auf Kosten der Menschen. Häufig ist er Hüter eines Schatzes; dabei wird er von sterblichen Abenteurern höchst selten überlistet. Heute ist er in der Masse des niedlichen touristischen Kitsches Irlands fast völlig untergegangen.

Liadin (I) Sie war eine Dichterin, in die sich *Cuirithir* verliebte. Er behauptete, daß ein Kind ihrer Vereinigung berühmt werden würde, was sie als derartige Beleidigung empfand, daß sie der Dichtung entsagte und Nonne wurde. Cuirithir wurde daraufhin Mönch. Beide bereuten ihre überhasteten Aktionen, und, obwohl sie sich nie wieder körperlich vereinten, liebten sie sich bis zu ihrem Tod. Der Gedichtzyklus, der von den Schmerzen ihrer Liebe erzählt, ist ebenso rührend und so bitter wie die Geschichte zweier anderer tragischer Liebender, Abelard und Heloise.

Liban (I) Frau des *Labraid.* Sie agiert als Botin zwischen den frühen Reichen und jenen von *Mag Mell,* um *CuChulainn* dazu zu bewegen, ihrem Mann zu helfen. Zuerst schickte CuChulainn aber *Loegaire* als Kundschafter.

Lionel (A) *Ritter der Tafelrunde,* Bruder des *Bors* und Vetter des *Lanzelot.*

Lios Alfar (N) Siehe *Alfar.*

Lir/Ler (I) Vater des *Manannan.* Seine Frau *Aobh* gebar ihm vier Kinder: *Fionnuala, Aed, Conn* und *Fiachra.* Als Aobh starb, heiratete Lir deren Schwester *Aoife,* die seine Kinder in Schwäne verwandelte. Aoife hetzte Vater und Kinder jeweils gegeneinander auf, so daß Lir seine Kinder für widerspenstig hielt, aber schließlich erfuhr er, was ihnen geschehen war. Er ging nach *Sidhe,* wo *Bodh Dearg* König war, um diesen zu bitten, Aoife zu bestrafen. Er ist mit *Lear* und Llyr analog. Das Thema des mit anscheinend undankbaren Kindern geplagten Vaters kommt in diesem Bereich der Mythologie in bemerkenswerter Häufigkeit vor.

Llacheu (A) Durch Lysanor der illegitime Sohn des *Arthus* alten walisischen Quellen zufolge. Von ihm ist – durch einen späteren mittelalterlichen Text – lediglich bekannt, daß er von *Kay* ermordet wurde. Sein Kopf wurde in einer Holzschachtel an Arthus und *Guinevere* geschickt. In anderen Versionen heißt er verschiedentlich *Borre, Boare* oder *Lohot*.

Llamrei (A) Die weiße Stute des *Arthus* in frühen walisischen Texten.

Llassar Llaes Gyfnewid (W) Ein Riese, der unter einem See in Irland lebte und mit dem *Kessel* der Wiedergeburt auf dem Rücken auftauchte. Seine Frau, Cymidei Cymeinfoll, war zweimal so groß wie er und gebar alle sechs Wochen ein Kind. Innerhalb sechs weiterer Wochen war jedes Kind so groß wie ein erwachsener Krieger. *Matholwch* nahm das Paar zu sich, wurde der beiden aber schnell überdrüssig; so ließ er die ganze Familie in ein Haus aus Eisen einsperren, welches von außen beheizt wurde. Nur Llassar und seine Frau konnten mit dem Kessel entkommen; diesen gaben sie *Bran*, bei dem sie in Frieden lebten.

Llefelys (W) Sohn des *Beli*. Nach der Legende wurde er König von Frankreich. (Siehe *Lludd*.)

Llew Llaw Gyffes (W) Sohn der *Arianrhod* und eines unbekannten Vaters. Seine Geburt ergab sich daraus, daß sich seine Mutter einer Prüfung ihrer Jungfräulichkeit unterwarf. Er war eine Frühgeburt und wurde von seinem Onkel *Gwydion* ausgebrütet; dieser erzog ihn dann auch. Er wurde mehrere Male zu seiner Mutter gebracht, damit sie ihm einen Namen und Waffen gebe, aber sie weigerte sich und verfluchte ihn; er solle ewig namen- und waffenlos bleiben.

Indem er sowohl sich selbst, als auch den Jungen verkleidete, überlistete Gwydion Arianrhod dazu, das Geschick des Jungen mit der Steinschleuder zu loben: »Mit welch sicherer Hand der Schöne den Vogel traf!« – woraus Llews Name entstand. Dann zog Gwydion mit einem Phantomheer gegen ihre Burg, woraufhin sie ihren eigenen Sohn, der als Wandersänger verkleidet war, mit Waffen versah. Doch verfluchte sie ihren Sohn erneut, daß er nie eine Frau irdischer Abstammung erhalten solle. Dieser Fluch wurde von Gwydion und *Math* überwunden, die aus Blüten *Blodeuwedd* machten und diese Llew zur Frau gaben. Aber bald verriet sie ihn und verliebte sich in *Gronw Pebr*, mit dem zusammen sie Llews Tod plante. Von Llew erfuhr sie durch eine List die einzig möglichen Umstände seines Todes: er könne nur durch einen Speer umgebracht werden, welcher weniger als 1 Jahr alt und während der Sonntagsmesse geschmiedet worden sei; er könne weder drinnen noch draußen, weder zu Pferd noch zu Fuß getötet werden. Als Gronw den Speer geschmiedet hatte, forderte sie Llew auf, ihr zu zeigen, wie unmöglich ein solcher Tod sein würde. Er hatte eine überdachte Badewanne am Flußufer gebaut und ließ einen Ziegenbock daneben stehen; so konnte er mit

einem Fuß auf der Wanne und dem anderen auf dem Rücken des Ziegenbocks stehen. Gronw konnte seinen Speer werfen und Llew töten. Doch entstieg Llews Geist in Gestalt eines *Adlers*. Gwydion vermochte diesen mit dessen Körper wieder zu vereinigen.
Llew ist die walisische Entsprechung des Lugh und unter Umständen ein Vorläufer des *Lanzelot*. Er wird mit Schumachern in Verbindung gebracht (zumal er von Gwydion so getarnt wurde), sowie mit dem Speer oder dem Schwert des Lichts, eines der *Hallows* (»Heiligtümer«).

Lludd (W) Sohn des *Beli*, Bruder des *Llefelys*. Er war König von Britannien und baute die Stadt London, die nach ihm genannt ist, neu auf. Drei Plagen überfielen Britannien: eine Menschenrasse, Coranier genannt, die alles wußten, was ausgesprochen wurde; ein ohrenbetäubender Schrei, welcher am Maiabend zu hören war und der das Getreide verdarb, Tiere und Kinder tötete und Frauen unfruchtbar machte; schließlich das Verschwinden der Vorräte des Königs. Lludd bat *Llefelys* um Rat; sein Bruder sagte ihm, daß die Coranier außer Kraft gesetzt werden könnten, wenn man ihr Wasser mit einer Brühe aus zerquetschten Insekten versetzen würde; daß der Schrei von Drachen stammte, die exakt am Mittelpunkt Britanniens eingeschlossen waren – und die durch Honigwein zu töten wären, woraufhin man sie an Ort und Stelle begraben müßte; schließlich daß der Dieb der Vorräte ein hochrangiger Mann am Hofe war, der alle anderen in Schlaf versetzte, um der Nahrungsmittel habhaft zu werden. Llud konnte alle drei Plagen überwinden. Die Geschichte der Drachen verläuft mit jenen der Geschichte Merlins parallel, während der Dieb der Vorräte vielleicht mit *Gwyddno Garanhir* zusammenhängt. Die drei Plagen über Britannien spiegeln die Verwünschungen wider, die ein Königreich befallen können, dessen König unwürdig ist. (Siehe *Wüstes Land – Wasteland.*)

Llwch Llawwyanawc/ Lleminawc/Llenllawc (W) Der walisische Krieger, der *Arthus* begleitete, als dieser *Annwn* überfiel, um der *Hallows* (»Heiligtümer«) habhaft zu werden. Sein glänzendes Schwert (das Schwert des Lichts oder das *Caledfwlch* des Arthus) bahnte den Weg zum großen *Kessel* frei, damit sie es greifen konnten. Er ist mit *Lugh, Llew* und *Lanzelot* analog.

Llwyd ap Cil Coed (W) Vetter des *Gwawl*. Er verzauberte das Land Dyfed und verbannte mit seinem Zauber *Pryderi* und *Rhiannon*, die eine Zeitlang in der Unterwelt versklavt wurden. Er wurde von *Manawyddan* besiegt.

Llyr (W) Vater von *Manawyddan, Bran, Branwen, Efnissien* und *Nissien*, nach »Branwen, Tochter des Llyr«. Sein Name bedeutet »des Meeres«. Er ist mit dem irischen *Lir* und dem König *Lear* der

Schriften des Geoffrey von Monmouth und denen Shakespeares identisch. In den »Triaden« soll er einer der drei namhaften Gefangenen Britanniens sein. Er heißt auch Lludd Llaw Ereint (»Silberne Hand«), analog mit *Nuadu* und *Nodens*.

Loathly Lady (»Scheußliche Dame«) (K) Die Figur der Hexe, *Cailleach* oder Loathly Lady ist in der keltischen Literatur seit der Frühzeit bis hin zur Arthuslegende weit verbreitet. Ihr Erscheinen in diesen späteren Geschichten deutet auf die Hartnäckigkeit der Tradition der *Sovereignty* hin – die die Personifizierung des Landes ist und zu deren Gaben die Königswürde gehört. Dem Königskandidaten erscheint sie als widerwärtige Hexe und bittet ihn, sie zu küssen; wenn er bereit ist, all das, was zum Königtum gehört, zu umarmen, erweist er sich als würdiger König. Die Loathly Lady verwandelt sich wieder in ein schönes Mädchen und wird seine Königin. In der späteren Arthustradition erscheint sie als Botin des *Gral*s; sie ist die als Hexe getarnte *Sovereignty*, die das Land durchwandert und den Gralssucher führt und prüft. Sie tadelt Parzifal dafür, die Gralsfrage nicht gestellt zu haben. Sie erscheint als Ragnell, heiratet *Gawain* (Arthus' Krieger und Thronerbe) und hilft Arthus, die Frage: »Was begehren Frauen am meisten?« erfolgreich zu beantworten – die Antwort lautet »Sovereignty« (»die Souveränität«) – was in späteren Versionen zu »den eigenen Willen« verniedlicht wird. In der Legende von Parzival wird sie Kundry und hier ist ihre Weisheit am ausgeprägtesten. (Siehe *Niall der Neun Geiseln*.)

Locrinus (L) Ältester Sohn des *Brutus*. Er herrschte über Loegria oder England. Er verliebte sich in Estrildis, die Tochter des Königs von Germanien und verließ seine Frau *Guendolena*; später besiegte ihn diese im Kampf. Sein Name bildet die Grundlage des in der Arthuslegende und im modernen Walisischen für England verwendeten Namen: *Loegres* oder *Logres*.

Loegaire (I) Er war der Wagenlenker *CuChulainns* und mit diesem einer der Helden, den *Bricriu* bei seinem Festmahl quälte. Er besuchte *Mag Mell* und rettete dort die Frau des Königs *Fiachna* vor Entführern. Als Dank erhielt Laogaire Sonnenträne als Frau. Er blieb ein Jahr lang in der jenseitigen Welt, bis ihn Heimweh plagte. Fiachna gab ihm ein Pferd, damit er heimkehren könne, aber bevor er dort abzusteigen vermochte, erkannte er, wie viel besser ihm das Leben in Mag Mell gefallen hatte. In einem anderen Text wurde er von einem Speer, der CuChulainn treffen sollte, tödlich verwundet.

Logres (A) Einer der frühesten Namen für das Britannien zur Zeit des *Arthus*. Er stammt von *Locrinus* ab, dem Sohn des Brutus. Er kennzeichnet nach wie vor das »innere« Britannien, das heimliche Herz des Landes.

Lohot (A) Siehe *Llacheu.*

Loki (N) Trickreicher Gott der *Aesir*. Nach manchen Quellen war er der Sohn des Bestla, des Bruders des *Odin*, und er soll bei der Erschaffung der ersten Menschen Hilfe geleistet haben. Später wurde er eine dunkle Figur, deren Haß auf *Baldur* den Tod dieses beliebten Gottes herbeiführte. Seine erste Frau hieß Glut und gebar ihm zwei Töchter. Seine zweite Frau, die Riesin *Angrboda*, gebar ihm *Hel, Fenris* und die *Midgard Serpent* (»die Schlange von Midgard«). Schließlich wurde er ein solches Ärgernis, daß die Götter ihn fingen und in einer unterirdischen Höhle fesselten, wo er von einer riesigen Schlange bewacht wurde. Als das Gift dieser Schlange ihn bespritzte, verursachten seine vom Schmerz herrührenden krampfhaften Windungen gigantische Erdbeben. Am Ende des Zeitalters der Götter, heißt es, wird *Heimdal* ihn töten.

Lot/Lotha (A) König von Lothian und Orkney in der Arthuslegende. Ehemann der *Morgause* und Vater von *Gawain*, *Gaheris, Agravaine* und Gareth. Bei einer der ersten Schlachten um die Krone Britanniens wurde er von König *Pellinore* getötet, da Lot gegen Arthus angetreten war. Daraus entstand eine Fehde zwischen seinen Söhnen und denen Pellinores.

Lovel (A) *Gawain*s zweiter illegitimer Sohn durch die unbenannte Schwester des Brandiles. Von seiner Laufbahn ist nur bekannt, daß er und sein Bruder von Lanzelot getötet wurden, als sie *Mordred* zu helfen suchten, Lanzelot im Schlafgemach der Königin zu ergreifen.

Lucan der Butler (A) Der erste und letzte Vertraute des *Arthus*. Lucan wurde bei der Krönung des Arthus dessen erster Diener und behielt den Posten bis zu seinem Tode bei. Er wurde *Ritter der Tafelrunde* und wohnte der letzten Schlacht von *Camlan* bei. Dort wurde ihm eine Wunde zugefügt, die ihn später, als er *Bedivere* zu helfen trachtete, den ebenfalls verwundeten Arthus vom Schlachtfeld zu tragen, den Tod brachte. In einigen Quellen ist er der Bruder des Bedivere.

Lud (L) Siehe auch *Lludd.* Er war der älteste Bruder des Cassivelaunus. Er benannte Trinovantum in Caer Lud oder Caerlundein um – das spätere London. Er wurde neben einem Tor der Hauptstadt begraben; das Tor hieß Porthlud, später Ludgate.

Lugaid (I) Sohn des Cu Roi und der Blanaid. Er war auch als »Sohn dreier Hunde« bekannt, weil Blanaid nicht nur mit ihrem Mann, sondern auch mit *Conall Cernach* und mit *CuChulainn* geschlafen haben soll (Cu oder Conn bedeutet *»Hund«*). Er verabreichte CuChulainn den Todesstoß, aber als er ihn köpfte, rutschte das Schwert aus und schnitt ihm die eigene Hand ab. Conall Cernach rächte den Tod CuChulainns im Einzelkampf mit Lugaid. Gerechterweise hatte er sich zuvor die eine Hand hinter den Rücken binden lassen.

Lugh

Lugh (I) Enkel des *Balor*, Sohn der *Ethniu* und des *Cian*, von *Manannan* und *Tailtiu* erzogen. Er war der Hüter des Speers von Gorias, welcher alle Gegner tötete. Als die Tuatha de Danaan von den *Fomoriern* unterdrückt wurden, kam er ihnen zur Hilfe. Erst wurde ihm der Eintritt zum Saal ihres Königs verweigert, aber da in ihm so viele Fähigkeiten vereint waren – weshalb er auch Samildanach (»Viel-Geschick«) hieß – ließ man ihn hinein. Für die Tuatha wurde Lugh anstelle von *Nuadu*, der ein befleckter König oder *Verwundeter König* war, nachdem er im Kampf eine Hand verloren hatte, zum Ersatzkönig. Nach dem Tod Nuadus wurde Lugh rechtmäßiger König der Tuatha. Er tötete seinen Großvater Balor, indem er dessen unheilvolles Auge durchstach. Er war der spirituelle Vater des *CuChulainn*, und er kämpfte anstelle seines Todes, um diesem während dessen langen Einzelkampf an der Furt eine Ruhepause zu gönnen. Lugh ist sowohl mit *Llew*, als auch mit dem Krieger *LLwch Llawwaynawc* analog, der Arthus dabei half, den *Kessel* von *Annwn* zu gewinnen. Sein Mythos ging z.T. in denjenigen des *Lanzelot* über. Seine vielen Beinamen erläutern seine Fähigkeiten mit Waffen und verschiedenen Arten des Handwerks umzugehen. Alle seine Eigenschaften hängen mit dem Licht und dem Sieg der Sonne über die Dunkelheit zusammen.

Lughnasadh (K) Dieses am 1. August gefeierte keltische Fest war ein Vorläufer des Erntedankfests. Obwohl es nach dem Gott *Lugh* benannt wurde, hatten seine Ursprünge eigentlich eher mit *Tailtiu*, der Pflegemutter des Lugh, zu tun; diese starb vor Anstrengung bei dem Bemühen, die Ebenen Irlands für die Landwirtschaft aufzubereiten. Ihr zu Ehren wurden heilige Spiele in Teltown abgehalten, wobei befristete Ehen, ohne bindenden Vertrag, geschlossen werden konnten; viele solcher Ehen hatten trotzdem dauerhaften Bestand. Um diese Zeit wurden Landsknechte angeheuert und Tiere verkauft. Der Grund dafür, daß das Fest in Lughs Namen abgehalten wurde, hängt vermutlich mit seiner Verbindung mit der Göttin der *Sovereignty* zusammen, mit der er eine mystische Ehe einging und von der jenseitigen Welt aus herrschte. Tailtiu hingegen war eindeutig eine Göttin des Landes.

Lune/Luned/Linet (A) In »Yvain« von Chrétien de Troyes und in »Lady of the Fountain« im »Mabinogion« ist sie die Dienerin der *Dame des Brunnens (Lady of the Fountain).* Häufig rettet sie den Helden vor dem Tod und scheint über Zauberkräfte zu verfügen. *Owain/Yvain* rettet sie wiederum vor der drohenden Gefangenschaft unter einem Stein.

Lyonesse (A) Die verlorengegangenen Länder vor der Küste Cornwalls, Geburtsort des *Tristan*. In dieses ertrunkene Land fließen Erinnerungen an *Atlantis* ein.

M

Mab Königin von *Faery*. Die Etymologie des Namens ist ungewiß, obwohl ein Zusammenhang mit *Maeve* oder mit dem walisischen »mab« für »Baby« bestehen könnte – zumal Mab »die Hebamme der Feen« genannt wird.

Mabon (W) Sohn der *Modron*. Er war, nach den »Triaden«, einer der namhaften Gefangenen Britanniens. Die Geschichte seines Verlustes und seiner Entdeckung wird in »Culhwch und Olwen« erzählt. Von dem Platz zwischen seiner Mutter und der Wand wurde er, als er drei Nächte alt war, gestohlen. Aus dem Zusammenhang der Geschichte ist eindeutig, daß dies am Anfang der Zeit geschah. Erst nachdem sie viele Tiere und Vögel befragt haben, finden ihn, *Cai* und *Bedwyr* in einem Gefängnis in Gloucester – von dem schließlich nur der Lachs wußte.

Keltische Darstellung des Lachs, der immer als Träger der Weisheit und Hüter letzter Geheimnisse galt.

Mabon ist der »Wundersame Junge« der keltischen Tradition; wie *Merlin* ist er das Kind eines jenseitigen und irdischen Elternpaares. Sein Kult war im Nordwesten Britanniens, entlang der Hadrians Mauer verbreitet. Ihm sind viele Aspekte des griechischen *Apollon* eigen: als Jäger und Harfenspieler erscheint er in vielen Inschriften romano-britischer Widmungen. Wie *Angus* war er der Gott der Jugend. Sein Name bedeutet lediglich »Sohn« und ist damit ein geheimnisvoller Titel, der zu mehreren geeigneten örtlichen Gottheiten passen kann.

Macha (I) Ein Aspekt der *Morrighan*. Macha selbst erschien in drei Gestalten: Macha, Frau des Nemed; die rote Macha; sowie Macha, Frau des *Crunnchu*. Letztere war die schweigende Frau eines Bauern, der aus der jenseitigen Welt kam. Sie hatte ihn unter einer Bedingung geheiratet – daß er sie niemandem gegenüber erwähne.

Der König prahlte damit, daß seine *Pferde* die schnellsten waren, aber Crunnchu behauptete, daß Macha schneller war. Sie war kurz vor der Niederkunft, trotzdem zwang man sie, eine Runde gegen die Pferde zu rennen. Sie gewann, und nachdem sie ihre zwei Kinder geboren hatte, verfluchte sie Ulster und verkündete, daß dann, wenn das Land in höchster Not sein würde, seine Krieger fünf Tage und vier Nächte lang von der Schwäche einer gebärenden Frau befallen sein würden – bis in die neunte Generation. So kam es, daß *CuChulainn* Ulster alleine verteidigte, da seine Vorfahren nicht aus Ulster stammten.

Emain Macha (»Die Zwillinge der Macha«) wurden nach ihr benannt. Die rote Macha war der Kampfes-Aspekt der Morrighan; auf den Stab der Macha wurden die Köpfe in der Schlacht getöteter Männer aufgespießt.

Madoc ap Owain Gwynedd (W) Ein walisischer Prinz, der im zwölften Jahrhundert Amerika entdeckte. Über diese Legende schrieb Southey ein langes Gedicht. George Catlin, der Künstler, der im neunzehnten Jahrhundert unter den Indianern des Mittleren Westens lebte, stellte in ihren Sitten angebliche Spuren europäischer Herkunft fest.

Mador de la Porte (A) Vetter des Sir Patrice, für dessen Mord Guinevere schuldig befunden wurde. Außer sich vor Wut über den Tod seines Vetters, forderte er die Ritter heraus, die die Königin beschützten; glücklicherweise wurde jedoch der wahre Täter rechtzeitig gefunden und von *Lanzelot* getötet. *Guinevere* verzieh ihrem Ankläger.

Madrun/Matriana, Die Heilige (5. Jh.) Sie soll die Tochter des Vortimer, des Sohnes des *Vortigern* gewesen sein. Sie floh mit ihrem Sohn Ceidio von Caerwent nach Cornwall, wo sie starb. Ihre Geschichte entstammt vielleicht dem verlorenen Mythos der *Modron*. Es wird geschildert, wie Madrun, ihren Sohn in den Armen, dem Schlachtfeld entflieht. Ihr Gedenktag ist der 9. April.

Maelduine (I) Der Sohn einer Nonne, die von seinem Vater, *Ailill*, vergewaltigt wurde. Er wollte auf der Suche nach den Mördern seines Vaters aufbrechen, also baute er ein Boot aus Tierhäuten und begab sich auf eine lange Reise nach den *Seligen Inseln (Blessed Islands)*. Er stieß auf viele Inseln, darunter auch auf *Tir na mBan*, wo er und seine Mannschaft, wenn ihr Heimweh nach Irland sie nicht daran gehindert hätte, fast geblieben wären. (Siehe Bran und *Brendan*.) Viele der Inseln ähnelten jenen, die Brendan besuchte.

Maeve/Medb (I) Königin von Connacht. Sie war *Conchobar* versprochen, aber sie verließ ihn wegen *Ailill*. Sie wollte den Braunen *Stier* besitzen, welcher Daire aus Ulster gehörte. Als dieser sich weigerte, ihr den Stier zu geben, ließ sie den abtrünnigen Krieger aus Ulster, *Fergus mac Roigh*, Ulster angreifen. Ihr Versuch, den Stier in ihre Gewalt zu bekommen, war deswegen erfolgreich, weil die Männer Ulsters dem Fluch der Macha anheimgefallen und zu schwach waren, den Kampf aufzunehmen. Nur *CuChulainn* konnte gegen sie die Furt halten, wurde aber schließlich unter Mithilfe der Töchter des *Calatin* getötet. Maeves Mannstollheit war berüchtigt; sie war mit ihren Liebhabern wenig wählerisch. Im Altertum war sie vielleicht die Personifizierung der irdischen *Sovereignty*.

Mag Mell (I) Die friedlich Ebene, auf der Götter und unsterbliche Helden lebten und Sport trieben. *Manannan* spricht davon mit *Bran* *mac Febal* als die »Ebenen« des Meeres, in denen sich die Bewohner der jenseitigen Welt wie zu Land bewegen: die Fische sind dort die Herden, die Vegetation die Wälder, die Rennwagen die Schiffe.

Mag Mor (I) Die große Ebene: die Heimat der Götter, wo Männer und Frauen ohne Scham zusammenlebten, wo ständig Musik zu hören, wo Besitz unbekannt und wo das Bier berauschender war als das beste Gebräu Irlands.

Magnus, Der Heilige (1075 bis 1116) Herzog von Orkney. Als König Magnus Barfuß von Norwegen Orkney überfiel, floh Magnus nach Schottland und kehrte erst zurück, nachdem der König gestorben war. Sein Vetter Haakon hatte aber Besitz von Orkney ergriffen. Die rivalisierenden Herzoge entschlossen sich, die Inseln zu teilen. Nach einigen Jahren unsicheren Friedens wurde eine Konferenz auf Egilsay einberufen, wobei jeder Herzog eine gleiche Anzahl von Anhängern mitbrachte. Es war klar, daß Haakon den Mord an Magnus beabsichtigte; in der Tat befahl Magnus seinem Koch Lilolf, Magnus zu erschlagen. Magnus' Gedenktag ist der 16. April.

Maledisant (A) Frau des *Bruno Le Noir* (La Cote Mail-Taile). Sie begegnet ihm auf einer Reise und zieht mit ihm weiter; die beiden erleben gefährliche Abenteuer. Die ganze Zeit tadelt sie ihn gnadenlos wegen seiner schlecht passenden, verlotterten Kleidung und seines anscheinenden Geldmangels. Schließlich aber verliebt sie sich in ihn und die beiden heiraten – so wie die ähnliche Geschichte von *Gareth* und *Linet* vielleicht hätte enden sollen. Ihr Name, der »schlechte Sprache« bedeutet, spiegelt ihre böse Zunge wider.

Manannan mac Lir (I) Die irische Seegottheit, älter als die *Tuatha de Danaan*, obwohl sie zu diesen gezählt wird. Nach der Ankunft der Söhne des *Miled* bereitete er *Sidhe* für die Besatzung durch die Tuatha vor. Er war der Pflegevater vieler Götter. Er verlor seine Frau Fand an *CuChulainn*. Indem er Caintigerna in der Gestalt ihres Mannes *Fiachna* besuchte, wurde er der Vater des *Mongan*, seiner irdischen Inkarnation.

Er ist der Hüter der *Seligen Inseln (Blessed Islands)* – diese wurden mit der Insel Arran (Emain Abhlach) und mit der Insel Man identifiziert. In seinem Kranichbeutel verwahrte er die frühesten Formen der *Hallows (»Heiligtümer«)*, zu denen sein magisches Boot und der Kelch der Wahrheit gehörten. *Cormac* zog aus, um diesen zu finden. In der irischen Version von Nennius wird Manannan mit *Pryderi* als einer der *Gral*shüter erwähnt. Er war für die häufigen Verwandlungen seiner Gestalt und seine ebenso oftmaligen nächtlichen Besuchen bei Frauen – z. B. in Gestalt eines Reihers – bekannt. Er ist mit *Manawyddan* analog.

Manawyddan (W) Sohn des *Llyr*. Er ist die walisische Entsprechung des *Manannan.* Beim Tod des *Bran* blieb er ohne Land zurück und heiratete *Rhiannon.* Er half, die Dyfed auferlegten Verwünschungen zu überwinden, die als Rache für die üble Behandlung des *Gwawl* durch *Pwyll*, den ersten Mann der Rhiannon, von Llwyd verursacht worden waren. Manawyddan ist ein Mann der Tücke und ein Meister des Handwerks; er konnte, auch als das Land verwünscht war, seinen Lebensunterhalt verdienen. Als Lehrer und Mann der Macht erfüllte er *Pryderi* gegenüber eine Vaterfunktion, und er erbte die Eigenschaften des Pwyll.

Maponus (RB) Analog mit *Mabon.* Ihm gewidmete Inschriften sind von Gallien bis Dumfriesshire (im Südwesten Schottlands) bekannt. Er hatte die Eigenschaften des *Apollon* und erscheint auf einem Relief mit *Diana*, die dort wohl die Eigenschaften der *Modron* übernommen hatte.

March (A) Siehe *Marke.*

Mari Llwd (W) Ein aus einem Pferdeschädel mit Girlanden hergestelltes Steckenpferd, welches zur Weihnachtszeit umhergetragen wird. Seine Träger versuchen, sich mittels eines lückenhaften Liedtextes zu allen Häusern Zugang zu verschaffen; die Bewohner müssen die Zeilen, die das Mari singt, zu Ende führen. Gelingt ihnen dies nicht, gewinnt Mari Lwyd freien Zutritt und die Träger erhalten Erfrischungen. Dieses Ritual gründet sich auf eine Legende, die besagt,

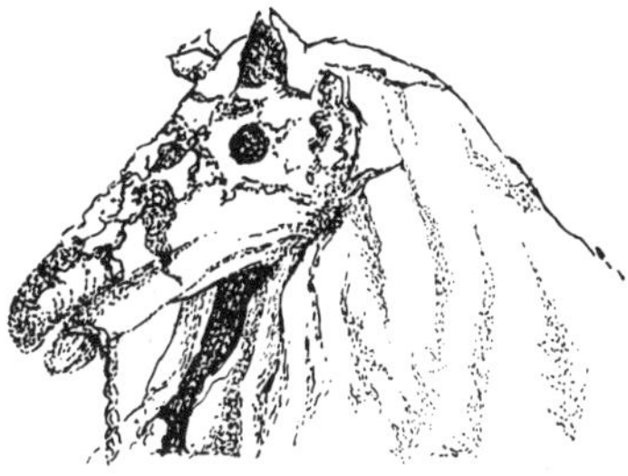

Mari Lwyd

daß das Mari Lwyd aus dem Stall genommen wurde, in dem Christus zur Welt kam; seitdem wandert es durch das Land auf der Suche nach einer Bleibe. Womöglich besteht ein Zusammenhang mit dem Kult der *Epona* und der *Rhiannon.*

Maria, Die Selige Jungfrau Nach Jahrhunderten alter Tradition war England als die Mitgift Marias bekannt – was höchstwahrscheinlich daher rührt, daß *Josef aus Arimathäa* in *Glastonbury* die erste christliche Kirche Englands errichtete, ein bescheidenes Zweigengeflecht, welches im Namen der Jungfrau Maria geweiht wurde. In anderen Textversionen soll er sie nach dem Tod und der Wiederauferstehung ihres Sohnes mit nach England gebracht haben. Die andere Grundlage ihres Kults lag in Walsingham, wo im Jahre 1061 Lady Richeldis eine Vision der Maria hatte, welche ihr befahl, eine Kopie des Hauses der Maria in Nazareth zu bauen.

Dieser Schrein wurde zum Mittelpunkt der Pilgerschaften in England, bis das Bild der Jungfrau während der Reformation zerstört wurde. Heute ist der Schrein wieder instandgesetzt worden und zieht beinahe so viele Pilger an wie im Mittelalter. Sein Ruf, Gebete zu erhören, ist ungebrochen. Wasser wird aus seinem Heilbrunnen geschöpft. Die Milchstraße wurde in Walsingham-Straße umbenannt.

Marke (A) König von Cornwall, Ehemann der *Isolde von Ireland*, die ihn aus Liebe zu *Tristan* verriet. In der irischen Tradition erscheint er als March und hatte Pferdeohren. Ohne es zu wissen, schlief er in seiner Hochzeitsnacht mit *Brangaine*, nicht mit Isolde – eine List, die ihn davon überzeugen sollte, daß diese jungfräulich war.

Marrok (A) Ein Ritter, der auch ein Werwolf gewesen sein soll, nachdem er mehrere Jahre lang aufgrund der Bosheit seiner Frau seine menschliche Gestalt verloren hatte. Anscheinend erfuhr sie von seinem Geheimnis, und er mußte seine Kleider so lange verstecken, bis er so weit war, sich wieder in einen Menschen zu verwandeln. Aber seine Frau stahl ihm die Kleider und Marrok blieb jahrelang ein Wolf, bis ihn *Arthus* entdeckte und, da Marrok sich überhaupt nicht wie ein Wolf verhielt, mit nach Hause nahm.

Hier ging der Wolf mit allen sanft um, außer mit seiner Frau und ihrem Geliebten. Die Frau wurde zum Geständnis gezwungen und Marrok erhielt seine Kleider wieder; sofort kehrte er zu seiner natürlichen Gestalt zurück. Er war offenbar kein Werwolf im üblichen Sinn, sondern ein Mann, dem durch Zauber auferlegt war, sich in der Nacht in einen Wolf zu verwandeln.

Mars (RB) Im römischen Britannien war er sowohl unter den Eingeborenen, als auch unter den Besatzern ein höchst beliebter Gott; so wird sein Name mit denen örtlicher Gottheiten, die ähnliche Züge hatten, in Verbindung gebracht, z.B. Mars Loucetius (»der Glänzende«) oder Mars Rigonemetis (»König des Heiligen Hains«). Mars verliert seine klassischen Eigenschaften und behält statt dessen seine ursprünglichen italienischen Funktionen als Gott der Vegetation und der Landwirtschaft. In Britannien ist ihm außerdem Heilkraft zu eigen und er erscheint manchmal als der Dreifache Mars – eine wahrhaft keltische Idee – mitsamt widderköpfigen Schlangen, den Attributen des *Cernunnos*. In *Nemetona* hat er oftmals eine Partnerin.

Math (W) Sohn des Mathonwy und Onkel von *Gwydion*, *Gilfaethwy* und *Arianrhod*. Er war allwissend und weise, ein großer König. In »Math, Sohn des Mathonwy« hängt sein Leben davon ab, daß er seine Füße in den Schoß einer jungfräulichen Bediensteten – *Goewin* – legt. Der Krieg zwingt ihn dazu, eine Zeitlang von dieser Lebensweise abzurücken; Goewin wird von Gilfaethwy vergewaltigt. Math heiratet Goewin als Versuch der Wiedergutmachung ihrer Schande, und er bestraft seine Neffen, indem er sie nacheinander in verschiedene Tiere verwandelt. Mit seiner Hilfe macht Gwydion *Blodeuwedd* aus Blüten als Braut für *Llew*, seinen Großenkel.

Matholwch (W) König von Irland. Er heiratete *Branwen* und mißhandelte sie. Von *Bran* wurde er besiegt und abgesetzt; sein Sohn *Gwern* übernahm den Thron.

Matres (RB) Siehe *Mütter*.

Maxen Wledig (W) Der walisische Name des Kaisers Magnus Maximus (383–388). Im »Dream of Maxen« (»Traum des Maxen«) träumt der Kaiser von einer unbekannten Frau, in die er sich verliebt. Boten überbringen die Nachricht ihrer Existenz in Wales, also reist er von Rom ab, um sie zu heiraten. Es ist *Elen*. Der historische Maximus, der die Grundlage dieser Legende bildet, diente tatsächlich in Britannien, aber er nahm viele Truppen von der Insel in seinen Kämpfen gegen Gratian, den rivalisierenden Kaiser des Westens, mit sich fort; so blieb Britannien ohne Verteidigung. Historische Spuren durchziehen die Legende. In zahlreichen Genealogien adliger Familien von Wales wird sein Name als Verbindung zum römischen Reich aufrechterhalten.

Mechi (I) Er war der Sohn der *Morrighan*. Wegen einer Prophezeihung, welche besagte, daß er über Irland Verderben bringen würde, wurde er von *Ogma*s Sohn getötet. Aus seinen drei Herzen sollten angeblich drei Schlangen schlüpfen und das Land verwüsten.

Meleagraunce (A) Siehe *Melwas*.

Melkin (W) Prophet und Dichter vor *Merlin*. Er hinterließ eine Prophezeihung, die sich auf den Begräbnisort des *Josef aus Arimathäa* und auf die Gegenstände, die dieser nach *Glastonbury* brachte, bezog. Außer einem Eintrag in den Annalen der Abtei zu Glastonbury sind Hinweise auf seine Existenz dürftig, doch verkörperte er eindeutig in vorchristlicher Zeit eine alte Tradition.

Melwas (A) Der jenseitige König, der *Guinevere* entführte. Im altertümlichen »Life of Caradoc« (»Leben des Caradoc«) schlichtet dieser Heilige zwischen *Arthus* und Melwas (der dort »König des Sommerlandes« heißt), um den Krieg zwischen ihnen abzuwenden. In der Tradition des Spätmittelalters wird aus Melwas Sir Meleagraunce; nicht Arthus, sondern *Lanzelot* wird zum Retter.

Merkur (RB) Unter den Einwohnern Britanniens war er höchst beliebt und, obwohl er seine klassischen Attribute beibehielt, ließ er sich mit den dort beheimateten Göttern gut in Einklang bringen. Er wird mit Heroldstab, Hahn und Geldbeutel abgebildet; diese Symbole deuten auf seine Funktionen als Führer der Toten und als Gott finanzieller Transaktionen hin. In vielen Inschriften und Reliefs steht ihm *Rosmerta* als Partnerin bei.

Merlin/Merlinus/Myrddyn (A) Erzmagier Britanniens, erster Ratgeber und Beschützer des Arthus, Zauberer, Schamane und Mystago-

ge. Merlins Ursprünge sind ungewiß. Zunächst hieß er im Britischen Myrddyn, aber Geoffrey of Monmouth, dessen »Historia Regnum Brittaniae« und »Vita Merlini« die Hauptquellen seiner Biographie sind, nannte ihn in Merlin um. In diesen Büchern verkündet Merlin eine Reihe von Prophezeihungen, das Schicksal von Britannien betreffend.
Möglicherweise war er mit Myrddyn, dem walisischen Dichter des 6. Jahrhunderts, identisch, von dem mehrere Gedichte überliefert sind. (Er kämpfte an der Seite des Königs Gwenddolau gegen *Rhydderch Hael* bei Arfderydd im Jahre 575 n. Chr. und wurde aufgrund der Niederlage wahnsinnig.) Der Wahnsinn Merlins wird in mehreren traditionellen Geschichten um *Suibhne Gelt* und *Lailoken* behandelt. Alle drei wahnsinnigen Propheten sollen den dreifachen Tod – des Abstürzens, des Hängens und des Ertrinkens – erlitten haben, obwohl die übliche Version des Todes Merlins mit der Geschichte der *Niniane* oder *Vivienne* zusammenhängt, eine Frau aus der jenseitigen Welt, die Merlin dazu überlistete, ihr seine Magie preiszugeben. Dann sperrte sie ihn in einen gläsernen Turm, oder unter einen Stein, oder in einem Weißdornbaum ein. Hierin ist wahrscheinlich in verstümmelter Form die Schilderung von Merlins Rückzug aus der Welt in das Reich *Faery* oder in die jenseitige Welt zu sehen.
Die französische Tradition spricht von seinem »esplumoir« oder »Mauserkäfig«, in dem er gelebt haben soll; diese Begriffe rühren von den zwei Bedeutungen seines Names her: *»Falke«*, oder »Mann des Meeres«. Am Anfang seiner Laufbahn war er das Kind eines jenseitigen Vaters oder Dämonen und einer irdischen Frau. Der Turm des *Vortigern*, welcher immer wieder zum Einsturz kam, konnte nur vollendet werden, wenn seinen Fundamenten das Blut eines vaterlosen Kindes beigemischt würde.
Das Kind Merlins, Emrys *(Ambrosius)*, wurde herbeigeholt, aber der Knabe widersprach den Druiden Vortigerns, indem er behauptete, daß der Turm über einer Kammer stand, in der zwei Drachen – ein roter und ein weißer – eingesperrt waren und sich ständig stritten. Als die Fundamente aufgerissen wurden und die zwei Drachen – die die zwei Völker der Briten und der Sachsen darstellen – zum Vorschein kamen, verkündete Merlin seine Prophezeihungen. Er soll der Hüter der *Dreizehn Schätze Britanniens* gewesen sein, die er in seinem gläsernen Turm auf Bardsey Island aufbewahrte. Er war der Mentor Britanniens, welches im Altertum auch Clas Merdin (»Merlins Einfriedung«) hieß.

Merrow/Murdhuacha (I) Die irische Form der Seejungfrau. Meistens erscheinen sie vor Stürmen; traditionsgemäß heirateten sie Sterbliche. Einige Familien machen ihre Abstammung von diesen

Wesen geltend, indem sie als Belege der Vereinigungen ihrer Vorfahren auf mit Schwimmhäuten versehene Hände und Füsse hinweisen. (Siehe *Robbe*.)

Mess Buachalla (I) Die Tochter der *Etain* und des Cormac, des Königs von Ulster. Cormac wurde Etain überdrüßig und befahl, daß ihre kleine Tochter in eine Grube geworfen werde; das Mädchen wurde aber von den Kuhhirten des Eterscel, des Königs von Tara, gerettet und groß gezogen. Während es heranwuchs, bewachten es die Kuhhirten streng, aber Estercel sah es und begehrte es. Es war prophezeiht worden, daß ihm eine Frau unbekannter Abstammung einen Sohn gebären würde. Aber Mess Buachalla – »das Pflegekind der Kuhhirten« – wurde von einem Mann der Jenseitswelt in Vogelgestalt gewarnt: dieser selber – und nicht Eterscel – sei der wirkliche Vater des *Conaire*.

Miach (I) Nachdem sein Vater *Diancecht* für *Nuadu* eine silberne Hand hergestellt hatte, schuf Miach, der seinen Vater an Geschick übertraf, eine Hand aus Fleisch und Blut. Außer sich vor Neid, verwundete ihn Diancecht bei drei verschiedenen Angriffen; diese Wunden konnte Miach dennoch heilen. Beim vierten Angriff wurde er im Gehirn verwundet und starb. Aus seinem Grab wuchsen 365 Kräuter, welche seine Schwester pflückte – aber Diancecht brachte sie alle durcheinander, so daß sie niemand mehr unterscheiden konnte.

Midir (I) König der Sidhe von Femen. Er verlor seine Frau *Etain* und machte sich auf die Suche nach ihr beim Hof des *Eochaid Airem,* den sie geheiratet hatte. Er versuchte verschiedene Reinkarnationen, um sie an das Glück zu erinnern, welches sie innerhalb Sidhes gemeinsam erlebt hatten. Um sie zurückzugewinnen, spielte er mit Eochaid Schach (fidchell); schließlich entführte er Etain, indem er sie ergriff, sie und sich selbst in *Schwäne* verwandelte und durch den Schornstein ins Freie hinausgelangte.

Miled (I) Vorfahr der *Milesier*. Enkel des *Bregon.* Er segelte von Spanien, um den Tod seines Onkels (mancherorts: seines Bruders) Ith zu rächen. Die *Tuatha de Danaan* hatten Irland in einen Zaubernebel gehüllt; so nannte er den Ort »Muic Inis« oder »Schweineinsel«. Er vermachte das Land seinen Söhnen *Eber* und *Eremon.*

Milesier (I) Die Söhne des *Miled* und Nachfahren der Gälen. Sie kamen über das Land der Skythen, Ägypten und Spanien nach Irland. Sie beherrschten das Land nach dem Fortgang der *Tuatha de Danaan.*

Mimir (N) Gott des Meeres, welches manchmal »Mimirs Brunnen« heißt. Daraus zu trinken gab ihm das Wissen aller vergangener und künftiger Dinge; *Odin* tauschte ein Auge ein, um auch daraus trinken zu können. Wie beim keltischen *Bran*, wurde der abgeschnittene Kopf des Mimir zum Orakel.

Odin bewahrte Mimirs Kopf lange Zeit auf, um sich mit ihm zu beraten. Die Kraft und die Eigenschaften des Gottes Mimir sind eindeutig urzeitlicher Natur. In einigen Versionen der nordischen Mythen wird *Yggdrasil*, der Weltbaum, Mimameid – »Mimirs Baum« – genannt.

Minerva (RB) Nach keltischem Verständnis nahm die Göttin mehrere Formen an, doch galt sie vor allem als Göttin der Weisheit und inspirierte die Eingeweihten mit Erkenntnissen. Minervas Haupttempel in Britannien stand in Bath, wo ihr die dortige Göttin *Sulis* beistand. Die Huldigung der jungfräulichen Göttin der Weisheit und des Krieges war in Britannien bereits fest etabliert: *Brigantia* waren dieselben Eigenschaften wie Minerva zueigen.

Mitläufer (Co-Walker) In seinem »Secret Commonwealth« (»Die geheime Nation«) schildert Robert Kirk dieses Wesen als »Zwillingsbruder und Begleiter, in jeder Hinsicht einem Mann ähnlich, der wie ein Schatten an ihm klebt… sowohl vor als auch nach dem Tod des Subjekts«. Eine Art Doppelgänger.

Mochaomhog (I) Der Priester, der sich *Fionnuala* und deren Brüder, der verzauberten Kinder des *Lir*, annahm. Er stellte für sie silberne Halsketten her, hörte ihre Geschichte und unterrichtete sie im christlichen Glauben. Er weigerte sich, sie wieder aufzugeben und bevor sie – in menschliche Gestalt zurückverwandelt – starben, taufte er sie.

Modron (W) Mutter des *Mabon*. Ihr Name bedeutet einfach »Mutter«; von ihr ist nicht mehr viel überliefert. Spuren ihres Mythos sind in den Legenden der *Rhiannon*, der *Macha*, der Demeter, usw. erkennbar: sie ist die Mutter, die ihr Kind verliert. Ihr Kult ist mit dem ihres verlorenen Sohnes Mabon eng verbunden. Modron erscheint unter dem Titel *Morgan* in einer Volksgeschichte des späten 16. Jahrhunderts, in der sie auch *»Afallachs Tochter«* heißt. Ihre mythische Abstammung läßt sich durch Morrighan zurückverfolgen und hängt wahrscheinlich mit dem ehemals weit verbreiteten Kult der »Mütter« zusammen. Unter Umständen besteht eine Verbindung zur *Heiligen Madrun*.

Mog Ruith (I) »Sklave des Rads«. Ein Druide oder Zauberer, der auf der Insel Valentia vor der südwestlichen Küste von Munster lebte. Mit seinem »Ruderrad« – einer Art Flugzeugprototyp – soll er ein Jünger des Simon Magnus gewesen sein. Seine Tochter *Tlachtga* war die einzige Überlebende der erfolglosen Flugversuche des Simon Magnus. Seine Heimat legt aufgrund der Nähe zum Wohnort der *Cailleach Bheare* eine Verbindung mit deren Kult nahe.

Mongan (I) König von Irland. Er war der Sohn der Caintigerna, die, nachdem ihr Mann Fiachna aufgebrochen war, um in Schottland zu kämpfen, von Manannan aufgesucht wurde. Manannan versprach, ihrem Mann zu helfen, unter der Bedingung, daß sie mit ihm schliefe. Aus dieser Vereinigung wurde Mongan geboren. Caintigerna mußte auch erlauben, daß Mongan den Mannanan in die jenseitige Welt begleite, wo Mongan die Zauber- und Dichtkunst beigebracht wurden. So konnte dieser, als er König war, seine Gegner leicht überwinden. Schließlich wurde er im Kampf getötet und ging in die Jenseitswelt ein. Einige Quellen betrachten Mognan als Reinkarnation des *Fionn mac Cumhal*, sowie auch als Offenbarung Manannans. In der Reise des *Bran mac Febal* wird die Geburt des Mongan mit jener Christi verglichen.

Mongfind Die eifersüchtige Stiefmutter des *Niall*. Sie ließ sich von Cairenn, dessen Mutter, bedienen; Cairenn mußte für sie Wasser aus einem Brunnen schöpfen. Mongfind hatte mit Eochu, dem König von Irland, vier Söhne; als Niall sämtliche Prüfungen, die feststellen sollten, wer das Recht der Thronfolge erhalten sollte, erfolgreich bestand, gingen Mongfinds vier Söhne leer aus.

Mor (I) Vorfahre der königlichen Häuser von Munster. Sie ist eine Sonnengöttin, deren Thron sich im Meer westlich von Irland befindet.

Mordred (A) Der Sohn des *Arthus* und dessen Halbschwester *Morgause*. Somit wurde er sowohl der Sohn als auch der Neffe des Arthus – was ihm nach den Thronerbschaftsregeln der keltischen Zeit eine mächtige Position verlieh, da diese den Neffen des Königs eher als den Sohn als Thronfolger bevorzugten. (So hat Arthus auch mit seinen anderen Neffen starke Verbindungen, vor allem mit *Gawain*, dessen Familie den höchsten Anspruch auf den Thron aufrechterhielt.)

In den meisten Versionen der Arthuslegende wird Mordred als Bösewicht geschildert. Sein Vater wollte, nachdem er erkannt hatte, daß er mit Morgause geschlafen hatte, Mordred töten: er befahl, daß alle zu dieser Zeit geborene Kinder in einem Boot ausgesetzt und dem Tod durch Ertrinken überlassen würden. Mordred entkam und wurde mit seinen Halbbrüdern *Gawain*, *Gaheris*, *Agravaine* und Gareth großgezogen. In vielen Versionen versucht er, Guinevere zu heiraten, während Arthus mit seinen Kriegskampagnen in der Ferne unterwegs ist. Schließlich wurde er von seinem Vater, den er bei der Schlacht von *Camlan* tödlich verwundete, getötet.

Morfessa (I) Er war der Meister der Weisheit, der in *Falias* lebte, einer der vier Städte, von denen aus die *Tuatha de Danaan* nach Irland kamen. Sein Name bedeutet »großes Wissen«. Er gab den Tuatha den Stein von Fal in Obhut; dieser Stein war der heilige Stein der Königskür – sobald ein rechtmäßiger König gefunden wurde, stieß er einen Schrei aus.

Morfran (W) Der Sohn der *Ceridwen* und des *Tegid Foel*. Sein

Name bedeutet »große *Krähe*« Er hieß auch »Afagddu« oder »Völlige Dunkelheit«. Seine Häßlichkeit war so groß, daß seine Mutter dafür einen Ausgleich in Form von Weisheit suchte. So bereitete sie für ihn ihren *Kessel* der Inspiration; aus ihm jedoch trank Gwion/*Taliesin* statt Morfran. Nach »Culhwch und Olwen« verdankte es Morfran seiner Häßlichkeit, daß er bei der Schlacht von *Camlan* nicht getötet wurde: sein Gegner hielt ihn für einen Teufel.

Morgan/Morgana le Fay (A) Tochter des *Gorlois von Cornwall* und der *Igerna*, Halbschwester des Königs *Arthus* und Mutter des *Owein/Ywain* durch Uriens von Gore. Nach Malory wurde Morgan »in einem Kloster erzogen, wo sie Meisterin des Zauberns wurde«. Sie wurde zum Erzfeind des Arthus und versuchte, sowohl ihn als auch die Bruderschaft der *Tafelrunde* durch Zauber zu vernichten. Sie war für den Diebstahl des Schwertes *Exkalibur* verantwortlich; als dessen rechtmäßiger Besitzer es wieder gewann, gelang es Morgan, die Scheide des Schwertes, die vor allen Verwundungen beschützte, für immer zu verlieren.

Für die Verfasser der mittelalterlichen Arthuserzählungen war sie lediglich eine Zauberin, doch sind ihr auch die Eigenschaften der alten keltischen Kriegsgöttin, der *Morrighan*, eigen. Überbleibsel dieser ehemaligen Identität bleiben in der überlieferten Figur vorhanden, beispielsweise durch ihre Erscheinung mit zwei anderen Königinnen des Schattenreichs auf dem Schiff, auf dem Arthus an seinem Lebensende nach *Avalon* fuhr.

Im Epos »Vita Merlini« des Geoffrey von Monmouth beherrscht sie mit ihren zwölf Schwestern ein Zauberreich, während sie in Romanen des späteren Mittelalters wie »Huon von Bordeaux« zur Fata Morgana geworden ist, zur Königin von *Faery*, die sterbliche Männer ent- und verführt. In neuerer Zeit steht ihr Name für die Zauberei schlechthin, obwohl es wiederum Anzeichen dafür gibt, daß ihr allmählich ein Ruf als Verkörperung der Macht erneut zuteil wird, welcher ihrem eigentlichen Ursprung eher entspricht. Sie wird häufig auch mit *Modron* identifiziert, die einen weiteren Aspekt der alten keltischen Muttergöttin verkörpert.

Morgause (A) Das zweite Kind des *Gorlois von Cornwall* und der Igerna. Sie heiratete König *Lot von Orkney* und gebar ihm *Gawain, Gaheris, Agravaine* und *Gareth*. Ihr fünftes Kind, *Mordred*, entstammte ihrer inzestuösen Vereinigung mit ihrem Halbbruder Arthus. Wie ihre Schwester *Morgan le Fay* hatte sie einen schlechten Ruf. Schließlich wurde sie von ihrem eigenen Sohn Gaheris getötet, der sie mit *Lamorack*, dem Sohn des Königs *Pellinore* – des Erzfeindes des Orkney-Clans – im Bett entdeckte.

Morholt/Morhold (A) Der irische Riese und Kämpe, der jedes

Jahr erschien, um von König *Marke* von Cornwall Tribut einzufordern. Er wurde von *Tristan*, dem Neffen Markes, getötet; dabei wurde Tristan von einer vergifteten Waffe verletzt. Als Onkel der *Isolde* war er offenbar königlichen Blutes.

Moriath (I) Sie war die Tochter des *Scoriath*, des Königs von Gallien. Während *Craiftine* mit seiner Harfe ihre Eltern in den Schlaf lullte, schlief sie mit *Labraid Longseach.*

Morrighan (I) Die Große Königin. Sie stellte in Irland die archetypische Form der Göttin dar und wurde vor allem mit dem Krieg assoziiert; in dieser Eigenschaft erschien sie in dreifacher Gestalt als *Macha, Nemainn* und *Badb*. Neben ihrer kriegerischen Blutrünstigkeit war sie als mannstoll berüchtigt – wie die sumerische Inanna, der sie sehr ähnelt. Sie kämpfte an der Seite der *Tuatha de Danaan* gegen die *Firbolgs* bei der ersten Schlacht von Mag Tuired. Nach der zweiten Schlacht sagte sie das Ende der Welt und die Verwüstung der Erde voraus; beides würde durch den Zusammenbruch der Moral verursacht werden. Sie bot *CuChulainn* ihre Liebe an; als dieser sie verschmähte, verwandelte sie sich in einen Aal, dann in eine Wölfin, um ihn zu bekämpfen. Normalerweise erschien sie in der Form einer Schlacht-Krähe. Sie vereinigte sich rittlings über einem Fluß mit *Dagda*. Ihr Name ist in Wirklichkeit ein Titel und bezeichnet alle drei ihrer Aspekte. Ein eindeutiger Zusammenhang besteht sowohl mit *Modron*, als auch mit *Morgan.*

Darstellung der Morrighan.

Mütter, Die (Mamau/Matres) (K) Die dreifachen Mütter erscheinen in der ganzen keltischen Welt und sind mit den großen neolithischen Göttinnen Europas verwandt; sogar mit gewissen römischen Gottheiten wie Merkur wurden Verbindungen hergestellt. In den romano-britischen *Matres* sind sowohl der örtliche Einfluß, als auch die grundsätzlichen Eigenschaften der klassischen Parzen (»Schicksalsgöttinnen«) zu erkennen. Ihre Abbildungen zeigen in der Regel drei sitzende, in Gewändern gehüllte Frauen reifen Alters, die die Früchte der Erde tragen – Füllhörner, Obst, Brotlaibe, Gebäck, Bier usw. Manchmal stillen sie Kleinkinder (Dea Nutrix).

Solcherlei Abbildungen auf Reliefs sind Zeugnisse ihrer universellen Funktion als Hüterinnen des Hauses und des Landes und als Garanten des Wohlstandes. Sie verfügen niemals über individuelle Namen, sondern werden als Mutter einer bestimmten Örtlichkeit bezeichnet – so wie die Heilige Jungfrau *Maria* als »Unsere Frau« einer jeweiligen Örtlichkeit betitelt wird. Obwohl sie zweifellos bereits vor der römischen Besatzung verehrt wurden, finden sich in Gallien, Italien und Germanien auch Inschriften – »den Müttern meiner Heimat« – aus der Zeit nach der Eroberung; diese Inschriften stellen Zeugnisse ihrer Anerkennung in allen Ländern als beschützende Göttinnen dar. In der walisischen Tradition hießen sie die »Mamau«.

Muilearteach (S) Die Abart der *Cailleach Bheur*, die im Wasser lebte. Sie konnte als Hexe oder als Seeungeheuer erscheinen. Sie kam oft an Land, um am Feuer eines Sterblichen um Wärme zu bitten, damit sie daraufhin riesengroß und grausam werden konnte. Sie hatte ein bläulich-schwarzes Gesicht mit nur einem Auge. Sie erzeugte stürmische Winde auf hoher See.

Murine (I) Schwägerin des Lugh, Mutter des *Fionn*. Sie gebar Fionn nach dem Tod seines Vaters und war außerstande, ihn zu beschützen; so ließ sie ihn von Bodhmall und Laith Luachra – einer Druidin und einer Kriegerin – groß ziehen.

Murias (I) Eine der vier Städte, aus denen die *Tuatha de Danaan* nach Irland kamen. Ihr Meister der Weisheit hieß *Semias*, der den *Kessel* der Erkenntnis in die Obhut der *Dagda* gab. (Siehe *Hallows*.)

Muspellsheim (N) Das Reich des Feuers, über welches das Feuergott Surtr herrschte. Es war der Gegensatz zum Eisreich *Niflheim*. Die Verbindung von deren Hitze und Kälte verursachte die Erschaffung der Welt.

Mylor Er war ein junger Prinz, als sein Onkel seinen Vater tötete. Um zu verhindern, daß Mylor König werde, verstümmelte ihn sein Onkel dadurch, daß er ihm die rechte Hand und den linken Fuß abschnitt. Nachdem diese Glieder durch Prothesen – jeweils aus Silber und aus Bronze – ersetzt wurden, begannen sie, wie natürliche Körperteile zu funktionieren. Um seinen Peinigern zu entkommen, floh Mylor in ein Kloster; seine Flucht war aber vergebens und er wurde getötet. Dieser Mythos verläuft mit dem der silbernen Hand des *Nuadu* parallel und ist ein weiteres Zeugnis der Abscheu der Kelten vor einem verwundeten oder mit einem Makel behafteten König (siehe *Verwundeter König*). Mylors Reliquien werden im Abtei von Amesbury aufbewahrt und am 1. Oktober wird seiner gedacht.

N

Nanna (A) Göttin der Blumen und der Pflanzenwelt. Frau des *Baldur*. Als dieser von *Hodur* getötet wurde, starb sie gebrochenen Herzens und begleitete ihn nach *Hel*. Als *Hermod* versuchte, Baldur zu retten, wurde Nanna gefragt, ob sie mit zurückkehren wollte. Schließlich mußte Baldur in Hel bleiben; so entschloß sich Nanna, ebenfalls zu bleiben. Sie gab Hermod eine wunderschöne Stickerei mit auf den Weg als Zeichen ihrer fortwährenden Liebe für die Welt.

Nantosuelta (K) Gallische Göttin, Gefährtin des *Sucellos*. Sie wird mit einem Taubenschlag oder Häuschen auf einem Pfahl und mit einem *Raben* abgebildet. Ihr Name bedeutet »Schlängelnder Fluß«.

Naoisi (I) Geliebter der *Deirdriu*. Sie ließ ihn versprechen, sie zu retten und mit ihr aus Ulster zu fliehen. Er wurde von König Eoghan getötet.

Nasciens (A) Der Eremit im Dienste des *Grals*. Er erscheint an verschiedenen Stellen in mehreren der mittelalterlichen Geschichten, um den *Gralsrittern* den Weg zu weisen, sie zu beraten oder ihnen seltsame Geschehnisse zu erklären. Nach früheren Texten soll er einmal ein heidnischer Anführer namens Seraphe gewesen sein, der sich bei seiner Bekehrung für den Namen Nasciens entschied. Beim Versuch, in den Gral zu blicken, erblindete er, doch wurde er von der *Gralslanze* geheilt. Er kam mit *Josef aus Arimathäa* nach Britannien, überlebte diesen und wurde der Eremit der späteren Geschichten.

Nechtan (I) Er war der Ehemann der *Boann*. Der Brunnen der Erkenntnis, über dem neun Haselbäume wuchsen, die ihre Nüsse fallen ließen, war allen anderen außer ihm und seinen Kelchträgern verboten. Boann brach das Tabu und der Brunnen quoll hervor, verfolgte sie und wurde zum Fluß Boyne.

Neit/Net (I) Der männliche Gefährte der *Nemainn*. Sein Name kann »Lebenskraft« oder »Eifer der Schlacht« bedeuten. Er ist einer der frühzeitlichen Götter Irlands; nach seinem Tod bei der zweiten Schlacht von Mag Tuired teilten seine Söhne das Land unter sich auf. Er war der Großvater des *Balor*.

Nemainn (I) Einer der Aspekte der *Morrighan*.

Nemed (I) Nach dem Tod des *Partholon* kam er von Skythien nach Irland. Er besiegte die Fomorianer in drei Schlachten, aber kurz danach fiel er, zusammen mit 3000 Bürgern seines Volks, der Pest zum Opfer.

Nemetona (K) Ihr Name bedeutet »Göttin des heiligen Hains«. Wie bei vielen keltischen Gottheiten ist ihr Name ein Titel, dem eine höhere Achtung als ihrem örtlichen Beinamen zuteil wird. Sie tritt als Partnerin des *Mars* auf,in dessen romanobritischen Erscheinungen.

Nemhglan (I) Er war das vogelähnliche Wesen, welches *Mess Buachalla* erschien und sie liebte. Sein Sohn, *Conaire Mess Buachalla*, wollte auf einen Vogelschwarm schießen, aber Nemhglan flog hinunter und belegte ihn mit einem Zauberbann, damit sich Nemhglan nackt ausziehe und nur mit seiner Schleuder und einem Stein in der Hand bewaffnet nach Tara gehe. Dadurch erkannten die Druiden Conaire als nächsten rechtmäßigen König.

Nentres von Garlot (A) Einer der Protagonisten des Aufstandes der elf Könige gegen *Arthus* zu Beginn seiner Herrschaft. Er heiratete *Elaine*, die Halbschwester des Arthus und wurde schließlich dessen Verbündeter.

Neot, Der Heilige (gest. 877) Zunächst Mönch in *Glastonbury*, wurde er im Moor von Bodmin bei Neotstoke Einsiedler. Er soll am Vorabend der Schlacht von Ethandun König *Alfred dem Großen* erschienen sein. Als Neots Ochsen gestohlen wurden, setzte er Hirsche unter das Joch, um seine Felder zu pflügen. Sein Gedenktag ist der 31. Juli.

Nera (I) Er war ein Diener des *Ailill*. In einer Nacht des *Samhain*-Festes bot Ailill demjenigen einen Preis an, der hinausgehen und mit einer Weidenrute einen Kreis um den Fuß eines dort hängenden Leichnams zeichnen würde. Da es die Zeit der Toten war, weigerten sich alle außer Nera. Als er die Aufgabe vollziehen wollte, bat die Leiche um Wasser. Nera trug sie in ein Haus, welches sofort von Feuer umzingelt wurde. Als sie in das nächste Haus gelangten, wurde dieses von Wasser umgeben. Im dritten Haus, in das sie kamen, trank die Leiche drei Becher Wasser, bespuckte aber die Bewohner des Hauses mit dem Inhalt des dritten Bechers; sie fielen auf der Stelle tot um. Als Nera zurückkehrte, um seinen Preis abzuholen, fand er die königliche Festung in Flammen vor; der König und alle Mitglieder des Hofes waren geköpft worden. Nera stieg in die Unterwelt von Cruachan hinab, um die Köpfe zu suchen und lebte dort mit einer Bohnen-Sidhe zusammen; diese erklärte, daß alles nur eine Vision gewesen sei und daß er, um zu verhindern, daß diese Ereignisse tatsächlich eintreten, zur königlichen Festung zurückkehren und die Sidhe, in der er sich befinde, zerstören müsse. *Fergus mac Roigh* zerstörte den Ort, nachdem er dessen viele Schätze und Heiligtümer geplündert hatte. Nera konnte mit seiner Frau und seinem Kind aus Sidhe entkommen.

Nerthus (N) Der frühzeitliche Name der nordischen Erdgöttin. Tacitus schildert, wie ihre Figur bei Frühlingsfesten in einem Karren voller Blumen getragen wird; nach der Prozession werden die Träger der Figur mitsamt des Karrens ertränkt. In der späteren Tradition wurde ihr Kult von dem der *Freya* übernommen. Womöglich sind viele der häufig entdeckten, erwürgten Moorleichen Relikte dieses Opferritus.

Nessa (I) Frau des *Cathbad*. Ihr Name lautete früher Assa oder »die Sanftmütige«. Aber nachdem Cathbad alle ihre Lehrer umgebracht hatte, bewaffnete sie sich und wurde Kriegerin; so wurde sie »die Unsanfte« – Niassa (Nessa) genannt. Cathbad überraschte sie, als sie ohne Waffen badete, aber er ließ sie gewähren und willigte in ihre Bitte ein, nur sie zur Ehefrau zu nehmen. Sie gebar *Conchobar* an dem Tag, an dem die Geburt Christi prophezeiht worden war.

Niall der Neun Geiseln (I) König von Tara im späten 4. Jahrhundert. Er war der Sohn des Eochu Muigmedon mit *Cairenn*, einer Konkubine; zusammen mit seinen vier Stiefbrüdern wurde er von seinem Vater als geeigneter Thronfolger anerkannt. Doch *Mongfind*, Eochus Frau, ließ alle Knaben eine Prüfung ablegen, um festzustellen, wer von ihnen König werden würde. Sie schickte sie zu *Sithchean*, einem Propheten und Schmied, der seine Schmiede in Flammen legte, um herauszufinden, welche Werkzeuge die Knaben jeweils retten würden. Niall rettete den Amboß und wurde zum Sieger ernannt. Verärgert darüber, daß ihre Söhne übergangen worden seien, forderte Mongfind eine erneute Prüfung. Sithchean setzte die Knaben im Wald aus, wo sie jeder für sich selbst sorgen mußten. Um an Wasser zu kommen, versuchten sie, an einen Brunnen zu gelangen. Der Brunnen wurde aber von einer Hexe bewacht, die nur dem Wasser geben würde, der sie küßte. Nur Niall war bereit, sie zu küssen, woraufhin sie sich in eine wunderschöne Frau verwandelte. Sie nannte sich die *Sovereignty* von Irland – und vermachte diese Souveränität dem Niall.

Niamh (I) [1] Tochter des *Manannan*. Sie liebte *Oisin* und lockte ihn nach *Tir na Nog*, wo sie 300 Jahre lang zusammenlebten, bis Oisin Heimweh bekam. Sie gab ihm ein Pferd, damit er seine Heimat wiedersehen könnte. Die damit verbundene Bedingung war, daß er bis dorthin keinen Fuß auf die Erde setzen durfte, doch der Sattelgurt verrutschte und mit dem ganzen Gewicht seiner sterblichen Jahre fiel er zu Boden.

Niamh (I) [2] Tochter des *Celtchair*. Sie heiratete *Conganchas*, um ihm das Geheimnis seiner Unverwundbarkeit zu entlocken, damit ihr Vater diese Unverwundbarkeit überwinden und Conganchas töten könnte.

Niflheim (N) Das Land der ewigen Kälte, in welchem sich die neun infernalischen Regionen von Hel befanden. Der eiskalte Dampf vermischte sich mit der Hitze von *Muspellsheim* und verursachte die Erschaffung der Welt.

Nimue (A) Die Tochter eines Lehnsmannes, der Patenkind und gelegentlicher Gefährte der Göttin Diana war. *Merlin* entdeckte die junge Nimue, als diese im Wald spielte. Sie bat ihn, ihr beizubringen, wie sie einen Turm aus Luft bauen könne. Als er dies für sie tat, schloß sie ihn darin ein. Nach der bretonischen Überlieferung fand dieser Vorfall im Wald von Broceliande, im Val Sans Retour, in der Nähe des Brunnens von Barenton, statt. In manchen Texten ist Nimue mit der *Lady of the Lake (»der Dame des Sees«)* analog und heißt auch *Niniane* oder *Vivienne*. Die Überlieferung der Gefangenschaft Merlins durch die Einwirkung dieser Jungfrau entstammt wahrscheinlich dessen Rückzug in das Reich *Faery* oder in das keltische Jenseits; dieses wird oftmals als gläserner oder spiralförmiger Turm geschildert, in dem der Dichter oder Zauberer eine Zeitlang eingesperrt wird, um die Geheimnisse des Lebens und des Todes zu erlernen.

Nine Worthies Nach der mittelalterlichen Tradition bestanden die Nine Worthies (»die Neun Würdigen«) aus drei biblischen Helden – Joshua, David und Judas Maccabäus, drei klassischen Helden – Hector, Alexander und Julius Cäsar, und drei christlichen Helden – Karl dem Großen, *Arthus* und Godfrey von Bouillon. Diese neun galten als unübertroffen in ihrem Mut und ihrer Tugend und wurden beim Volk kaum weniger als die seliggesprochenen Heiligen verehrt.

Niniane (A) Siehe *Nimue*.

Nissien (W) Bruder des *Efnissien*. Sein Name bedeutet »friedlich«, doch vermochte er nicht, zwischen seinem Bruder und denjenigen, die sein Bruder beleidigt hatte, Frieden zu stiften.

Njord/Niord (N) Gott des Meeres und der Küstengewässer, der sich im ewigen Streit mit *Nerthus* befindet. Ursprünglich gehörte er den *Vanir* an, doch schloß er sich später in *Asgard* den *Aesir* an. Er heiratete die Eisriesin Skadi und sie verbrachten jeweils einen Teil eines jeden Jahres im Haus des anderen; so verkörpern sie die Unterscheidung der Jahreszeiten.

Nodens (K) Seine wichtigste heilige Stätte befand sich in Lydney in Gloucestershire, wo an dem Schrein ein Gästehaus und ein Schlafraum oder Abaton für den Tempelschlaf gebaut waren. Er ist mit *Nuadu* analog und wird mit Lludd Llaw Eraint (siehe *Llyr*) und mit *Gwynn ap Nudd* in Zusammenhang gebracht. Abbildungen von ihm sind nicht überliefert, doch war sein Symbol, nach den Votivtafeln zu urteilen, die in seinem Tempel entdeckt worden sind, angeblich ein Hund. Er war ein Gott der Gewässer und war im römischen Britannien mit Neptun verbunden. Seine hauptsächliche Funktion in der örtlichen Tradition war die des Gottes der Heilung.

Nornen (N) Eine dreifache Göttin, oder anders betrachtet: drei Göttinnen, welche Vergangenheit, Gegenwart und Zukunft verkörperten. Sie beherrschten das Schicksal der Menschen, wobei ihre Gaben sich oftmals gegenseitig aufhoben; so blieb ihr Nutzen meist gering. Die Sachsen nannten

Die Nornen.

sie *Wyrdes* und betrachteten sie als Riesinnen – oder als Riesin, Elfe und Zwergin. Sie finden in den meisten Kulturen Entsprechungen und bestimmen sogar das Schicksal der Götter.

Nuadu (I) König der *Tuatha de Danaan.* Im Kampf gegen die *Firbolgs* verlor er eine Hand und somit das Recht, König zu sein. (Siehe *Sovereignty* und *Verwundeter König.*) *Diancecht* und *Creidne* stellten für ihn eine Hand aus Silber her; so wurde Nuadu Airgetlam (»Silberhand«) genannt. Doch schuf *Miach*, der Sohn des Diancecht, eine Hand aus Fleisch und Blut. Nuadu überließ *Lugh* ein Jahr lang den Thron, während er sich mit seinen Beratern über die Möglichkeiten beriet, die Fomorianer zu besiegen. Er fiel aber bei der zweiten Schlacht von Mag Tuired. Er ist mit *Nodens* analog.

O

Oberon Der König von *Faery*. Der Name scheint von der französischen Geschichte »Huon von Bordeaux« importiert worden zu sein. Gelegentlich wird er Auberon geschrieben und soll mit dem Zwerg Alberich aus der deutschen Tradition verbunden sein.

Octriallach (I) Er war ein Fomorianer, der entdeckte, wie *Diancecht* in der Lage gewesen war, durch den Brunnen von Slaine die Toten wiederzubeleben. Octriallach zeigte den Ort seinem Stamm und man schüttete den Brunnen mit Erde zu. Er wurde von *Ogma* getötet.

Odin/Votan/Wotan (N) Oberhaupt der Götter, allwissend, allsehend, unwandelbar. Sohn des Gottes Bor und einer Riesin namens Bestla. Meistens wird er als einäugiger Wanderer geschildert, im weiten Mantel und mit einem breitkrempigen Hut; er trägt einen Stab, der in Wirklichkeit sein Speer Gungnir ist.
Seine Wissensbegierde war grenzenlos; um an einen Trank aus dem Brunnen von *Mimir* zu kommen, welcher die vollkommene Weisheit spendete, opferte er sogar ein Auge. Er soll die Menschen aus zwei Bäumen – der Esche und der Ulme – geschaffen haben, und die Erde selbst schuf er aus dem Leib des Riesen *Ymir*. In *Walhall*, dem Thronsitz der Götter, saß er auf seinem Thron Valaskialf, mit zwei Raben, Hugin (Gedanken) und Munin (Gedächtnis) auf den Schultern; zwei Wölfe, Geri und Freki, lagen zu seinen Füssen. Als Gott des Krieges überwachte er alle Schlachten und schickte seine Kriegerjungfrauen, die *Walküren*, aus, um die mutigsten Krieger in seinen Saal zu bestellen.

Die Raben des Odin.

Im Gegensatz zu vielen Göttern war er weder hochnäsig noch rachsüchtig, sondern machte sich Sorgen um die menschliche Natur, die er teils seltsam, teils lächerlich fand. Später wurde er vor allem als Magier und Heilender aufgefaßt, doch verlor er nie seine furchteinflößenden Qualitäten. Er gewann noch größere Weisheit dadurch, daß er sich neun Tage und neun Nächte lang an *Yggdrasil* hing; während dieser Zeit eignete er sich die Macht der Runen an.

Odran, Der Heilige (gest. 563) Der Heilige Odran war einer von *Columbas* Begleitern während seines Exils auf der Insel Iona. Nach der Legende wurde die Arbeit auf seltsame Weise behindert, als die Mönche des Klosters versuchten, die erste Kirche zu bauen. Columba hatte eine Vision, die ihm offenbarte, daß Teufel die Arbeit behinderten und daß das Gebäude wieder einstürzen würde, solange sie kein menschliches Opfer in den Fundamenten begruben. Odran bot sich selbst an und wurde in den Fundamenten lebendig begraben. Nach drei Tagen ließ ihn Columba ausgraben. Odran lebte noch und sagte, »Der Tod birgt keine Wunder und die Hölle ist nicht so, wie behauptet wird.« Columba ordnete an, daß er wieder eingegraben werde und sagte, »Erde, Erde, auf den Mund des Odran, daß er nicht weiter daherrede!« Der Friedhof wurde später Reilig Orain (»Odrans Krypta«) genannt. Sein Gedenktag ist der 27. Oktober.

Ogma (I) Krieger der *Tuatha de Danaan*. Er war der Sohn des Dagda, der Ehemann der *Etain und der Vater des Tuirenn*. Als Anführer der Tuatha de Danaan überwand er die Unterdrückung seitens des *Bres* und der *Fomorianer*. Er erbeutete das sprechende Schwert des Königs der Fomorianer, Tethra. Er soll das Ogham-Alphabet erfunden haben, welches die Iren in feierlichen Inschriften, aber nicht für gewöhnliche Schrift verwendeten. (Das druidische Verbot der Niederschrift von Wissen galt bis in die jüngste Zeit der irischen Geschichte: professionelle Lehrer, Dichter und Richter mußten alles, was sie wußten, auswendig lernen.) Ogma ist mit dem gallischen Gott *Ogmios* analog.

Ogmios (K) Ein gallischer Gott, *Ogma* analog. Eine Inschrift kennzeichnet ihn als »Ogmia« und an gleicher Stelle erscheint er mit der Peitsche der Unbesiegbaren Sonne in der Hand, mit ausgebreiteten Haaren nach Art eines Sonnengottes. Hier bestehen Verbindungen mit den örtlichen Kulten des *Maponus/Apollon*.

Ogygia (G) Eine Insel, die von Plutarch irgendwo weit im Westen geortet wurde. Dorthin wurden Helden gebracht, um Kronos zu dienen und um verschiedene professionelle Kunstrichtungen zu erlernen. Ogygia ist die räumliche Analogie zum Goldenen Zeitalter. Kronos wurde im Schlaf an die Insel gekettet, aber seine Träume diktierten die Handlungen des Zeus.

Oimelc/Imbolc (K) Das keltische Fest, welches am 1. Februar gefeiert wurde. Es hieß außerdem Feile Bhride, oder *Brigits* Fest. Der Anlaß war die »Jahreszeit der Lämmer«; daher der Name Oimelc oder »Schafsmilch«. Schafe standen unter dem Schutz der Brigit, die auch den kommenden Frühling symbolisierte. Ein obskurer Text erählt vom Kampf zwischen Brigits Lamm und dem – den Winter verkörpernden – *Drachen der Cailleach* (siehe *Samhain*). Die gälischen Regionen Schottlands feiern nach wie vor ihr Fest im Gedenken an einen Mysterienzyklus bezüglich des bevorstehenden Erscheinens der Brigit; in Irland werden »Bride's Crosses« (»Kreuze der Brigit«) aus Binsen oder Weidenzweigen in der Form von drei- oder vierarmigen Kreuzen hergestellt. Möglicherweise rührt diese Sitte von einer früheren Feuerzeremonie her, bei der dieses Kreuz angezündet und in den Februarhimmel geworfen wurde, um die Ankunft des Frühlings zu beschleunigen. Der Kampf der Brigit mit der Cailleach ist immer noch Gegenstand heutiger Volksgeschichten.

Oisin (I) Sohn des *Fionn* und der *Sadbh*. Außer *Caoilte* war er der einzige Held, der die Schlacht von Gabhra überlebte, in der die meisten der *Fianna* umkamen. Während der Schlacht wurde er von *Niamh* nach *Tir na n'Og* gelockt, wo er sich nur kurz aufhalten wollte. Es vergingen jedoch viele Hunderte von Jahren und er sehnte sich nach Hause. Niamh gab ihm ein Pferd, damit er Irland wiedersehen könne – unter der Bedingung, daß er mit dem Fuß den Boden nicht berühre. Aber der Sattelgürtel verrutschte und er wurde ein alter Mann. Der *Heilige Patrick* wollte ihn taufen und erfuhr von ihm die Geschichte der Fianna, damit sie für spätere Epochen aufgezeichnet werden könne. Oisin war Barde – eine Tradition, die es James MacPherson (1736–96) erlaubte, eine Ansammlung von gälischen Dichtungen, angeblich aus der mündlichen Überlieferung, zu fälschen; das Werk hieß »Ossian«.

Olwen (W) Tochter des Riesen *Yspaddaden*. *Culhwch* liebte sie, konnte sie aber erst gewinnen, nachdem er zahlreiche ihm von ihrem Vater erteilte Aufgaben erfüllt hatte. Wo sie ging, sprossen weiße Dreiblätter; so enstand ihr Name »Weiße Spur«. Obwohl ihr die üblichen Eigenschaften der Tochter eines Riesen zu eigen waren – Mut, Erfindungsreichtum und Schönheit – stellt sie zumindest in einer Hinsicht eine Ausnahme im Vergleich zu den meisten Volksgeschichten dar; dadurch nämlich, daß sie Culhwch bei der Erfüllung der gestellten Aufgaben nicht hilft, denn: wer immer sie auch gewinnt, wird den Tod ihres Vaters verursachen. So geschieht es auch, als Culhwch seine letzte Aufgabe erfüllt und Olwen heiratet.

Orc Triath (I) Dieser *Eber* gehörte *Brigit*, der Tochter des *Dag-*

da. Er ist mit *Twrch Trwyth* identisch. Möglicherweise handelte es sich um den Namen eines Königs und beim Eber selbst um das Symbol der erstrebenswerten Königswürde.

Orfeo Die britische Variante des Namens Orpheus. Nach der schottischen Legende bricht Orfeo auf, um seine Königin, Isabel, zu suchen; in der Unterwelt ist sein Flöten- (oder Harfen-) Spiel so wirkungsvoll, daß Isabel befreit wird. Die gleiche Geschichte wird in einem mittelenglischen Text erzählt: Orfeo macht sich auf die Suche nach Meroudys oder Herodis. Ähnliche Versionen erscheinen in den traditionellen Erzählungen von *Pwyll* und *Rhiannon* und von *Midir* und *Etain*.

Orvandil/Earandel (N) Der rastlose Seefahrer, der am Rande des Landes Jotunheim lebte, welches *Thor* häufig besuchte. Einmal war ein Zeh Orvandils festgefroren. Thor brach ihn ab und warf ihn in den Himmel, wo er die Konstellation des Orion (»Orvandils Zeh«) bildete. Die Angelsachsen nannten das Sternbild Earandel.

Oscar/Osgar (I) Der Sohn des *Oisin*. Er wurde vom Hohen König von Irland getötet – und tötete diesen selbst gleichzeitig. Die Wäscherin an der Furt hatte ihn vor seinem Tod gewarnt. Er konnte viele Feinde beschwichtigen, war im Kampf jedoch furchtlos und unerbittlich.

Oswald, der Heilige (gest. 642) Der Heilige Oswald war König von Northumbrien. Während er auf der Insel Iona im Exil war, wurde er Christ. Als er nach dem Tod von Edwin dem Usurpator als König wieder eingesetzt wurde, übergab er Lindisfarne an den *Heiligen Aidan*. Er vereinte Bernicia und Deira, wurde aber bei der Schlacht von Maserfield getötet. Aidan hatte einmal darum gebetet, daß die großzügige Hand des Königs nie verdorben werde. Tatsächlich wurde aber dessen ganzer Körper verstümmelt, nachdem der heidnische König Penda befohlen hatte, daß Oswalds Kopf, Arme und Hände an Pfählen aufgespießt werden. Er wurde in Oswestry (»Oswalds Baum«) begraben, aber seine Reliquien verteilten sich durch das ganze Christentum – wobei die Hand unverdorben blieb. Sein Gedenktag ist der 5. Oktober.

Otter Der Otter ist ein außergewöhnliches und magisches Tier und blieb den keltischen Klerikern ein großes Rätsel; ständig setzten sie sich darüber auseinander, ob es sich um Fleisch oder um Fisch handelte und ob man den Otter während der Fastenzeit essen dürfe oder nicht. In alten Geschichten war der Otter oder Wasserhund ein typisches Tier der Verwandlung. *Ceridwen* tarnt sich u.a. als Otter, um *Taliesin* zu verfolgen. Im Verlauf der vielen »immrama« oder Wunderreisen, die *Maelduine, Brendan* und andere unternehmen, begegnen sie einem hilfreichen Otter, der ihnen zu essen bringt, manchmal auf Geheiß eines Einsiedlers. Beutel aus der Haut von Ottern dienten in Irland auch als wasserdichte Behälter für Harfen.

Owain (A) Historischer Held, Sohn des *Urien* von Rheged und der *Modron* (Morgan). Er kämpfte auf der Seite der nördlichen Briten gegen die Angeln. Später wurde er zum Bestandteil der Arthuslegende und ist der Held von »Die Dame des Brunnens« und »Der Traum des Rhonabwy«. In letzterer Geschichte wird er der Anführer einer Bande, »die Raben« genannt, die die Männer des *Arthus* in eine Schlacht verwickeln, während Owain und der König Schach spielen. Da seine Mutter Modron (mit *Morrighan* analog) oftmals die Gestalt eines *Raben* annimmt und versprochen hatte, in dieser Gestalt Urien und dessen Familie im Notfall zu helfen, dürfen wir annehmen, daß es sich bei den Raben nicht um Krieger handelt, sondern um Frauen der jenseitigen Welt. In spätmittelalterlichen Versionen dieser Geschichte wurde Owain zu *Yvain* und ist die Hauptfigur des Gedichts »Yvain« von Chrétien de Troyes; das Gedicht gibt im Wesentlichen die im »Mabinogion« erzählte Geschichte wieder.

Owen Glyndwr (W) Trotz seiner engen Verwandtschaft mit der englischen Monarchie probte Owen Glyndwr den Aufstand gegen Heinrich IV. und verbündete sich mit benachbarten Baronen. Wäre der Aufstand gelungen, wäre das Ergebnis höchstwahrscheinlich ein unabhängiger walisischer Staat gewesen. Ein Dauerkrieg wütete entlang der Grenze zwischen Wales und England. Obwohl sich Owen als fähiger und weitsichtiger Kriegsherr erwies, wurden seine Kämpfer geschlagen, seine Familie eingekerkert und er mußte seine Hoffnungen aufgeben. Er bleibt einer der größten Helden von Wales. Ihm wurden magische Kräfte nachgesagt und, wie bei *Arthus*, war sein Tod so schleierhaft, daß sich der Mythos etablierte, er würde zu gegebener Zeit zurückkehren, um den Walisern erneut beizustehen.

P

Padern/Paternus (6. Jh.) Der Heilige Padern gründete Lanbadern Fawr in Dyfed und wurde dort Abt. Als *Arthus* versuchte, den Rock des Heiligen zu stehlen, ließ Padern den König bis zum Hals von der Erde verschlucken. Erst nachdem er sich entschuldigt hatte, wurde er befreit. Paderns Gedenktag ist der 15. April.

Palomides (A) Der sarazenische Ritter am Hof des *Arthus*, der einer der größten Ritter der *Tafelrunde* wurde. Einen Großteil seines Lebens verbrachte er in tödlicher Rivalität um *Isolde von Irland*; nach dem Tod des *Pellinore* übernahm er aber die Suche nach dem seltsamen *Questing Beast*. Er wurde von *Lanzelot* zum Herzog der Provence erhoben.

Partholon (I) Anführer der ersten Invasion Irlands. Er war Meister aller handwerklichen Künste und bereitete die Ebenen des Landes für die Agrarwirtschaft vor. Sein Volk wurde von der Pest dahingerafft. In der neueren irischen Folklore ist er der »Mäher der letzten Garbe«.

Parzival/Perceval/Perlesvaus/ Peredur (A) Die Geschichten um Parzival sind so mannigfaltig und werden so unterschiedlich interpretiert, daß es fast unmöglich ist, eine einfache Schilderung seiner Laufbahn zu erstellen. Die frühesten Texte sind der walisische »Peredur« und Chrétien de Troyes' »Perceval« oder »Le Conte du Graal«. Hier wurde er von seiner Mutter groß gezogen, in Abgeschiedenheit von der Welt und vor allem von kriegerischen und ritterlichen Angelegenheiten.
Dieser einfache Landjunge begegnete dann einigen der Ritter des *Arthus* und entschloß sich – zur Verzweiflung seiner Mutter – ebenfalls Ritter zu werden. Sie gab ihm Ratschläge, wie er sich zu verhalten hätte, aber Parzival setzte sie so ungeschickt in die Tat um, daß er nur Chaos hinterließ. Er verhielt sich als archetypischer Tor, was in späteren Versionen dazu führte, daß er der »Vollkommene oder Reine Tor« genannt wurde; mehrere Autoren brachten sein Leben und seine Taten auch mit jenen Christi in Verbindung.
Nachdem es ihm nicht gelungen war, die *Gralsfrage* zu beantworten und das *Wüste Land s*omit zu heilen, durchlebte er viele Abenteuer, bis er sich in eine Jungfrau verliebte. Diese Liebe erinnerte ihn daran, wer er eigentlich war und worum es ihm im Leben in Wirklichkeit ging – darum, den *Gral* zu finden und die Frage zu stellen. Ähnliches wird auch in den anderen Versionen der Geschichte erzählt; davon ist »Perlesvaus«, in der er der Sohn eines Königs ist, der seine Länder verloren hat (»perd les vals« – »die Täler verloren«) die christlichste Variante. Hier wird er nach dem erfolgreichen Abschluß seiner Suche zu ei-

nem *Gralskönig*. In diesem Text finden sich Profunditäten und Details, die in den anderen Versionen fehlen.
Im »Parzival« von Wolfram von Eschenbach bleibt die Laufbahn des Helden die gleiche; schließlich wird er als Gralshüter in den Orden der Gralsritter eingeführt. In dieser Geschichte wird die Gralsfamilie als esoterisches Blutband aufgefaßt, welches seine Mitglieder dazu führt, dem Gral in der Welt, je nach ihren Fähigkeiten, zu dienen: die Männer als Waffenträger und die Frauen als Erzeugerinnen von Kindern. Ein ähnliches Thema findet sich in der Geschichte des *Amangons*. Wolfram versetzte das britische Original mit zahlreichen östlichen Elementen. Als »die Sache Britanniens« bekannt und in Europa weitererzählt wurde, veränderte sich die Rolle Parzivals. In späteren Versionen ersetzte ihn *Galahad* als primärer Gewinner des Grals.

Patrick, Der Heilige (ca. 391 bis 461) Schutzheiliger von Irland. Er wurde jedoch in Britannien geboren und von irischen Piraten, die das Haus seiner Familie überfielen, versklavt. Er konnte schließlich entkommen, nachdem er seine Gefangenschaft damit verbracht hatte, die Herden seines Herrn zu hüten und dabei seinen Geist fortzubilden. Seine Priesterausbildung war recht flüchtig, aber er war fest entschlossen, nach Irland zurückzukehren und dem Volk das Evangelium zu bringen. Seinem Erfolg lag zweifellos die von anonymen Mönchen, die Irland bereits besiedelt hatten, geleistete Vorarbeit zugrunde; darüber hinaus gelang es Patrick, auf dort bestehende druidische und religiöse Praktiken aufzubauen. Er eliminierte die Verehrung des *Crom Cruach*, soll Schlangen aus Irland ausgetrieben, sowie mittels des Shamrock-Kleeblattes die Dreieinigkeit theologisch erläutert haben. Sein Brustharnisch – oder Gebetsrüstung – bei der der Krieger mittels Gebet Christus als seine Rüstung beschwört – ist eine typische Verwendung bestehender keltischer Formen der Beschwörung. Sein Gedenktag ist der 17. März.

Pellam (A) Siehe *Pelles*.

Pelles (A) Der *Verwundete König* der *Gral*sburg. Als er von *Balins* Speer getroffen wurde, wurde er an beiden Schenkeln verwundet; dieses Ereignis wurde der *Verhängnisvolle Schlag* genannt, da er nicht nur die Verwundung des Königs, sondern auch die Verwüstung des Landes verursachte. Seine Tochter, *Elaine von Corbenic*, wurde durch *Lanzelot* die Mutter des *Galahad*. Galahad heilte später seine Wunden mit Blut aus dem Gral. Pelles ist eine von mehreren Figuren mit ähnlichen Namen: *Pellam*, Pellean und *Pellinore*; sie können einmal dieselbe Person gewesen sein, und der Name entstammt wahrscheinlich dem cornischen »Peller« oder »weiser Mann«. Andere Gelehrten haben ihn mit *Pwyll* im »Mabinogion« identifiziert; in diesem Falle

Pelles

wäre seine Herkunft in der jenseitigen Welt. In späteren Versionen wurde er der Vater des Pellam und der Bruder des Pellinore. (Siehe *Fischerkönig*.)

Pellinore (A) König der Inseln und einer der führenden Ritter der *Tafelrunde*. Sein Bruder soll *Pelles* gewesen sein, der *Verwundete König* der *Gral*slegenden. In vielen Versionen war sein Sohn *Parzival*. Während des Aufstandes der Könige am Anfang der Herrschaft des *Arthus* tötete er *Lot* von Orkney und löste somit eine Fehde zwischen den Familien aus. Später wurde Pellinore von *Gawain* und dessen Brüdern aus dem Hinterhalt getötet. Bis zu seinem Tode suchte Pellinore nach dem *Questing Beast*; danach übernahm diese Aufgabe *Palomides*.

Perilous Bed (»Das heimtückische Bett«) (A) Die seltsame Ruhestätte, auf die etliche Gralssucher stoßen. Was wie ein gewöhnliches Bett erscheint, erweist sich als heimtückisch. Wer sich darin bettet, wird von unsichtbaren, speerwerfenden Gegnern und wilden Bestien angegriffen. *Gawain* gelang es, die Tücken des Bettes zu überwinden.

Perilous Seat (»Der heimtückische Stuhl«) (A) Auch »Siege Perilous« genannt, hatte dieser angebliche steinerne Stuhl die Eigenschaft, denjenigen, der unberechtigterweise auf ihm Platz nahm, zu verschlucken, oder unter ihm zusammenzubrechen. Dieser Platz war in der *Tafelrunde* für den *Gralsritter* reserviert. In den früheren Versionen der Geschichte beanspruchte ihn *Parzival*; er setzte sich und der Stuhl brach zusammen, wobei eine körperlose Stimme ihn seiner Missetat bezichtigte.

Nachdem er ein erfolgreicher Gralsritter geworden war, konnte er den Stein wieder zusammensetzen. In späteren Versionen ist dies der Platz des *Galahad.* Er soll auch den Platz Christi beim Letzten Abendmahl darstellen.

Petrog, Der Heilige (6. Jh.) Der Heilige Petrog stammte aus Südwales und gründete ein Kloster bei Wethinoc (Padstow) in Cornwall. Später wurde er Einsiedler und soll zu wilden Tieren eine große Affinität entwickelt haben, vor allem zu einem Hirschen, den er vor Jägern versteckte. Sein Gedenktag ist der 4. Juni.

Pferd Auf den britischen Inseln gehört das Pferd zu den symbolträchtigsten Tieren, was vielleicht ein Grund dafür ist, daß dort das Essen von Pferdefleisch tabu ist. Der Besuch einer jeden Rennbahn reicht aus, um zu erkennen, wie die Hochschätzung des Pferdes jahrhundertelang ungeschmälert geblieben ist. Die Pferdezucht und die Vorzüge der besten Rennpferde und Springer sind beliebter Gesprächsstoff noch im kleinsten irischen Dorf. Der *Epona* oder *Rhiannon*, Göttinnen, die sehr stark mit dem Pferd assoziiert wurden, gehörte die Weiße Stute; die beiden nahmen häufig selbst die Gestalt eines Pferdes an. Die älteste Pferdefigur in der Kreidelandschaft, White Horse Hill in Berkshire, ist ein Zeugnis sowohl der keltischen, als auch der sächsischen Ehrfurcht vor diesem Tier. Das Pferd mit magischem Zaum erscheint vielerorts in der Folklore und den Arthuslegenden, in denen viele Ritter, einschließlich *Gawain*, nach ihm suchen. Meistens stellt sich heraus, das das Tier eine Stute ist, die sich in eine Frau zurückverwandelt.

Magisches Pferd aus einem keltischen Ornament.

Potter Thompson Er entdeckte einen geheimen Tunnel unter der Burg von Richmond und fand dort König *Arthus* und seine Ritter, die fest schliefen. Ein Horn und ein Schwert lagen daneben, aber als er nach dem Horn greifen wollte, begannen die Ritter, aufzuwachen. In Panik floh er und hörte:

Potter Thompson, Potter
  Thompson,
Hättest du das Schwert gezogen
Oder in das Horn gestoßen,
Wärst du der Glücklichste auf
  Erden geworden.

Eine weitere Geschichte um diese Burg erzählt davon, wie ein Trommlerjunge durch einen unterirdischen Gang geschickt wird, um herauszufinden, wohin dieser führt. Er kam nie wieder heraus; nur sein Trommeln ist immer noch zu hören. Der Schauplatz einer ähnlichen Geschichte über eine Entdeckung des Königs Arthus ist Sewingshields.

Prester John (A) Legendärer christlicher König des Ostens, der im *»Parzival«* von Wolfram von Eschenbach der Sohn der Gralsprinzessin Repanse de Joye und des Feirefitz war. Er war ein bekanntes Mitglied der Gralsfamilie, und die Tradition nennt ihn als den gegenwärtigen Gralshüter.

Pridwen/Prydwen (A) Der Name von *Arthus*' Schiff nach walisischer Tradition, obwohl laut Geoffrey von Monmouth dies der Name seines Schildes war. Die Verwirrung entstammt der Ähnlichkeit zwischen den Begriffen »Schiff« und »Schild« im ursprünglichen Lateinischen. Mit Prydwen segelt Arthus nach *Annwn*, um die *Hallows* (Heiligtümer) zurückzuholen.

Pryderi (W) Sohn der *Rhiannon* und des *Pwyll*. Er wurde von einer ungeheuren Kralle aus seiner Wiege entführt, was zur Folge hatte, daß seine Mutter als Buße am Steigbügelblock ihren erniedrigenden Dienst tun mußte. Obwohl es nicht ausdrücklich so behauptet wird, wird aus dem Zusammenhang klar, daß Pryderi von Kräften des Jenseits, vermutlich der Familie des *Gwawl*, entführt wurde. Er wurde am Vorabend des Mai von *Teirnyon Turf Liant* in einem Pferdestall entdeckt; Teirnyon war dabei, seine Stute zu bewachen, die gerade einen Fohlen warf. Die ungeheure Kralle versuchte, das Fohlen zu ergreifen, wurde aber von Teirnyon zurückgeschlagen. Von seinem Retter wurde Pryderi Gwri genannt und er erzog ihn wie seinen eigenen Sohn. Nachdem er aber die Ähnlichkeit zwischen dem Jungen und Pwyll erkannt hatte, gab ihn Teirnyon seinen Eltern wieder und befreite somit Rhiannon von ihrer Knechtschaft.

Später heiratete Pryderi *Cigfa* und übernahm die Herrschaft über Dyfed. Als die Verwünschungen sein Land befielen, gingen er und sein Stiefvater Manawyddan auf die Jagd; da blieb Pryderi an einer goldenen Schüssel haften und wurde in der Jenseits-Welt festgehalten. *Manawyddan* rettete ihn. In »Math, Sohn des Mathonwy« wurden Pryderis *Schweine* von *Gwydion* gestohlen, woraufhin Pryderi den Dieb verfolgte und diesen zum Einzelkampf herausforderte. Gwydion setzte seine Zauberkräfte ein und tötete Pryderi. Einzelheiten dieser Geschichte deuten an, daß Pryderi eine Abwandlung von *Mabon* ist, oder daß der verlorene Mythos des Mabon in die Geschichte des Pryderi aufgenommen wurde.

Pwca (W) Die walisische Form des Puck. Er führt unachtsame Wanderer in die Irre. Mehrere Versionen dieser Figur erscheinen in der keltischen Tradition, mit den Namen Pooka, Puck, Bwca usw.

Pwyll (W) Lord von Dyfed. Auf der Jagd begegnete er *Arawn*, dem Herrn von *Annwn*; als Ausgleich für eine unbeabsichtigte Beleidigung bot er an, mit Arawn zu tauschen und mit dessen Feind *Hafgan* zu kämpfen. Er verbrachte ein Jahr in der Gestalt des Arawn und gewann dadurch, daß er gutes Benehmen zeigte und darüber hinaus Hafgan besiegte, dessen Freundschaft; so erhielt er den Titel »Lord des Annwn«. Er erhielt *Rhiannon* als Ehefrau, aber erst nachdem er deren ehemaligen Verlobten *Gwawl* aus dem Weg geräumt hatte. Sie lebten bis zum Tode *Pryderis* glücklich zusammen.

Q

Questing Beast.

Questing Beast (A) Dieses bizarre Tier, welches auch »Beast Glatisant« hieß, besaß den Kopf einer Schlange, den Körper eines Leoparden und die Hufe eines Hirschen. Beim Laufen gab es aus dem Bauch das Geräusch von dreißig Hundepaaren von sich. Bei Malory begegnet *Arthus* dem Tier an einem Brunnen kurz nachdem er König geworden ist; *Merlin* erklärt, daß *Pellinore* die Kreatur ohne Unterlaß verfolgt. Nach dessen Tod, nimmt *Palomides* die Jagd auf. Malory gibt keine Erklärung für den Grund der Suche nach diesem Tier, aber in einer französischen Erzählung ist es der Nachkomme einer sterblichen Frau, die von Hunden zerrissen wurde.

R

Rabe Der Rabe ist eine der vorrangigsten Totemfiguren der britischen und irischen Mythologie. In der Gestalt dieses Vogels tauchen über Schlachtfeldern in Irland *Morrighan* mit ihren Schwestern *Badh und Nemainn* auf. In der ganzen keltischen und Arthus-Literatur erscheinen Rabenfrauen, um die Funktionen der Göttin zu erfüllen. In einer Geschichte, »Didot Perceval« findet sich sogar *Morgan* als Rabe. In Britannien ist der Rabe vor allem das Symbol von Bran dem Seligen, denn »bran« bedeutet Rabe. Bran bittet darum, daß ihm der Kopf abgeschlagen und dieser am Weißen Berg (dem heutigen Tower von London) begraben werde, um als Bollwerk gegen Invasionen zu dienen. Sein Wunsch wurde erfüllt, aber als *Arthus* König wurde, ließ er den Kopf wieder ausgraben, da er diese Funktion selbst ausüben wollte. Dieser Akt von Hybris spiegelt sich vielleicht in jener Tradition wider, die besagt, daß es die Raben des Tower von London sind, die das Land vor der Invasion schützen; es heißt, daß – wenn diese Vögel jenen Ort verlassen – Britannien dem Untergang geweiht ist. Daher werden ihre Flügel regelmäßig gestutzt. Im »Traum des Rhonabwy« erscheinen Raben als die Truppen des *Owain*, während er und Arthus »gwyddbwyll« spielen, ein dem irischen »branddubh« (»schwarzer Rabe«) ähnliches Brettspiel. Sie besiegen – vorläufig – das Heer des Arthus, so wie Owain im Spiel gegen Arthus – zunächst einmal – gewinnt.

Ragallach (I) Er war ein König von Connacht, dem prophezeiht wurde, daß seine Tochter seinen Tod verursachen würde. Er befahl seiner Frau, die Tochter in einen Sack zu stecken und sie einem Schweinehirten zu geben, der sie töten sollte. Sie wurde jedoch vor der Tür einer Frau liegen gelassen, die sich ihrer annahm. Später wurde die Tochter die Konkubine ihres eigenen Vaters.

Ragnarok (N) Wortwörtlich: »Die Zerstörung der Macht«. Der Name für das Ende der Zeit, bzw. den Zeitpunkt, an dem die Götter *(Aesir)* und die *Frostriesen* sich eine furchtbare Schlacht liefern werden, welche die ganze Schöpfung in Mitleidenschaft ziehen wird. Ragnarok ist die vollständigste Schilderung des Endes der Welt in der westlichen Mythologie; ihm werden drei entsetzliche Winter (»Fimbulwinter«) und drei Jahre vorausgehen, in denen der Mensch immer selbstzerstörerischer wird, bis er sich schließlich tatsächlich selbst vernichtet. Die Nachkommen des *Loki, Fenris* und *Hel* werden an diesem Bösen erstarken und schließlich ihre Fesseln sprengen, um die Riesen aufzurühren, *Asgard* anzugreifen. Alles wird in Feuer und Tod untergehen, obwohl einige der Götter nach Gimli, dem höchsten Himmel gelangen werden, während die bösen Götter nach Nastrond geschickt werden, der nordischen Version der Hölle.

Ragnell (A) Die Schwester des *Gromer Somer Joure*, der sie in die Gestalt einer Hexe verwandelte. Sie half *Gawain* die Antwort auf das Rätsel zu finden, welches Gromer *Arthus* gestellt hatte: »Was begehren Frauen am meisten?« – wobei die Übereinkunft galt, daß wenn die Antwort richtig sei, sie Gawain heiraten würde. Sie heirateten und in ihrer Hochzeitsnacht entdeckte Gawain die wahre Antwort, denn Ragnell wurde, als er sie küßte, eine wunderschöne Frau. Sie sagte ihm, daß er sie tagsüber schön und nachts häßlich, oder nachts schön und tagsüber häßlich haben könnte, wie er wolle. Er konnte sich nicht entscheiden und bat sie, die Wahl zu treffen – und erkannte somit die Antwort auf die Frage: »Frauen begehren die »Souveränität« oder die Erfüllung ihres eigenen Willens.«. Diese Geschichte wiederholt sich in Chaucers »Canterbury Tales«.

Ran (N) Frau des *Aegir* und Göttin der Stürme und der Wasserstrudel. Sie zerrte Seefahrer in ihr schreckliches Unterwasserreich in den Tod. Früher erhielt sie von Seefahrern Opfergaben; es wurde als sinnvoll erachtet, etwas Gold an Bord zu haben, welches in einem Sturm ins Meer geworfen werden konnte.

Reiher Der Reiher teilt in vielerlei Hinsicht die Eigenschaften und den Mythos des *Kranich*s.

Reh Rehe und Hirsche gehören zu den vorrangigen Tieren der Verwandlung in der britischen Mythologie – vor allem in den Formen der Weißen Damhirschkuh oder des Weißen Hirschen, die häufig Botschafter der Jenseitswelt sind; wenn Jäger auf sie treffen, werden diese immer tiefer in den Wald hineingelockt, wo sie unbekannte Wunder erleben. Die heidnischen und völkischen Traditionen haben die Schönheit und die mystische Anmut dieser Kreatur immer hervorgehoben, von der Begegnung *Pwyll*s mit einem Weißen Hirschen bis hin zur Begegnung *Galahad*s

Hirsch als keltisches Schmuckornament.

mit demselben Tier, welches Christus symbolisiert. *Sadbh* wurde verzaubert und in eine Hirschkuh – *Gilfaethwy* – verwandelt, während *Gwydion* in einen Hirschen verwandelt wurde. Die menschliche Figur mit einem Kopfgeweih war seit Urzeiten ein potentes Bild – vom Schamanenjäger und dem *Wilden Hirten* in der Gestalt des *Cernunnos*, bis hin zum Horntanz von Abbots Bromley, welcher nach wie vor jeden September stattfindet – zur Brunftzeit der Hirschen.

Rhiannon (W) Tochter des *Hefaidd Hen*, des Herrn der Unterwelt. *Pwyll* sah sie auf einer weißen Stute reiten und versuchte, ihr zu folgen, aber sie war für ihn viel zu schnell. Er suchte Hefaidd auf, um um ihre Hand zu bitten, wurde aber übertölpelt, so daß er sie an ihren ehemaligen Verlobten *Gwawl* verlor. Rhiannon zeigte Pwyll, wie Gwawl zu überlisten wäre; Pwyll folgte ihrem Rat, schließlich heirateten sie. Ihr einziger Sohn, *Pryderi*, wurde von Kräften der Jenseits-Welt aus seiner Wiege entführt. Während Rhiannon schlief, töteten die Ammen einige Hunde und beschmierten Rhiannons Gesicht mit dem Blut; das Ergebnis war, daß man glaubte, Rhiannon hätte ihren Sohn ermordet und gegessen.

Sie mußte Buße tun, indem sie am Steigbügelblock stehen und alle Besucher des Hofes auf ihrem Rücken hineintragen mußte; jedem hatte sie von ihrer Schande zu erzählen. Erst bei der Rückkehr des Pryderi wurde sie von dieser Erniedrigung befreit. Nach Pwylls Tod heiratete sie *Manawyddan*. Sie folgte Pryderi in eine jenseitige Burg, wo er an einer goldenen Schüssel haften blieb. Sie blieb ebenfalls haften und wurde mit ihrem Sohn zusammen zu einem längeren Aufenthalt in der jenseitigen Welt gezwungen. Durch eine List des Manawyddan kam sie frei.

Die Vögel der Rhiannon sollen Vorboten jenseitiger Freuden gewesen sein: *Bran* und seine Anhänger hörten ihnen nach dessen Enthauptung zu, und sie verloren jedes Gefühl für das Vergehen der Zeit. Rhiannons Attribute lassen sich bis zur keltischen Göttin *Epona* und zur griechischen Göttin Despina, der Tochter der Demeter, zurückverfolgen, aber ihre nächste mythologische Verwandschaft besteht zu *Modron*, deren archetypische Züge sie teilt.

Rhydderch Hael (A) Er hieß auch Rhydderch der Großzügige oder Rodarchus Largus. Er soll einen Zauberkessel besessen haben, welcher an Helden grenzenlose Nahrung spendete (siehe *Hallows*). In der »Vita Merlini« erscheint er als der Besieger von Gwenddolau, dem Herrn des *Merlin*, bei der Schlacht von Arfderydd. Möglicherweise ist er die historische Figur Rhydderch ap Tudwal, die im 6. Jahrhundert König von Dumbarton war. In der »Vita« heiratet Rhydderch *Guendolena*, die Frau des Merlin.

Rigantona (K) Große Königin – keine Person, sondern ein Titel, der

Rhiannon gebührte. Der Name Rhiannon stammt womöglich von diesem keltischen Begriff ab.

Rigru Roisclethan (I) Königin von Benn Edair – einem Ort der Jenseits-Welt. Sie war die Mutter des *Segda Saerlabraid*, den *Conn Cetchathach* zu töten versuchte. In dem Augenblick, als ihr Sohn in Tara getötet werden sollte, erschien sie mit einer Kuh, als wehklagende Frau getarnt. Sie ist eine eindeutige Form der *Sovereignty*. Sie riet Conn, sich von *Becuma* zu trennen, um zu vermeiden, daß Irland ein *wüstes Land* bliebe.

Robbe In Caithness im Norden Schottlands hielt man Robben für gefallene Engel; in der Tat existieren viele Geschichten, in denen sich Robben in Menschen verwandeln. Dem *Otter* ähnlich, hielt man Robbenfleisch für den Verzehr während der Fastenzeit für geeignet. Mehrere Familien sollen von Robben abgestammt haben; manche Familienmitglieder hatten Schwimmhäute an den Händen oder an den Füßen, was eine keineswegs ungewöhnliche Mißbildung ist. Andere hielten Robben für die Kinder verzauberter Könige, und die Geschichten der *Selkies* neigen sehr dazu, diese Tradition zu bestätigen. Im schottischen Gälischen hießen sie »Cuilein Mairi« oder Marias Welpen.

Robert the Bruce (1274–1329) Obwohl er zunächst König Edward I. von England die Treue geschworen hatte, folgte er bald *William Wallace* als Vorkämpfer der schottischen Unabhängigkeit. Nach Wallaces Hinrichtung wurde er in Scone als König Robert I. gekrönt. Dann wurde er entmachtet und nach Irland ins Exil geschickt. Dort erlebte er seine berühmte Begegnung mit der Spinne, die er dabei beobachtete, wie sie ihr Netz an einen Balken befestigen wolle. Erst beim siebten Versuch gelang es der Spinne, ihr Netz zu vervollständigen. Robert the Bruce hatte ebenfalls sechsmal vergeblich versucht, seine Stellung zu festigen; nun schöpfte er neuen Mut. Im Jahr 1327 gewann er schließlich als König von Schottland den Vertrag der Unabhängigkeit; zwei Jahre später starb er jedoch an Lepra.

Robin Goodfellow Der Sohn des *Oberon* und einer sterblichen Frau. Er war der Bote von *Faery* und zog durch die Werke Shakespeares und Jonsons in die literarische Tradition ein.

Robin Hood Der legendäre Vogelfreie, der mit seinen Mannen den Wald von Sherwood durchstreifte, die Reichen ausraubte und die Beute unter den Armen verteilte. Die Legende ist so reichhaltig ausgestattet, daß es fast nicht mehr möglich ist, festzustellen, ob die Figur eine ursprünglich historische war oder nicht. Little John, Friar Tuck, Allen-a-Dale und Will Scarlet gehörten allesamt seiner Räuberbande an. Die Freifrau Marian lebte mit ihm im Wald, so daß das Paar volkstümlich mit dem Lord und der Lady von *Faery* assoziiert wurden. Sie und alle Mitglieder der

Räuberbande wurden höchst beliebte Kostümfiguren bei öffentlichen Feierlichkeiten. Die späteren Legenden stellten Robin als eine Art Ersatzkönig dar, der anstelle von Richard I. gegen den bösen Prinz John und den Sherriff von Nottingham, kämpfte. Robin starb, als ihm die Äbtissin von Kirklees Gift zu trinken gab.

Roc (I) Er war der Verwalter des *Angus Og*. Mit der Frau des Donn, des Vaters des *Diarmuid*, hatte er einen Sohn, aber Donn zerquetsche den Jungen zwischen seinen Beinen. Roc berührte den Leichnam mit seinem Stab und verwandelte ihn in einen Eber. Von diesem Augenblick an war das Schicksal des Diarmuid untrennbar mit dem des Ebers verbunden; so erhielt Diarmuid das Gebot, den Eber nie jagen zu dürfen. Genau das tat er aber, als er von *Fionn* provoziert worden war; so verendete er an den Hörnern des Tieres.

Ron (A) Der Name der Lanze des *Arthus*.

Rosmerta (K) Ihr Name bedeutet »Gute Lieferantin«. Sie war eine britische Göttin, die in den romano-britischen Kult des *Merkur* einverleibt wurde, in welchem sie seine Gefährtin war und seinen Stab und seinen Geldbeutel übernahm; ihre eigenen Attribute waren ein Obstkorb oder ein *Kessel* bzw. ein »Eimer der Fülle«.

Ruadan (I) Der Sohn des *Bres* und der *Brigit*. Er kämpfte mit den *Fomorianern* bei der zweiten Schlacht von Mag Tuired und wurde hinausgeschickt, um die Schlachtdispositionen der *Tuatha de Danaan* auszukundschaften; insbesondere sollte er ihre Bewaffnung und die Beschaffenheit des Heilbrunnens Slane ausspionieren, mittels dessen *Diancecht* die Kämpfer heilen konnte. Es gelang ihm, *Goibniu* zu verwunden, aber er selbst wurde vom Schmied mit dem Speer durchstoßen, welchen dieser gerade fabrizierte. Die Ähnlichkeiten zwischen dieser Geschichte und dem versehentlichen Töten des *Dylan* durch *Gofannon* sind frappant.

Ryons/Riance (A) Legendärer König von Nordwales, der die seltsame Eigenschaft hatte, seinen Mantel mit den Bärten der Könige zu schmücken, die er besiegt oder getötet hatte. Kurz nachdem *Arthus* gekrönt wurde, erhielt er von Ryons eine Botschaft, in der dieser seinen Bart verlangte – um den Saum des Mantels zu vervollständigen. Arthus antwortete, daß er eigentlich noch zu jung sei, um einen ausreichend großen Bart zu tragen – und machte sich daran, Ryons zu besiegen. Anscheinend wurde Ryons aber in einem späteren Kampf mit aufständischen Adligen getötet.

S

Sadbh (I) Mutter des *Oisin.* Nachdem sie Fear Doirches Liebeswerben abgelehnt hatte, wurde sie in ein *Reh* verwandelt, aber sie stellte fest, daß er über sie keine Macht hatte, solange sie sich auf dem Territorium der *Fianna* befand. Als die Fianna sie beim Jagen entdeckten, machten Bran und Sceolan, die Hunde des *Fionn*, keinen Versuch, sie zu töten. Fionn heiratete sie, aber sie verließ den Schutz seines Hauses und wurde erneut von Fear Doirche verzaubert. Nach sieben Jahren fanden die Hunde einen kleinen Jungen, Oisin, der sich an seine Reh-Mutter erinnerte. Sie wurde gezwungen, Fear Doirche zu folgen und ihren Sohn zurückzulassen – den Elementen ausgesetzt.

Samhain (K) Das keltische Fest, welches am 1. November abgehalten wurde und das Neue Jahr einleitete. Der Vorabend des Samhain war mit der Öffnung der *Sidhe* verbunden und stellte eine Totenfeier dar. Das Fest kennzeichnete den Beginn des wirklichen Winters und der Name kann mit »Ende des Sommers« gleichgesetzt werden. Um diese Zeit wurden Tiere geschlachtet, um den Wintervorrat zu gewährleisten, sowie um die Herden während der mageren Monate auszudünnen; diese Tiere wurden auf die Winterweiden oder in die Ställe gebracht. Vor allem aber wurde mit dem Anbruch des Winters die Herrschaft der *Cailleach* eingeläutet. Aus einem bemerkenswerten frühen irischen Text erfahren wir von einem seltsamen Brettspiel, welches die Knaben von Rom spielen. Auf der einen Seite des Bretts ist eine Cailleach mit einem *Drachen*, den sie gegen eine Jungfrau mit einem Lamm hinausschickt. Nach der Legende wurde das Spiel von einer Sibylle erfunden; das Samhain-Fest erhielt seinen Namen aus dem Wettstreit zwischen dem Winter und dem Frühling, welche nach keltischer Auffassung jeweils von der Cailleach und von *Brigit* (der Jungfrau mit dem Lamm) beherrscht wurden. (Siehe *Oimelc.*)

Samson, Der Heilige (gest. 565) Der Heilige Samson war Bischof von Dol in der Bretagne. Er war Waliser und lernte beim *Heiligen Illtyd.* Er wurde auf der Insel Caldy zum Eremiten. Eine der Scilly-Inseln ist nach ihm benannt; an dieser Stelle bekämpfte *Tristan* den *Morholt.* Wie viele andere keltische Mönche war er ein großer Missionar. Möglicherweise floh er aufgrund der politischen Umwälzungen, die auf den Tod des *Arthus* bei *Camlan* folgten, in die Bretagne. Sein Gedenktag ist der 28. Juli.

Sarras (A) Die heilige Stadt des *Grals*, die so genannt wurde, weil sie einmal eine Sarazenenstadt gewesen war (oder, nach anderen Quellen, eine Stadt der Zigeuner – der Anhänger der Sara). Hierhin kamen die drei *Gralsritter* mit dem

Leichnam der *Dindrane*, der Schwester *Parzivals*; und hier starb in einer Aura von Heiligkeit auch *Galahad*, nachdem er in den Gral gesehen hatte – und wurde innerhalb der großen Abtei begraben.

Scathach (I) Kriegerin von Alba in Schottland. *CuChulainn* wurde zu ihr geschickt, um den bewaffneten Kampf zu erlernen. Schließlich konnte er sie im Kampf schlagen und erhielt ihre Tochter *Uathach* als Ehefrau. Scathach war die namensgebende Göttin der Insel Skye. Sie sagte CuChulainns Ruhm als Held voraus.

Sceanbh (I) Sie war die Frau des Harfenspielers *Craiftine*, aber auch die Geliebte des *Cormac*. Aus diesem Grund half Craiftine Cormac töten.

Schlafender Lord Eine ausgiebige und hartnäckige Tradition umgibt die vielen berühmten, legendären oder heldenhaften Figuren, die unter verschiedenen Hügeln der britischen Inseln angeblich schlafen; sie reichen von *Kronos* bis zum König *Arthus*. *Bran der Selige* soll dazu gehören, ebenfalls *Vortimer*. Die Tradition eines unsterblichen Helden, der sich unter die Erde schlafen legt, um in Zeiten der nationalen Not wieder zu erwachen, ist vielleicht der Beleg für die altertümliche Auffassung des Königsopfers; hierbei willigt der König darin ein, der Stammesvertreter im Jenseits zu werden. So wird ihm die allerhöchste Ehre zuteil und er wird zu den Göttern gezählt.

Schlange von Midgard, Die (N) Auch *Jormundgand* genannt. Der Ungeheuer-Sohn des *Loki* und der *Angrboda*. Er wuchs heran, bis sein Körper die Welt umfaßte und er seinen eigenen Schwanz greifen konnte. *Odin* setzte ihn im Meer aus und dort wand er sich immer wieder und verursachte Stürme. Erst zum Zeitpunkt des *Ragnarok* wird er zerstört werden.

Schwan Der Schwan hatte in der keltischen Mythologie schon immer eine mystische Bedeutung. Seine Haut und seine Federn wurden verwendet, um den »tugen« des Dichters herzustellen, einen feierlichen Umhang, der das Zeichen seines Amtes war; das Gewand stellte den Zusammenhang zwischen der Funktion des Dichters und »der Sprache der Vögel« her, den geheimen Formeln, die freilich nur dem Schamanen bekannt waren. Die Kinder des *Lir* wurden von ihrer Stiefmutter in Schwäne verwandelt und lebten so Hunderte von Jahren, bis die Kirchenglocken des *Heiligen Mochaomhog* sie befreiten.

Schwarze Annis (Black Annis) Eine menschenfressende Hexe mit blauem Gesicht, ähnlich der *Cailleach Bheare* und der *Cailleach Bheur*. Sie soll in einer Höhle in den Dane-Hügeln von Leicestershire gelebt haben. Sie wird manchmal mit *Anu* oder *Danu* in Verbindung gebracht.

Schwein In der keltischen Mythologie und Folklore hat das Schwein eine herausragende Stelle inne – ob es sich um den großen *Eber*, *Twrch Trwyth* oder *Orc Triath*, oder um jene Schweine handelt, die *Pwyll* als Geschenk von *Arawn*, dem König der Unterwelt, *Annwn*, erhält. Ihr Erscheinen in den ersten und vierten »Ästen« des »Mabinogion« deuten ein Ungleichgewicht zwischen den Welten an, und in der Tat rufen sie den Krieg in Britannien hervor; darüber hinaus verursacht ihr Diebstahl durch *Gwydion* den Mord an *Pwylls* Sohn *Pryderi*. In einer ähnlichen Geschichte stehlen *Arthus* und seine Männer die Schweine des *Marke*. Der Held *Culhwch*, dessen Name Schweinestall bedeutet, wurde in einem Schweinestall geboren, weil seine geistig umnachtete Mutter im Wald von Schweinen erschrocken worden war. Culhwch war auch für den Tod des Großen Ebers Twrch Trwyth verantwortlich.

Schwertbrücke (A) Die Brücke zwischen dieser und der jenseitigen Welt. Sie wurde zuerst in »Culhwch und Olwen« erwähnt, wo Osla Big-Knife (»Osla Großmesser«), einer der Verbündeten des *Arthus*, sein Messer über einen Fluß legt, damit ihn Arthus und sein Heer überqueren können. Die Brücke ging in den Mythos des *Lanzelot* ein, der eine solche Brücke überqueren mußte, um *Guinevere* von *Melwas* zu retten. Sie wird außerdem zu einer der Prüfungen, die die *Gralsritter* bestehen müssen, um die *Gral*sburg zu erreichen. *CuChulainn* lernt von *Scathach*, wie eine ähnliche Brükke zu überqueren ist.

Scoriath (I) Der König von Gallien, dessen Tochter *Moriath* in *Labraid Longseach* verliebt war. Dessen Harfenspieler *Craiftine* spielte eine verzauberte Musik, die Scoriath in den Schlaf lullte, damit Labraid mit Moriath schlafen konnte.

Seelie-Court (S) Der Gesegnete Hof der *Feen*. Wie die *Aes Sidhe* in Irland machten sie bei den jährlichen Festen des *Oimelc, Beltaine, Lughnasadh* und *Samhain* die Runde ihres Reiches. In der Regel behandelten sie Sterbliche wohlwollend, aber im Falle einer Beleidigung ihresgleichen reagierten sie prompt und gnadenlos.

Segda Saerlabraid (I) Der Sohn der *Rigru Roisclethan*. Er war der Knabe der jenseitigen Welt, den *Conn* suchte, als er das Blut eines Jungen von sündenfreien Eltern benötigte, um das verwüstete Irland zu befruchten. Er gab Conn seine uneingeschränkte Zuneigung und war sogar bereit, für ihn zu sterben, aber er wurde von seiner Mutter Rigru gerettet.

Selkie (S) Robbenmenschen, bzw. *Robben*, die die Fähigkeit haben, sich in Menschen zu verwandeln. Sie verstecken ihre Robbenhäute und nehmen die Gestalt eines Menschen an, oder aber ein sterblicher Mann versteckt die Robbenhaut und zwingt somit eine weibliche Selkie dazu, als seine Frau mit ihm zu leben. Wenn sie ihre Haut wiederfindet, verläßt sie ihr Heim und ihre Kinder und kehrt ins Meer zurück. In der Ballade »Der Große Selkie von Sule Skerry« erzeugt ein männlicher Selkie mit einer menschlichen Frau ein Kind und versucht das Kind ins Meer mitzunehmen; dabei prophezeiht er ihrer beider sicheren Tod im Netz des Fischers, des Mannes der menschlichen Frau. *Manannan* verkündet an *Bran mac Febal* eine ähnliche Prophezeihung über *Mongan.*

Semias (I) Er war der Meister der Weisheit, der in *Murias* lebte, einer der vier Städte, von denen aus die *Tuatha de Danaan* nach Irland aufbrachen. Er gab dem *Dagda* den *Kessel* des Wissens und der Sättigung. (Siehe *Hallows.*)

Setanta (I) *CuChulainn*s Name als Kind.

Sheela na Gig/Sheila na Cioch (I) Das Abbild der Sheela na Gig ziert die Wände und die Türen von Kirchen in ganz Irland. Sie ist dort nackt zu sehen, mit großen Brüsten; sie hält ihre Beine weit gespreizt, um ihre Vagina ins Blickfeld zu rücken. Sie ist eine der wenigen plastisch geschilderten irischen Gottheiten und verkörpert die irdische Urmutter, die Leben und Tod spendet. Ihr Abbild wurde zum Bestandteil der Kirchen, um die Gläubigen an den Glauben der Vorzeit zu erinnern.

Sheela na Gig.

Sidhe (I) Die Hohlen Berge, in denen die *Aes Sidhe* oder *Daoine Sidhe* lebten, die irische Version der *Feen.* Die Sidhe ist ein Reich des Jenseits, dessen Eingänge natürliche Merkmale der Landschaft und alte Grabhügel sind.

Sif (N) Frau des *Thor*, deren langes, goldenes Haar sprichwörtlich war. Während sie schlief, schnitt ihr *Loki* aus Jux die Haare ab, woraufhin Thor verlangte, daß er sie wieder anbringe. Loki ging zu den Zwergen und fand unter ihnen einige, die so geschickt waren, daß sie aus Gold wirkliche Haare machen konnten. Daraus enstanden für die Zwerge eine Reihe von weiteren Aufträgen seitens der Götter; so stellten sie mehrere magische Gegenstände her, u.a. Gungrin, den Speer des *Odin*, das Zauberschiff der *Freya*, sowie Thors Hammer, Mjollnir.

Sigyn (N) Die Frau des *Loki.* Trotz dessen boshafter, schelmischer Natur blieb sie bei ihm, als er in einer unterirdischen Höhle gefangengehalten wurde. Vom Gift, welches aus dem Rachen der Schlange drang, die ihn bewachen mußte, fing sie das meiste auf; so verminderte sie das ihm zugedachte Leiden.

Silvanus (RB) Dieser römische Waldgott fand eine bereits vor Ort existierende Entsprechung, dessen Namen uns nicht überliefert wurde. Silvanus hat den gelegentlichen Nachnamen Callirius (»König der Wälder«) und wird mit Hämmern, Töpfen und Krummhaken abgebildet – wobei letzterer das Emblem des eingeborenen Waldhüters ist. Sein Tier war anscheinend der Hirsch. (Siehe *Cernunnos.*)

Sithchean (I) Er war der Druide, der in Gestalt eines Schmiedes die Söhne des Königs von Tara prüfte, um unter ihnen den geeigneten König herauszufinden. Die Prüfung bestand darin, daß er seine Schmiede anzündete, um festzustellen, welche Gegenstände die Jungen retten würden. Während vier von ihnen nebensächliche Dinge herausholten – unfertige Schmiedeeisen, Brennholz, ein Faß Bier und ähnliches – hatte lediglich *Niall* die Geistesgegenwart, um die Werkzeuge des Schmiedes – den Hammer und den Amboß – zu retten. In einer zweiten Prüfung schickte sie Sithchean zum ersten Mal bewaffnet in den Wald, um festzustellen, wie sie zurechtkommen würden. Auf der Suche nach Wasser kamen alle fünf Jungen an einen Brunnen, der von einer scheußlichen Hexe bewacht wurde, die ihnen erst zu trinken zu geben versprach, wenn einer von ihnen sie küssen würde. Nur Niall war dazu bereit – und fand die Göttin der *Sovereignty* in seinen Armen. Diese erklärte ihn zum rechtmäßigen König.

Sleeping Lord Siehe *Schlafender Lord.*

Sluagh (S) Das Heer der Toten. Gelegentlich sind Sterbliche dazu imstande, sie im Himmel kämpfen zu sehen und zu hören.

Somerled (S) Der Herr der Inseln und der beinahe legendäre Vorfahr des MacDonald-Clans. Er war skandinavischer, gälischer und piktischer Abstammung und für die Vertreibung der erobernden nordischen Siedler aus den westlichen Inseln verantwortlich, wobei er den Gälen wieder den Vorrang einräumte. Sein heraldisches Emblem der schwarzen Galeere erscheint in vielen Wappen von Königen und Prinzen, als Hinweis darauf, daß er deren Vorfahre war. Er wurde um 1100 geboren und 1164 getötet.

Sommerland (Summer Country) (A) Ein Name des Reichs des Jenseits, über welches *Melwas* herrschte. Er entführte *Guinevere* hierhin, bis sie von *Arthus* gerettet wurde. Hierin liegt womoglich der etymologische Ursprung der Grafschaft Somerset.

Sovereignty (K) Der Begriff der die Souveränität verleihenden Göttin ist unter den keltischen Völkern und ihren Geschichten äußerst ausgeprägt. Ursprünglich wurde Lady Sovereignty nach dem Namen des Landes benannt, z.B. *Eriu* oder *Logres*. Nur der rechtmäßige Königskandidat durfte sie in einer symbolischen Vereinigung »heiraten«;

diese stellte die Übertragung der Verantwortung dem Land und dem Volk gegenüber auf den König dar. Er wurde dadurch auf die Probe gestellt, daß er die Sovereignty, die als häßliche Hexe erschien, umarmen und küssen mußte. Daraufhin verwandelte sie sich in die schöne Frau, die sie in Wirklichkeit war, zurück und verkündete dem Volk den Namen des rechtmäßigen Königs. Ein König, der seine Macht mißbrauchte, oder der verstümmelt wurde, zerbrach somit die mystische Vereinigung mit dem Land und daher auch mit der Sovereignty. Sollte er trotzdem König bleiben, war das Ergebnis das Verwüsten des Landes – ein zentrales Thema der Gralslegende. (Siehe *Verwundeter König; Wüste Land; Niall.*) *Brigit* oder *Brigantia* ist die Verkörperung der Sovereignty Britanniens, obwohl Britannia in letzter Zeit diese Funktion übernommen hat.

Speir-Bhean (I) Der weibliche Geist oder die Vision, auf die Dichter stießen, wenn sie in entlegener Landschaft wanderten. Gedichte über diese Art von Vision waren im 18. Jahrhundert in Irland weit verbreitet und hießen *»aislings«*. Oftmals wurde die speir-bhean die Verkörperung des trauernden Irlands auf der Suche nach einem Helden; die Gedichte, die aus diesen Visionen entstanden, waren eine kraftvolle, wenn auch verschlüsselte Form der Förderung des irischen Nationalismus während dieser Epoche.

Spriggans In der Folklore des südwestlichen Englands waren Spriggans die Elfen, die als Leibwächter der *Feen* dienten. Sie erschrecken ihre Opfer, führen sie in die Irre und spielen ihnen allerlei Schabernack.

Sreng (I) Er war der *Firbolg*, der für das Abschneiden der Hand des *Nuadu* verantwortlich war, was ihm die Berechtigung raubte, König zu sein.

Stier Als Ursymbol der Kraft und der Potenz erscheint der Stier mit großer Häufigkeit in der britischen Mythologie. Womöglich stellte der Stier eine Totemfigur der königlichen Herrschaft dar. Heilige Viehherden spielten in altertümlichen Ritualen eine wesentliche Rolle. Das »Tarbh-feis« oder »Stierfest« war vielleicht ein Überbleibsel dieser Tradition: bei den gälischen Völkern wurde ein weißer Stier geschlachtet und ein Druide trank dessen Blut, aß dessen

Keltische Stier-Figurine.

Fleisch und schlief, eingehüllt in dessen abgezogener Haut. Seine Träume bestimmten daraufhin den rechtmäßigen künftigen König.

Der Stier war die Hauptursache des »Tain Bo Cuailgne« (des »Stierraubs« von Cooley). Die Insel Man wird vom Tarroo-Ushtey oder Wasserstier heimgesucht, der, dem *each-uisge* ähnlich, ein Tier ist, das der Vernünftige besser meidet oder mit großer Vorsicht behandelt, weil es Sterbliche ins Meer zerren und ertränken kann. In der Volkslegende »Der Schwarze Stier von Norroway« wird ein Ritter in einen Stier verwandelt.

Stoorworm (S) Der Stoorworm (»Sturm-Wurm«) ist eines der mächtigsten, urtümlichsten Wasserungeheuer der britischen Mythologie. Er war wahrscheinlich eine Abart der großen Weltschlange Nidhoggi (siehe *Yggdrasil*) und war um etliches größer als die meisten Ungeheuer. Bäumte er sich in den Wellen auf, überschwemmte das Meer ganze Inseln. Sein Erscheinen kündigte große Verwüstungen an, und er konnte nur durch die Opferung von Jungfrauen beschwichtigt werden. Ein König versuchte, dieser Barbarei ein Ende zu machen und zu verhindern, daß er seine eigene Tochter dem Stoorworm opfern müsse; so versprach er jedem Mann, der das Untier besiegen könne, seine Tochter zur Ehefrau, die Hälfte seines Reichs und das Schwert seiner Vorfahren, welches ursprünglich *Odin* gehört hatte. *Assipattle* gelang es, brennenden Torf in die Leber des Ungeheuers zu befördern; in seiner Todesagonie spuckte der Stoorworm seine Zähne aus; sie fielen ins Meer und bildeten die Inseln von Orkney, Shetland und Faroe, während sein Schwanz mit solcher Wucht auf das Land geschleudert wurde, daß er die Meerenge zwischen Norwegen und Schweden bildete. Schließlich krümmte sich der Stoorworm zu einer Kugel, fiel ins Meer zurück und bildete Island. Seine Leber brennt immer noch und erzeugt die dortigen Geysire und vulkanische Eruptionen.

Sualtam (I) Ehemann der *Dechtire* und sterblicher Pflegevater des *CuChulainn.* Sein abgetrennter Kopf rief Warnungen an die Kämpfer von Ulster aus, als *Maeve* sie angriff. *Bran*s Kopf gab Britannien ähnlichen Schutz.

Sucellos (K) Sein Name bedeutet »Guter Schläger«. Er war ein gallischer Gott mit einer kleinen Anhängerschaft in Britannien. In Abbildungen erscheint er mit einem Vorschlaghammer, oft mit *Nantosuelta* (»Schlängelnder Fluß«) als seiner Gefährtin. Seine Funktion ist ungewiß.

Suibhne Gelt (I) König von Irland im 7. Jahrhundert. Das Läuten der Kirchenglocken des Heiligen Ronan ärgerte ihn so sehr, daß er das Psalmenbuch des Heiligen in den See warf und einen von dessen Psalmisten umbrachte. Ronan verfluchte ihn und ließ ihn verrückt werden. Suibhne hielt sich fortan für einen Vogel und flog von Wipfel zu Wipfel, wo er auch die Nächte verbrachte. Er ließ sich auf einen Wettstreit mit einer Hexe ein, wer von den beiden am weitesten springen könne; dabei zerbrach er das Gefängnis, in welches ihn besorgte Verwandte eingesperrt hatten. Er ernährte sich von der Milch, die die Frau eines Schweinehirten in die Fußspuren eines Schweines goß und wurde vom Schweinehirten getötet, der der Ansicht war, Suibhne sei der Geliebte seiner Frau. Vor seinem Tod nahm ihm der heilige Moling die Beichte ab. Diese Geschichte verläuft im Wesentlichen mit der Legende des Wahnsinns von *Merlin* parallel; sie wird auch mit der Legende des *Lailoken* in Verbindung gebracht.

Sulis (K) Britische Göttin des thermischen Wassers von Bath, die nach der Eroberung durch die Römer mit *Minerva* gepaart wurde. Ihr Kult hatte sich offenbar bereits fest etabliert, da der römische Tempel auch der Anbetung anderer Gottheiten neben ihr diente. Sulis war eine Göttin der Unterwelt, des Wissens und der Wahrsagerei. Die Geschichte der Erbauung ihres Tempels findet sich in der Legende des *Bladud*, der, da er von einer lepra-ähnlichen Hautkrankheit entstellt war, sich im heißen Schlamm wälzte – was die Schweine gern tun, um die Schmerzen ihrer eigenen Wundstellen zu lindern. An dieser Stelle gründete er den Tempel der Sulis. Das Wasser der heißen Quellen fließt heute noch, auch wenn ihre heilende Wirkung umstritten ist. Der restaurierte römische Tempel ist beeindruckend in der Vielfalt der Baustile und der damaligen spirituellen Anregungen.

Summer Country (A) Siehe *Sommerland.*

Surtr (N) Der Riese, der über *Muspellsheim* herrschte, das Reich des Feuers. Er harrte ständig einer Gelegenheit, das Reich der Götter zu erobern; zum Ende der Zeit – *Ragnarok* – glaubte man, würde er die ganze Welt in Flammen setzen.

Svart Alfar (N) Siehe *Alfar.*

Swithun/Swithin, Der Heilige (gest. 862) Der Heilige Swithun war der Lehrer des Königs Ethelwulf, der ihn später zum Bischof von Winchester erhob. Swithun wird die Fähigkeit nachgesagt, das Wetter steuern zu können. Er bat darum, vor der Kathedrale zu Winchester begraben zu werden, aber am 15. Juli gab man ihm innerhalb des Gotteshauses eine neue Ruhestätte. Daraufhin regnete es wochenlang ununterbrochen und verschiedene weitere Wunder geschahen; so entschloß man sich, Swithun seine ursprüngliche Begräbnisstätte zurückzugeben. Heute noch heißt es, daß – wenn es am 15. Juli regnet – der Regen weitere vierzig Tage und vierzig Nächte andauern wird.

Sword-Bridge (A) Siehe *Schwertbrücke.*

T

Tafelrunde (Round Table) (A) Die Institution des Rittertums, die *Arthus* auf Geheiß *Merlin*s einrichtete. Die Tafel selbst war ein Geschenk des *Leodegrance* von Cameliard, des Vaters der *Guinevere.* An ihm konnten, nach unterschiedlichen Quellen, fünfundzwanzig, fünfzig oder 150 Ritter Platz nehmen, die alle ihre Treue auf die Gesetze der Ritterlichkeit geschworen hatte, welche die Tafelrunde symbolisierte. Sie mußten das Recht gegen das Unrecht, das Gute gegen das Böse verteidigen. Sie versammelten sich zweimal im Jahr, um Nachrichten ihrer Abenteuer auszutauschen, sowie um über Einzelheiten von Gesetzesbrechern, Ungeheuern und üblen Sitten zu berichten, die sie in der Zwischenzeit beseitigt hatten. Im esoterischen Sinne symbolisiert die Tafelrunde die Versammlung der – menschlichen und jenseitigen – Auserwählten, die über das Schicksal der Menschheit wachen. Sie stellt eine Verkörperung des Begriffes von *Clas Myrddyn* dar.

Tailtiu (I) Pflegemutter des *Lugh.* Sie war die Tochter des Königs von Spanien und heiratete *Eochaid* der *Tuatha de Danaan.* Sie räumte eine Ebene bei Coill Chuan und der Ort wurde nach ihr Tailtiu genannt. Man pflegte ihr Andenken, indem man der Spiele gedachte, die von Lugh und den ihm nachfolgenden Königen veranstaltet wurden. Diese dauerten einen Monat und wurden als die Versammlung des Lugh oder *Lughnasadh* bekannt – nach dem der Monat August im heutigen Irland bezeichnet wird.

Taliesin (A) Der größte Dichter Britanniens. Er sah viele Ereignisse der Zeit des *Arthus* und danach voraus. Nach einem Text des 17. Jahrhunderts, der als Anhang der »Mabinogion«Sammlung betrachtet wird und sich auf frühere Quellen beruht, hieß er einmal *Gwion* Bach und hatte die Aufgabe, den *Kessel* der *Ceridwen* zu bewachen, in dem sie für ihren Sohn, *Morfran* oder *Afagddu,* einen Trank des Wissens und der Inspiration zubereitete. Einige Tropfen spritzten auf seine Finger, die er, um sie zu kühlen, in den Mund steckte. So erhielt er das gesamte Wissen. Anschließend erlebte er eine Reihe von Verwandlungen (seiner poetischen Initiation entsprechend) und wurde schließlich von Ceridwen –

Die Tafelrunde König Arthus.

als Taliesin (»Strahlende Stirn«) – neu geboren.
Sie setzte das Kleinkind in einem winzigen Boot aus; am Vorabend des Mai wurde er am Lachswehr von *Elphin* gefunden, der sein Beschützer wurde. Später rettete Taliesin Elphin aus dem Gefängnis und brachte die Barden von *Maelgwn* zum Schweigen. Er segelte mit Arthus auf *Pridwen*, als sich der König nach *Annwn* aufmachte, um die Heiligtümer Britanniens zurückzuholen. Er wurde mit einem Dichter gleichen Namens des 6. Jahrhunderts identifiziert und sowohl mit *Merlin* als auch mit Aneurin in Verbindung gebracht. Der Mythos des *Fionn* schildert, wie dieser auf ähnliche Weise an sein Wissen gelang.
In der Figur des Taliesin manifestieren sich die prophetischen und magischen Kräfte des alten Dichtertyps. Seine berühmte »Ich war bereits«-Prahlerei, als er die Orte und die Menschen auflistet, an denen er im Laufe der Jahrhunderte schon gewesen oder denen er begegnet ist, lassen das Wesen seiner poetischen Inspiration erkennen, in dem alles Wissen zusammengefaßt ist. Seine Verfolgung durch Ceridwen in ihrem Aspekt als Hexe ist der Überrest eines ehemals weit verbreiteten Mythos, in dem die *Cailleach Bheare/Bheur* ihren Sohn, den Gott der Jugend oder *Mabon* verfolgt; dieser durchlebt zahllose Verwandlungen, bis er sich die Gesamtheit des Wissens aneignet.

Tam Lin (S) Der Hüter des Waldes von Carterhaugh, der von allen Jungfrauen, die sich dort einfanden, die Jungfernhaut forderte. Seine wahre Liebe, Janet, rettete ihn aus seiner Gefangenschaft bei der Königin von *Faery*. Am Abend vor Allerheiligen (beim Fest von Halloween) zerrte ihn Janet von seinem Pferd und hielt sich an ihm fest, während er sich hintereinander in verschiedene wilde Tiere verwandelte. Schließlich wurde er er selbst und war von der Verzauberung der Königin frei.

Taranis (K) »Der Donnerer«. Mit seinem Speichenrad scheint er ein Gott des Donners gewesen zu sein. Die Römer setzten ihn mit ihrem Gott der Toten, Dis Pater, sowie mit *Jupiter* gleich. Im modernen Walisischen, sowie Bretonischen bedeutet »Taran« immer noch Donner.

Tegid Foel (W) Ehemann der *Ceridwen*. Er soll im Tegid-See gelebt haben. Er kommt in vielen walisischen Genealogien zum Vorschein.

Teyrnon Turf Liant (W) Seine Beinamen bedeuten »Herr der tobenden Welle«, aber als Titel wurden sie wahrscheinlich eher aus dem keltischen »Tigernonos« oder »Großer Herr« abgeleitet. Er war der Retter und Pflegevater des *Pryderi*. Der keltische Ursprung seines Namens ist ein Hinweis darauf, daß seine Rolle in der Geschichte der *Rhiannon* vermutlich früher von größerem Gewicht war. Rhiannon heiratet *Manawyddan*, der mit dem

Meer eng verbunden ist und der möglicherweise Teyrnons Titel teilt. Rhiannon stammt von der keltischen Form »Rigantona« oder »Große Königin« ab – ein angemessener Titel für die Frau des Tigernonos. Der Vater des Pryderi ist ebenfalls ungewiß, da Rhiannon, ehe sie Pwyll heiratete, wahrscheinlich die Frau des *Arawn* oder eines Herrn von *Annwn* war.

Thomas von Canterbury (1118–1170) Der heilige Thomas war Erzbischof, sowie Kanzler von England unter Heinrich II. Seine enge Freundschaft mit dem König war mit seiner Ernennung zum Erzbischof von Canterbury jäh zu Ende, da sich Thomas weigerte, die rechtliche Position der Kirche zu schwächen, indem er es – wie es Heinrich wünschte – zugelassen hätte, daß die Gegner der Kirche weltlicher Gerichtsbarkeiten zugeführt worden wären. Er ging sechs Jahre lang nach Frankreich ins Exil, kehrte aber in einen unsicheren Frieden zurück.

Als der König seinen Sohn, Prinz Heinrich, krönen ließ, wurde die Zeremonie von Bischöfen vollzogen, denen es nicht gebührte, dieses Vorrecht des Erzbischofs von Canterbury zu umgehen; so exkommunizierte Thomas diese »Kleriker auf Abwegen«. Heinrich entbrannte vor Wut und wünschte – in Hörweite seiner Räte – »dieses aufmüpfigen Priesters loszuwerden«. Vier Barone machten sich prompt nach Canterbury auf, wo sie in der Kathedrale Thomas ermordeten. Heinrich tat ausgiebig Buße und um Thomas enstand ein großer Kult der Pilgerschaft.

Thomas war in seinem Lebenswandel kein typischer Heiliger, doch verteidigte er die Kirchenrechte energisch. Der Ausmaß seines Kults hängt vor allem mit seiner Beliebtheit beim Volk zusammen, welches sich angesichts seiner Auseinandersetzung mit einem jähzornigen König auf die Seite des Schwächeren schlug – in diesem Fall auf die Seite eines bekehrten Sünders, der Märtyrer geworden war. Bis zur Reformation war Canterbury eines der vorrangigsten Pilgerziele in ganz Europa. Der Gedenktag des Thomas ist der 29. Dezember.

Thomas the Rhymer/True Thomas (»Der wahre Thomas«) (S) Thomas von Ercledoune lebte im 13. Jahrhundert. Er begegnete der Königin von Elfland und mit ihr zusammen besuchte er ihr Land. Er erhielt Kleider im »Elfengrün«, sowie »die Zunge, die nie lügen kann«, d.h. die Gabe der Prophetie. Seine Prophezeihungen wurden überliefert und viele von ihnen bewahrheiteten sich.

Thor/Thunar (N) Gott des Donners und des Blitzes. Er war wahrscheinlich der älteste der *Aesir* und wurde in der ganzen nordischen Welt verehrt. Unzählige Exemplare der Hämmer des Thors wurden gefunden, was seine große Beliebtheit beweist; diese Gegenstände wurden von seinen Anhängern als Talismane getragen. Vor allem war er der Gott der Krieger: stark, jovial, mit Frauen freizügig und bei Männern – *Odin* ähnlich – eher an gewöhnlichen Volksgenossen als an Edelmännern interessiert. Sein Saal, Belskirnir, war der größte in *Asgard.* Er war ein berühmter Bekämpfer von Riesen; es gelang ihm, die *Frostriesen* vom Reich der Götter fernzuhalten.

Tigernmas (I) Er war ein legendärer König des Altertums, der die Verehrung des *Crom(m) Cruach* einführte, zu deren Riten menschliche Opfergaben gehörten. Tigernmas bedeutet »Herr des Todes«. Ihm wird auch die Einführung der Goldgräberei, des Silberschmied-Wesens und des Webens von Tartan-Muster zugeschrieben.

Tigernonos (K) Ein keltischer Titel, welcher »Großer Herr oder Lord« bedeutet. Es stellt den männlichen Gegenpart zu *Rigantona* dar, dem *Rhiannon* zugeordneten Titel.

Tintagil/Tintagel (A) Die Burg in Cornwall, die mit der Arthuslegende eng zusammenhängt. *Arthus* wurde hier gezeugt und geboren; von hier nahm ihn *Merlin* fort, damit er bei *Ector of the Forest Sauvage* in die Lehre ginge. Obwohl die heutige Bausubstanz normannischer Herkunft ist, stand früher – d.h. vermutlich zu Arthus' Zeiten – in unmittelbarer Nachbarschaft, auf einer Insel, die durch einen Damm mit dem Festland verbunden ist, ein keltisches Kloster. Nach frühen Quellen erhob sich hier die Burg des *Gorlois von Cornwall,* aber spätere Texte bringen diesen Standort mit König *Marke* von Cornwall in Verbindung – auch wenn dessen tatsächliche Residenz wahrscheinlich Burg Dore war.

Tir Na mBan (I) Das Land der Frauen. Die Heimat wunderschöner Frauen der jenseitigen Welt, die Pilger und Teilnehmer der »immrama« (»der großen Reisen«) willkommen hießen. Unter der Herrschaft der Königin hatte die Insel für jeden Mann eine Gefährtin, sowie erstklassige Unterhaltung, das beste Essen und wundersame Musik bereit. Sowohl *Bran mac Febal* als auch *Maelduine* hielten sich dort auf. Die Zeit stand still, aber beide Männer waren von der zeitlosen Schönheit des Ortes überwältigt und überfordert. Obwohl sie die in Aussicht gestellte Unsterblichkeit verlockend fanden, zogen sie es vor, wieder nach Hause zu segeln.

Tir Na mBeo (I) Das Land der Lebenden – der Ort ewigen Lebens.

Tir Na n'Og (I) Das Land der Jugend oder der Unsterblichkeit. Hier lebten Götter und Menschen in Frieden in einer zeitlosen Welt unendlicher Schönheit zusammen.

Tir Tairngire (I) Das Land der Verheißung. Der Ort, in dem alle irdischen Träume latent bereitlagen; hier konnten sie umgehend erfüllt werden. Eine der Versionen des irdischen Paradieses.

Tlachtga (I) Tochter des *Mog Ruith.* Während sie ihm auf seinen

Reisen zu den Zentren der Magie in der ganzen Welt begleitete, erlernte sie seine ganze Weisheit. Sie verlieh ihren Namen dem Hügel zwölf Meilen von Tara entfernt, auf dem die Druiden zur Zeit des *Samhain* (31. Oktober) die Feuer des Winters anzündeten. Die Legende, die ihren Vater mit Simon Magnus verbindet, macht aus ihr eine Art Sophia – die als dessen Pythia bzw. Wahrsagerin agierende Begleiterin des Simon.

Tor (A) Er soll der Sohn des Kuhhirten *Aries* gewesen sein. Trotz seiner niederen Abstammung hatte er den für die damalige Zeit höchst seltenen Ehrgeiz, Ritter zu werden. Es erwies sich jedoch, daß er in Wahrheit der natürliche Sohn des Königs *Pellinore* war, der mit der Frau des Aries geschlafen hatte (vor ihrer Ehe mit Aries, wie *Merlin* betonte). So wurde – zur Zufriedenheit der mittelalterlichen Leser- bzw. Zuhörerschaft – ein Paradebeispiel dafür geboten, daß das königliche Blut des Vaters von Tor sich unweigerlich behaupten mußte. Tor wurde Ritter der *Tafelrunde* und erlebte viele Abenteuer. Beim Versuch, *Guinevere* vom Scheiterhaufen zu retten, wurde Tor im Kampf getötet.

Trefuilngid Tre-Eochair (I) Ein uraltes Wesen, sogar älter als die Schöpfung. Vor der Versammlung von Tara erschien er, um die Geschichte von Irland zu erzählen. Er war riesengroß und steuerte den Auf- und Untergang der Sonne. In der einen Hand trug er eine Steintafel, in der anderen einen Zweig, welcher gleichzeitig Früchte, Blumen und Nüsse sprießen ließ. Er führte zum ersten Mal das Amt des Historikers ein. Er war Meister aller Weisheit. (Siehe *Tuan mac Carill.*)

Tristan (A) Neffe des Königs *Marke* und Sohn des Königs Meliodas und der Königin Elizabeth von *Lyonesse*. Er hieß Tristan (»Trauer«), weil seine Mutter bei seiner Geburt starb. Nachdem Lyonesse ins Meer versunken war, kam er an den Hof des Königs Marke, wo es eine seiner ersten Aufgaben wurde, den Riesen *Morholt* zu töten. Danach wurde ihm aufgetragen, die Braut des Marke, *Isolde von Irland* zu holen, aber Tristan und Isolde tranken zusammen einen Liebestrank, den Isoldes Mutter für das Brautpaar zubereitet hatte; so blieben sie fortan in ihrer ewigen, tragischen Liebe verfangen.

Nachdem ihre Liebe bekannt wurde, floh Tristan an den Hof des Königs *Arthus*, wo er großen Ruhm errang und nur *Lanzelot* sich als stärker erwies. Von dort reiste er in die Bretagne, wo er *Iseult* der Schönen Hände heiratete. Aber seine Liebe für Isolde von Irland brachte ihn unweigerlich zu ihr zurück und schließlich wurde er von Marke und dessen Büttel *Andred* ermordet. Andere Versionen schildern die Episode der weißen und der schwarzen Segel, wobei Tristan, der in der Bretagne verwundet und im Sterben lag, nach Isolde von Irland schickte und ihrer Ankunft unter dem Zeichen eines weißen Segels harrte. Isolde kam, aber Iseult von der Bretagne, die eifersüchtig war, erzählte ihm, das Segel sei schwarz. Daraufhin starb Tristan – und bald folgten ihm die beiden Frauen. Isolde starb gebrochenen Herzens und Iseult beging aus Reue und aus Trauer Selbstmord.

Troja (Troy) (G) Die versklavten Einwohner von Troja wurden gerettet und von *Brutus*, dem Urenkel des Aeneas, nach Britannien geführt. Der legendäre Status von Troja als Stätte der Herkunft des britischen Volkes spielte schon immer eine wesentliche Rolle in der Geschichte des Landes. *Apollon*, einer der Beschützer von Troja, findet sich in Britannien wieder als *Maponus* bzw. *Mabon*. Taliesin kann als Prophet der Nachkommen von Troja betrachtet werden, zumal er in seinen beseelten, poetischen Aussagen vor Maelgwn von deren wahrscheinlichen Schicksal erzählte.

Trows (N) Die Trows waren Bewohner der Shetland-Inseln. Sie lebten in Hügeln und waren eng mit den skandinavischen Trollen verwandt. Viele Geschichten belegen Fälle, in denen Reisende »trow-led« (»von Trows in die Irre geführt«) wurden. Denjenigen, die sich die Mühe machten, sich mit ihnen gut zu stellen, erwiesen sie sich als zuverlässige und nützliche Geister des Haushalts.

Tuan mac Carill (I) Der einzige Überlebende der Begleitung des *Partholon*. Er verwandelte sich nacheinander in einen *Hirsch*, einen *Eber*, einen *Adler* und einen *Lachs* – und in letzterer Form wurde er von der Frau des Königs Carill gegessen. Als die Ältesten von Tara bemüht waren, eine Chronik des Landes zu erstellen, war er imstande, die vollständige Geschichte Irlands zu erzählen. Er holte *Trefuilngid Tre-Eochair* herbei, um seine Erzählung zu bestätigen. (Siehe *Fintan*.)

Tuatha de Danaan (I) Das Volk der *Danu*. Nach *Nemed* herrschten sie über Irland und stammten von einem seiner Urenkel ab. Nach Ir-

Die Zuflucht der Tuatha de Dannan.

land sollen sie von den nördlichen Inseln Griechenlands aus gekommen sein, wo sie alle Zauberkünste gelernt hatten. Sie brachten vier Schätze mit: den Stein von Fal aus *Falias*, welcher unter dem Fuß eines rechtmäßigen Königs Schreie ausstieß; den Speer des *Lugh* aus *Gorias*; aus *Findias* das Schwert des *Nuadu*, sowie den *Kessel* des *Dagda* aus *Murias* (siehe *Hallows*).

Sie kämpften lange Zeit gegen die *Fomorianer* und die *Firbolgs*, wurden aber schließlich von den Milesiern besiegt und zogen sich in die Welt des Jenseits, bzw. *Tir na n'og*, bzw. die *Sidhe*, bzw. in die *Hohlen Hügel* zurück.

Tuiren (I) Schwester der *Murine* und Tante des *Fionn*. Sie heiratete *Iollan*, einen der *Fianna*, aber er hatte in der *Sidhe* eine Mätresse. Diese war auf Tuiren eifersüchtig und verwandelte sie in eine Hündin. In dieser Gestalt gebar sie zwei Junge, Bran und Sceolan, die die Hunde des Fionn wurden; da sie im Grunde menschlich waren, hatten sie Fähigkeiten, die die anderer Hunde übertrafen. Nachdem Iollan der Frau aus der Sidhe versprochen hatte, daß er sie alleine lieben würde, wurde Tuiren in ihre ursprüngliche Menschengestalt zurückverwandelt.

Tuirenn (I) Vater von *Brian, Iuchar* und Iucharba, die *Cian*, den Vater des *Lugh*, töteten. Tuirenn ging, um im Namen seiner Söhne um Gnade zu bitten, aber Lugh war nicht umzustimmen. Tuirenn fiel auf den Leichnamen seiner Söhne tot um und wurde mit ihnen zusammen begraben.

Twrch Trwyth (W) Der große *Eber*, welcher den Gegenstand der wichtigsten unmöglichen Aufgabe darstellte, die *Culhwch* zu absolvieren hatte. Er war früher König gewesen, aber in die Gestalt eines Ebers verzaubert worden. Mit seinen sieben Ferkeln versetzte er Irland und Britannien in Angst und Schrecken – bis er von *Arthus* und seinen Mannen ins Meer getrieben wurde. Culhwch und seine Mitstreiter konnten die Schere, das Rasiermesser und den Kamm stehlen, die zwischen den Ohren des Twrch Trwyth aufbewahrt wurden. Diese Gegenstände waren Anspielungen auf die wesentlich bedeutsameren Heiligtümer, auf deren Suche sich Arthus damals befand.

Tylwyth Teg (W) Die Schöne Familie – ein euphemistischer Name für die *Feen*. (Siehe *Bendith y Mamau*.)

Tyr/Tiw (N) Gott des Krieges. Er wurde vor allem von Kriegern auf dem Schlachtfeld angerufen. Er war zusammen mit *Odin* und *Thor* einer der drei Hauptgötter, obwohl er häufig als Sohn des Odin und der *Frigga* genannt wird. Er half dabei, *Fenris* bis zur Zeit des *Ragnarok* in Ketten zu legen, aber als er seine Hand zum Schwur in das Maul des Wolfes steckte, wurde sie abgebissen. Angeblich gehört es zum Schicksal des Tyr, im Kampf mit Garm, dem Wachhund der *Hel*, zu sterben.

U

Uathach (I) Sie war die Tochter der *Scathach* und ihr Name bedeutet »Phantom«. Sie ließ *CuChulainn* in die Militärakademie ihrer Mutter, aber er tötete ihren Geliebten und wurde gezwungen, dessen Aufgaben der Bewachung der Festung zu übernehmen. Uathach wurde seine Mätresse.

Ulfius (A) Ein Ritter, der zunächst bei *Uther Pendragon* diente und später, bis ins hohe Alter, Kämmerer des *Arthus* war. Er half mit, als *Merlin*s Plan verwirklicht wurde, Uther so ähnlich wie möglich wie *Gorlois von Cornwall* herzurichten, damit Uther mit *Igraine* schlafen und Arthus zeugen könne. Zusammen mit *Brastias* ist er eine der frühesten erkennbaren Figuren der Arthuslegenden.

Unseelie Court (S) Der Unheilige oder Unselige Hof war, den *svart alfar* nicht unähnlich, eine Versammlung von den Sterblichen gegenüber feindselig gesinnten Feen. Sie waren mit den *Sluagh* verwandt und beschossen mit dem Bogen sowohl Menschen als auch Tiere mit »Elfenschrot«.

Urban of the Black Thorn (»Urban Schwarzdorn«) Im »Didot Perceval« ist er der Hüter einer gewissen Furt, an der *Parzifal* ankommt und ihn überwindet. Urban stehen mehrere Frauen in Vogelgestalt zur Seite; als Parzival einen der Vögel tötet, verwandelt er sich wieder in eine Frau und wird von den anderen Vögeln nach *Avalon* fortgetragen. Hier bestehen Parallelen sowohl mit der irischen Schlachtgöttin *Morrighan*, die ebenfalls Vogelgestalt annahm, als auch mit den Raben des *Owain ap Urien*, dessen Anhänger diese Fähigkeit ebenfalls besaßen. Der all diesen Fällen gemeinsame Vogel war der Rabe, welcher für die Kelten heilig war.

Urien (A) König des Landes Gorre. Nachdem er *Morgan le Fay* geheiratet hatte, schenkte sie ihm einen Sohn namens *Owain*. In älteren Versionen begegnete er *Modron* an einer Furt und schlief mit ihr. Da sie die Tochter des *Afallach* war, des Königs der jenseitigen Welt, und da sie selbst die Fähigkeit hatte, ihre Gestalt zu verändern, versprach sie, in der Form eines *Raben* Urien und dessen Familie fortan zu helfen. So wird sie mit *Morrighan* – von der Morgan abgeleitet wurde – in enge Verbindung gebracht. Urien trennte sich von Morgan und wurde ein Verbündeter des *Arthus* und ein Ritter der *Tafelrunde*. Er starb, als er Arthus im Kampf gegen *Mordred* zu Hilfe kam. Er ist mit dem gleichnamigen König von Rheged des 6. Jahrhunderts identifiziert worden, obwohl dieser viel später als zur Zeit der angeblichen Herrschaft des Arthus lebte.

Uscias (I) Der Meister der Weisheit, der in *Findias* lebte, einer der vier Städte, von denen aus die *Tuatha de Danaan* nach Irland auf-

Der Sternendrachen, der Uthers Herrschaft prophezeit, und später walisisches Wappen wird.

brachen. Er gab an *Nuadu* das Schwert des Lichts, dem kein Feind unverwundet entkam.

Usnach, Die Söhne des (I) *Naoisi, Ardan* und *Ainle*, die mit *Deirdriu* nach *Alba* flohen.

Uther Pendragon (A) König von Britannien. Er verliebte sich in *Igraine*, die Frau des *Gorlois von Cornwall*; mit der Hilfe des *Merlin*, der ihm das Aussehen des Gorlois verlieh, suchte er Igraine auf zeugte mit ihr *Arthus*. Nach dem Tod seines Vaters, übernahm Arthus den Namen Pendragon (»Drachenhäuptling«). Uthers Tod, der kurz nach der Geburt seines Sohnes eintrat, stürzte das Land in Anarchie. Er hatte Arthus dem Merlin anvertraut, mit der Aufforderung, ihn an geheimer Stelle großzuziehen; das Gerücht ging nämlich um, daß es das Kind des Gorlois sein könnte, da Uther Igraine nach dem Tode ihres Mannes geradezu überstürzt geheiratet hatte.

V

Vali (N) Gott des Lichts und des Frühlings. Sohn des *Odin* und der Riesin Rinda. Sein einziger Lebenszweck war es anscheinend, den Tod des *Baldur* zu rächen. Es existiert jedoch keine Überlieferung davon, wie er *Hodur* getötet haben mag, obwohl er angeblich nur eine Nacht alt war, als er diese Tat vollbrachte. Möglicherweise deckt sich dieser Mythos mit der verlorenen Geschichte des *Mabon*.

Vanaheim (N) Siehe *Vanir*.

Vanir (N) Die ersten nordischen Götter, die zunächst Gegner der *Aesir* waren, sich aber später diesen anschlossen. Wahrscheinlich waren sie Götter der Fruchtbarkeit, deren Funktionen in diejenigen späterer Gottheiten einflossen, so wie es unter den griechischen Göttern oftmals geschehen konnte, daß rivalisierende Fraktionen die Plätze, bzw. »Zuständigkeiten« tauschten. Auf diese Weise wurden *Odin* und *Thor* die Nachfolger früherer Götter, so wie es auch Zeus und *Apollon* geworden waren. *Frey*, *Freya* und *Njord* gehörten allesamt ursprünglich den Vanir an, später den diese ablösenden Aesir. Ihre Heimat war *Vanaheim*.

Ve (N) Siehe *Vili*.

Verhängnisvoller Schlag (Dolorous Blow) Der Schlag, den *Balin* versehentlich austeilte; er verwundete den *Gralskönig Pelles* und verursachte das *Wüste Land*.

Verwundeter König (Wounded King) Der Titel, der manchmal dem *Gralskönig* oder *Fischerkönig* verliehen wird, welcher den *Verhängnisvollen Schlag* auf beide Schenkel erlitt, was ihn seines Rechtes auf die Königswürde, sowie seines Zeugungsrechtes beraubte. Diese Tradition entstammt der frühkeltischen Sitte, welche die Herrschaft eines entstellten Königs verbot, da sich dieser Makel in der Fruchtbarkeit des Landes widerspiegeln, bzw. es in ein *Wüstes Land* verwandeln würde. Der König war mit dem Land sozusagen vertraglich verbunden und schloß mit der *Sovereignty* eine mystische Ehe.

Vili (N) Sohn des *Odin* und, wie sein Bruder *Ve*, einer der Götter der Schöpfung. Sie schufen die Erde aus dem Fleisch und Blut des Riesen *Ymir* und die ersten Menschen aus den Eschen- und Ulmenbäumen. Als Odin eine Zeit lang verschollen blieb, übernahmen sie bis zu seiner Rückkehr seine Stellung und seine Pflichten.

Vivienne (A) In Tennyson's »Morte d'Arthur« war Vivienne der Name der verführerischen Jungfrau; diese Schilderung war von der Darstellung dieser Figur in den früheren Legenden, in denen sie der jenseitigen Welt entstammte, weit entfernt. (Siehe *Nimue*.)

Vortigern (A) Der usurpatorische König von Britannien, der sächsische Kämpfer als Söldner anheuerte, um die Eroberungszüge der Pikten und der Schotten abzu-

Vortigerns Turm.

wehren. Neben diesen versuchten immer wieder auch die Sachsen selbst, Britannien zu überfallen. So wurden die Söldner, von denen Vortigern Unterstützung erwartet hatte, zu einer Art Brückenkopf für eskalierende sächsische Invasionen; auch die Söldner beanspruchten immer mehr Land für sich. Vortigern versuchte, bei Stonehenge Friedensgespräche zwischen den Sachsen und den Briten abzuhalten, aber die Sachsen brachten versteckte Waffen mit; zum vereinbarten Zeitpunkt stürztzten sie sich auf die unbewaffneten Briten. Vortigern wurde geschont und konnte nach Wales entkommen, wo er versuchte, einen Turm zu bauen. Als der Turm immer wieder einstürzte, erklärte *Merlin* Emrys, daß zwei sich bekriegende Drachen – ein roter und ein weißer – die sich unterhalb der Fundamente befanden – die Ursache waren. Sie verkörperten die verfeindeten Nationen der Briten und der Sachsen. Vortigern floh erneut, wurde aber schließlich von den rechtmäßigen Königen *Ambrosius* und *Uther Pendragon* gefangengenommen und anschließend getötet.

W

Walhall (Valhalla) (N) Der große Saal des *Odin* in *Asgard*, in dem er die Seelen toter Krieger empfing und sie mit Festmahlen und Gesängen feierte. Der Saal hatte 840 Türen, jede von ihnen breit genug, daß 800 Krieger nebeneinander eintreten konnten. Das Dach bestand aus Speeren und die Wände aus Schildern.

Walküren (Valkyries) (N) Die Kriegerjungfrauen des *Odin*. Ihre Aufgabe war es, die Getöteten auszulesen und die Leichname der würdigen Kämpfer nach *Walhall* zu bringen.

Wäscherin an der Furt (Washer at the Ford) (K) Sowohl in der irischen als auch in der schottischen Legende ist sie die Frau der jenseitigen Welt, die die Schattenseite oder den dunklen Aspekt der Göttin darstellt. Wenn ein Krieger ihr begegnet und sie dabei ist, blutige Wäsche zu waschen, darf er annehmen, daß sein Tod auf dem Schlachtfeld bevorsteht. In einer Volksgeschichte des 16. Jahrhunderts erscheint *Morgan* – als *Modron* – in diesem Zusammenhang. Auf dem Weg zu seiner letzten Schlacht begegnete *CuChulainn* zwei Jungfrauen, die seine blutige Kleidung wuschen. Die Wäscherin ist eine der Tarnungen der *Morrighan*.

Wayland/Wieland (N) Der Gott der Schmiede und zugleich der Schmied der Götter. Er soll zahlreiche der großen magischen Waffen und Rüstungen der Götter angefertigt haben – einschließlich *Exkalibur*. Wie sein Prototyp in der griechischen und römischen Mythologie wurde auch er immer als Lahmer dargestellt, nachdem ihm König Nidud, der eines seiner Schwerter stahl, die Kniesehnen zerschnitten hatte. Wayland nahm dafür grausame Rache, lockte die Kinder des Nidud auf eine Insel, tötete den Jungen und vergewaltigte das Mädchen. Von seiner Geschichte ist wenig übriggeblieben, dennoch hat er in der britischen Mythologie eine sehr wichtige

Wielands Schmiede.

Rolle als lehrenden Geist angenommen – *Herne* dem Jäger nicht unähnlich, eine weitere angelsächsische Gottheit. Er wird mit vielen Stätten des Altertums, z. B. Wayland's Smithy (»der Schmiede des Wayland«) in Wiltshire, in Zusammenhang gebracht.

Wild Edric (»Der Wilde Edric«) Nach Walter Map, lebte Edric in Shropshire. Er entführte eine Elfenjungfrau vom Tanz und heiratete sie, unter der Bedingung, daß er sie nie wegen ihrer Schwestern oder ihrer Herkunft schelten dürfe. Natürlich hielt er sich nicht daran, woraufhin sie verschwand. William der Eroberer soll gewünscht haben, die Elfenjungfrau zu sehen und befreundete sich mit Edric. Edric soll in den Gruben unterhalb der Hügel des westlichen Schropshire gefangen sein. Wenn Krieg ausbricht, reitet er über die Hügel in die Richtung des Feindeslandes.

Wilder Hirte (Wild Herdsman) (W) Diese archetypische Figur erscheint in der Geschichte von »Culhwch und Olwen« in der Person des *Custennin*; am besten kommt er jedoch in »The Lady of the Fountain« (»Die Dame des Brunnens«) zur Geltung, wo er als Hüter der Waldtiere agiert. Er ist ein schwarzer Riese mit einer Keule, der damit auf den Bauch eines Hirschen trommelt, um die Tiere zusammenzurufen. Spuren dieses Archetyps lassen sich in den frühen Texten über *Merlin* erkennen, der in der »Vita Merlini« als Reiter eines Hirschen geschildert wird. Der Wilde Hirte ist der Hüter der Totemkräfte, die im Land beheimatet sind; als Genius des Urwalds und als Lehrer der Weisheit – bedrohlich aber aufklärend – stellt er dem suchenden Reisenden gegenüber eine große Herausforderung dar.

Wilde Jagd, Die (Wild Hunt) Die Wilde Jagd besteht aus einem phantomähnlichen Anführer, dessen Anhängern und einer Meute bellender Hunde, die alle durch die Luft oder über ferne Hügel reiten. Sie ist in vielen Regionen der britischen Inseln bekannt. In Glamorganshire heißt der Anführer *Gwynn ap Nudd*, im südlichen England *Herne* der Jäger. In Irland sind die *Aes Sidhe* ähnlichen Charakters, während die Sachsen diese Funktion von den *Einheriern* erfüllt sahen. Die Hunde heißen *Gabriel* Hounds, bzw. – in Lancashire – »Ratchets«.

William von Cloudesley Englischer Vogelfreier, der, wie der Schweizer Held Wilhelm Tell, einen Apfel vom Kopf seines Sohnes schoß. Er war überhaupt für viele wundersame Taten, die er »zur Belustigung der armen Leute« vollzog, berühmt und beliebt.

William Wallace (1273–1305) Einer der größten Helden Schottlands im Kampf um die Unabhängigkeit und war als »Hammer und Geißel Englands« bekannt. Er wurde von Edward I. bei Falkirk besiegt und begab sich auf die Flucht. Aus der folgenden Zeit wurden ihm viele außergewöhnliche Taten und

Abenteuer zugeschrieben; unter anderem soll er die Liebe der Königin von England verschmäht und in Frankreich mit einem Löwen gekämpft haben. Schließlich wurde er verraten und nach London gebracht, wo er verurteilt, erhängt und gevierteilt wurde. *Robert Bruce* vollendete seine Mission.

Winefride/Gwenfrewi, Der Heilige (7. Jh.) Eine der vorrangigen Heiligen von Wales. Sie wurde von Caradoc, der vergeblich um ihre Liebe warb, geköpft; wo ihr Kopf zu Erden fiel, entsprang ein Brunnen. Der Heilige Beuno konnte sie wieder zum Leben erwecken und sie wurde Äbtissin zu Holywell (»Heiliger Brunnen«). Die mineralhaltigen Bäder ihres Schreins werden nach wie vor von Menschen aufgesucht, die auf Wunderheilungen hoffen. Ihr Gedenktag ist der 3. November.

Woodwose Der wilde Waldmensch, auch Wooser oder Ooser genannt. Im Mittelalter sollen solche Waldmenschen, die damals wesentlich umfangreichere Areale des Landes bedeckenden Wälder bewohnt haben. Sie erscheinen häufig in der Volkskunst und wurden oft in Maskeraden verwendet, um das ungebildete Landvolk zu verkörpern. Sie waren nackt, d.h. nur von ihren wilden Haaren bekleidet.

Worms (»Würmer«) Drachen, eher als »Würmer«. Worms sind immerwiederkehrende Gestalten in der britischen Folklore – von Schottland bis zum Süden Englands und von East Anglia bis Irland; viele Helden mußten mit ihnen kämpfen. In Northumberland verwüstete der *Lambton Worm* das Land; wurde er entzweigeschnitten, wuchs er sofort wieder zusammen. *Kempe Owen* rettete seine Schwester, nachdem sie in einen solchen Drachen verzaubert worden war. In Schottland sind die Worms meist Wassertiere; sie tauchen aus den Tiefen der Binnenseen empor und verschlingen ihre Opfer. Neben dem berühmten White Horse Hill in Wiltshire liegt Dragon's Hill »der Drachenhügel« – diese Merkmale der Landschaft sollen vor Jahrhunderten durch die erregten Windungen des Tieres erzeugt worden sein.

Wüste Land, Das (A) Das die *Grals*burg umgebende Land, welches verwüstet wurde, nachdem der *Gralskönig* vom *Verhängnisvollen Schlag* (Dolorous Blow) getroffen worden war. Auf diese Weise wurde seine Zeugungskraft aufgezehrt und der Bund der Ehe, den der König mit dem Land, vertreten durch die *Sovereignty*, hatte, aufgelöst. Am Ende der Gralssuche wurde der *Verwundete König* wieder geheilt und das Land gedieh erneut. Im Zyklus der Gralsgeschichten wird das Wüste Land häufig durch die Person der *Loathly Lady,* der *Kundry* oder durch den Hexenaspekt der Sovereignty verkörpert – das entstellte Antlitz des Landes, ehe es sein schönes Gesicht wieder zeigt.

Wyrd (N) Siehe *Norns*.

Y

Yggdrasil (N) Der Weltbaum, eine große, schon immer lebende Esche, welche von *Asgard* bis *Hel* reichte und alle Reiche der *Aesir* und der *Vanir* zusammenband. Er hatte drei Hauptwurzeln, einen in Asgard beim Brunnen von Urd, den zweiten in *Midgard* beim Brunnen von Mimir und den dritten in *Niflheim* bei der Quelle Hvergelmir. Am Fuße des Stammes trafen sich die Götter täglich, um sich zu beraten und über Sterbliche zu urteilen. Auf dem Wipfel des Yggdrasil saß Vithofnir, der goldene Hahn, der zur Dämmerung des *Ragnarok* krähen wird. Weitere Tiere und Vögel, die im Geäst und zwischen den Wurzeln des großen Baumes lebten, waren ein *Adler*, ein Falke, eine Ziege, das Eichhörnchen Ratatosk, sowie vier Hirsche: Dain, Dvalen, Duneyr und Durathor. Die Schlange Nidhoggi nagt ständig am Wurzelwerk. Bei der letzten Schlacht des Ragnarok wird der Baum endgültig fallen.

Ymir (N) Der erste und älteste der *Frostriesen*, der aus dem Frost aus *Niflheim* und dem Feuer aus *Muspellsheim* geschaffen, von der großen Kuh *Audhumla* ernährt und von *Odin* und dessen Brüdern *Vili* und *Ve* getötet wurde. Sie warfen den Leichnam in die Schlucht *Ginnungagap* und schufen daraus die Welten.

Yggdrasil.

Yspaddaden Pencawr (W) In »Culhwch und Olwen« ist er der Vater der *Olwen* und verlangt *Culhwch* die Erfüllung einer Reihe unmöglicher Aufgaben ab, ehe er bereit ist, ihm seine Tochter anzuvertrauen. Er wird von Culhwch und seinen Begleitern am Knie, am Bauch und an einem Auge verwundet, doch kann er erst getötet werden, nachdem seine Tochter geheiratet hat. Er ist die walisische Variante des *Balor*.

Yvain (A) Siehe *Owain*.

Z

Zaunkönig So unwahrscheinlich es anmuten mag, wird der Zaunkönig »König der Vögel« genannt; dieser Titel geht auf eine alte Geschichte zurück, in der ein Adler und ein Zaunkönig in die Lüfte hinauffliegen, um festzustellen, wer von ihnen höher gelangen könne. Bald fand sich der Adler allein in großer Höhe und fing gerade an, sich selbst zu loben – als der Zaunkönig, der auf dem Rücken des Adlers saß, den Preis für sich beanspruchte. Eine tiefere Begründung, liegt darin, daß der Zaunkönig als der altertümliche, heilige Vogel der Druiden galt. In Irland hieß er »der Arzt des *Fionn*« und wurde jedes Jahr zum Fest des Hl. Stephen von den Wren Boys (»Zaunkönig-Jungen«) gejagt; sie fingen die Zaunkönige ein und gingen mit fröhlichem Gesang in einer Prozession, wobei sie die Vögel dem Volk zeigten. Der Zaunkönig war angeblich der Vogel, welcher den *Schlafenden Lord* – ob *Kronos, Bran* oder *Arthus* – verkörperte, bzw. der Vogel, welcher diesen zu gegebener Zeit wecken würde.

Weiterführende Literatur

Geoffrey Ashe, *König Arthur – Die Entdeckung von Avalon,* Düsseldorf und Wien 1986.

Das Buch Avalon, Die Mythen und Legenden um König Artus und die Ritter seiner Tafelrunde, hrsg. von Manfred Kluge. München 1986.

Martin Buber, *Die vier Zweige des Mabinogi.* Ein keltisches Sagenbuch. Leipzig 1914.

Barry Cunliffe, *Die Kelten und ihre Geschichte.* Bergisch Gladbach 1984.

Erinn – Keltische Sagen aus Irland, Hersg. und übersetzt von Martin Löpelmann. Köln 1977.

Gerhard Herm, *Die Kelten,* Düsseldorf und Wien 1975.

Frederik Hetmann, *Irischer Zaubergarten.* Märchen, Sagen und Geschichten von der grünen Insel. Köln 1979.

ders., *Die Reise in die Anderswelt.* Feengeschichten und Feenglauben in Irland. Köln 1981.

Murray Hope, *Magie und Mythologie der Kelten.* Das rätselhafte Erbe einer Kultur. München 1990.

Venceslas Kruta/Werner Fromm, *Die Kelten – Die Herren des Westens.* Luzern und Hersching o. J.

Thomas Lehner (Hg.), *Keltisches Bewußtsein,* Wissenschaft, Musik und Poesie. München 1985.

Jean Markale, *Die keltische Frau,* Mythos, Geschichte, soziale Stellung. München 1984.

ders., *Die Druiden,* Gesellschaft und Götter der Kelten. München 1987.

Martha Sills-Fuchs, *Wiederkehr der Kelten.* München 1983.

Nikolai Tolstoy, *Auf der Suche nach Merlin – Mythos und geschichtliche Wahrheit.* München 1988.

Register

G

H

I

J